新版
経営戦略の
経済学

ASABA Shigeru

淺羽 茂

Economics
of Management Strategy,
New Edition

日本評論社

新版に寄せて

　この度、拙著『経営戦略の経済学』を19年ぶりに改訂し、新版として出版することになった。初版は、私が学習院大学経済学部で学部生向けに「経営戦略」の授業を担当していたときの教材を、日本評論社の『経済セミナー』に連載し、のちに教科書として出版したものであった。

　初版のはしがきにも書いたように、欧米のビジネススクールでは、経済学の教育を受けた教員が戦略論を教え、経済学にもとづいた戦略論の教科書が出版されているが、少なくとも初版が出版された2000年代前半、日本では経済学に依拠した経営戦略の教科書はほとんど存在しなかった。そのおかげで、多くの先生方に、戦略論の講義や戦略研究の演習の教材として、初版をお使いいただいた。

　他方、ビジネス・エコノミクスや産業組織論を教えていらっしゃる先生方にも、授業や演習で教材としてお使いいただいた。本書は、各章の冒頭に、ショートケースがつけられている。これは、新聞や雑誌の記事をもとに作成したものなので、通常の経済学の教科書に出てくる事例（リンゴとみかん）よりも、読者は実際の企業行動を思い浮かべることができ、現実味を容易に感じながら経済理論を学ぶことができるからであろう。

　そんなわけで、初版は8刷まで増刷を繰り返したが、その間、私自身は早稲田大学ビジネススクールに移った。新しい場所でも経営戦略を教えているが、200人規模の学部生を相手に授業をするということがなくなり、教え方も教える内容も変わった。理論の講義よりもケース・ディスカッションの比率が高くなった。教える対象が10年かそれ以上実務経験を積んだ社会人学生になったので、教える内容もより実務的なこと、具体的に突っ込んだことが増えていき、1コマの授業で1章ずつ、14章を教えることができなくなった。そのため、本書を教科書としては指定しなかったので、もう本書を改訂することはないと考えていた。

　ところが、企業研修の参考書などで本書を指定していたところ、昨年、在庫が少なくなり、これ以上増刷も難しいので、改訂をしたらどうかと日本評論社

からご提案いただいた。編集を担当いただいた道中真紀さんによれば、実際の
ビジネスの事例を紹介し、その事例を経済学で解説するスタイルの経営戦略の
教科書は、他に類を見ないという。そこでそのスタイルを踏襲した新しい教科
書として、初版を改訂することにしたのである。

　初版で扱われているトピックは、戦略論の基本的な内容なので、一から書き
直さなければならないところはそれほど多くはない。しかし、20年近くの間に、
どうしても追加しておかなければならない事項もあった。そこで、プラットフ
ォームの戦略についての章を新たに執筆した。また、コングロマリット・ディ
スカウントや価値にもとづく戦略（Value-based Business Strategy）といった
現象や枠組みについて、既存の章のなかの補論として加えた。一方、各章の冒
頭のショートケースはだいぶ古くなったので、なるべく新しいものに入れ替え
た。結果、初版の16のショートケースのうち、3つを除いて、取り替えたりア
ップデートしたりした。

　このような変更をするにあたり、学習院大学の私のゼミで学び、卒業後に小
学館集英社プロダクションに勤務している尾崎瑞季さんに、初版の読者として、
また出版業界の関係者として、どの部分を変えるべきか、どんな事例がふさわ
しいかなど、貴重なアドバイスをもらった。また早稲田大学でファカルティ・
サポートをお願いしている遠藤幸子さんには、新版の草稿をチェックしていた
だいた。

　日本評論社の道中真紀さんは、初版の読者であり、教材として使用された経
験もあるので、本書の特長を私以上によく理解されていた。それゆえ、本書の
魅力を説明し、見事に私を改訂する気にさせた。道中さんの巧みな動機付けが
なければ、新版が日の目を見ることはなかったであろう。心より感謝したい。

　初版はしがきでも述べたが、本書が実務家、経営学研究者、経済学研究者、
学生などさまざまな人に読まれ、「経済学」という基本的な考え方を共有しな
がら、経営戦略の策定、実行、分析、研究が一層発展することに資すれば、望
外の喜びである。

　2023年2月

淺羽　茂

初版はしがき

　本書の書名、『経営戦略の経済学』に違和感をおぼえる読者も少なくないかもしれない。企業がどのような戦略をとっているかは主として経営学研究者によって研究されており、経営戦略論は、経済学ではなく経営学の一分野だからである。しかし、後で見るように、経営戦略もしくは経営戦略論と経済学とは密接な関係にある。これまで経営戦略を経済学的に議論した著作が日本に多くないことのほうが、むしろおかしいくらいなのである。

　もちろん経営学と経済学とでは、いくつかの異なる特徴を有している。典型的な違いは、おのおのの研究目的に表れている。経営学は、いかにすれば企業がその業績を向上させることができるかを明らかにしようとするのに対し、経済学は、各主体の行動が市場原理に委ねられた場合の帰結（均衡）はどうなるのか、その帰結よりも資源配分の効率性や社会的総余剰が高まるような方法があるかどうかを探る（Caves 1984）。それゆえ、経営学では個々の企業間の差異が注目されるのに対し、経済学ではその差異にはあまり注意が払われない（Nelson 1994）。

　このように 2 つの学問は異なる特徴を有するが、経営学、とりわけ経営戦略論は経済学と密接なつながりがある。アメリカのビジネススクールでは、多くの経済学者（経済学をディシプリンとする人や経済学の教育を受けてきた人を含む）が戦略論を教えている。かつて、ハーバード大学で経済学部とビジネススクールの両方に籍を置いていた M. E. Porter は、その著書を次のように書き始めている。「産業界と競争業者を抜かりなく理解するかどうかで成否が決まる経営者にとって、競争戦略は第 1 の関心事である。しかし、この理解を得るための分析技法が、戦略の分野ではほとんど提案されていない。提案されたものも、分析の幅が狭く、また包括性もない（Porter 1980, 邦訳 p.v）」。この欠点を克服するために、Porter は経済学をベースにした競争戦略論を提示し、その後の欧米のビジネススクールでは、経済学、とりわけ産業組織論におけるより最新の理論的・実証的成果を存分に取り入れた経営戦略論が教えられるようになったのである。

　また、ヨーロッパの著名なビジネススクールである IMD およびロンドン・ビジネススクールと、アメリカのトップ・ビジネススクールであるペンシルバニア大学ウォートン校とが編集した本（IMD 1997）の訳者まえがきにも、「各経済主体の行動原理を説明する経済学は企業経営の大前提となるもので、それを理解することなく戦略を策定・実施することは、地図をもたずに未知の地に向かうのと同じくらい無謀なことであると言っても言い過ぎではないであろう（邦訳 p.3）」と書かれている。それゆえ、ほとんどの欧米のビジネススクールでは経済学がコア科目に指定されているし、明確に経済学にもとづいた経営戦略のテキストも著されているのである[1]。

　したがって、日ごろ経営戦略を考えている実務家が、経営戦略と経済学との関連を理解することは重要である。また、経営戦略の研究者にとっても、分析のベースを経済学に求めることはほぼ必然なのである。これが本書を書き始める動機の１つである。

　一方 Porter は、同じ著書において、経済学が包括性のある経営戦略の分析技法を提供してくれると考える一方、「経済学者は産業界の構造の研究に年季を積んではいるが、そのほとんどは公共政策という視点からの研究であって、そのために、企業経営者の関心には直接回答を出してはくれないのである（邦訳 p.v）」と指摘している。また、これまでの経営戦略論と経済学、とりわけ産業組織論の展開を振り返ると、両者が相互に影響し合いながら発展してきたことがわかる（淺羽 1995；2001b）。経営戦略論が産業組織論の影響を色濃く受けていることは明らかであるが、産業組織論の発展の背後に経営戦略の興味深いケースが存在したことも事実であろう（Williamson 1983）。

　それゆえ、経済学を学んでいる人たちが、経営学の領域で経営戦略についてどのような議論が行われているか知ることには意味がある。これが本書を書き始めようと考えた２つめの動機である。

　このような動機をもって書き始められた本書には、いくつかの特徴がある。各章は、原則として、新聞や雑誌記事にもとづく簡単な事例を記述することから始められている。その事例は、当該章で議論される経営戦略の問題を考える際に具体的イメージを思い浮かべることができるようなものである。これによ

---

1) Besanko et al.（2000）のタイトルは、*Economics of Strategy* であるし、経済学者である Saloner が著した経営戦略のテキストも、経済学がベースになっている（Saloner et al. 2001）。

って、実務経験のない学生や企業経営に関する理論的側面には興味があるがその実態には普段触れることの少ない経済学研究者に、現実的なイメージをもってもらうとともに、その面白さを実感してほしいと考えている。

　各章では、事例に続き、これまで経営学の分野で議論されてきた経営戦略を、努めて経済学の用語や考え方と関連させながら解説している。各章で議論される経営戦略には、経済学の研究成果がそのまま適用されているものもあるし、経済学の研究を基礎とし、それを実践的に役立つように展開したものや、その非現実的な部分を批判しながら発展させたものもある。そのルーツを追い求めて、何十年も前の経済学の研究に立ち戻ることもあるが、これによって、経済理論が経営戦略の実践・研究においてどのように活かされているかを明らかにしたい。

　本書の構成は、4つの部からなる。多くの経営戦略の教科書と同様に、導入に当たる序章の後、第I部では企業戦略を、第II部では競争戦略を取り上げる。ただし、本書では経済学との関係が強く意識されるため、MBAのテキストでしばしば見られるような、経営戦略論の分野で編み出されてきた実践的・具体的な手法やツールに関しては、割愛したものが多い。代わりに本書では、第III部で主に新しい産業組織論の分野で研究されてきた戦略的行動について議論し、第IV部では経営戦略における最近のトピックスを取り上げている。

　本書は、各章の冒頭にショートケースがつき、最後にかなり包括的な参考文献リストがついているので、学生や実務家が独習をする場合のテキストとしても使えるであろうが、学部や大学院の経営戦略の授業のテキストとしても使うことができるであろう。実際著者は、担当している学部の経営戦略の授業では、第1章から第5章までと第10章から第12章までの各章で取り上げられている内容ついて講義している。また、本書は、経済学の考え方を経営現象の理解や企業の意思決定に適用しようとするビジネス・エコノミクス、マネジェリアル・エコノミクスの教科書としても使うことができるであろう。その場合には、第6章から9章までの章などがカバーされるであろう。

　本書は、筆者がこれまで学習院大学で行ってきた「経営戦略」、「ビジネス・エコノミクス」の講義をベースにしている。講義の内容をもとに、2002年4月から2003年6月まで15回にわたって、『経済セミナー』に「経営戦略の経済学」を連載し、その原稿を加筆修正した。連載のきっかけを作ってくださり、本書の成立にいたるまで編集者として助言・激励をいただいた鴇田祐一さんに、心

から謝意を表したい。また、『経済セミナー』の編集長飯塚英俊さん、担当していただいた小西ふき子さんには、連載執筆中大変お世話になった。さらに、加筆修正の前には、学習院大学大学院経営学研究科の2003年度の経営戦略特殊研究に参加した院生に読んでもらい、補足すべき論点や事例、わかりにくい表現などを指摘してもらった。感謝したい。

　本書が実務家、経営学研究者、経済学研究者、学生などさまざまな人に読まれ、「経済学」という基本的な用語・考え方を共有しながら、経営戦略の分析、研究が一層発展することに資すれば、望外の喜びである。

　2004年6月

淺羽　茂

新版　経営戦略の経済学●目次

序　章

経営戦略とは

1　経営戦略の重要性

　世の中には多様な企業が存在する。企業は、それぞれ異なる事業を展開している。同じ事業を営んでいる企業でも、その競争の仕方は異なっている。その結果、業績は企業の間で大きく異なる。

　しかし、経済学の教科書が教えるところによれば、企業の間に大きな業績の差が長期的に存在し続けることは考えにくい。高い収益が期待できる事業には参入が起こり、競争が激化し、収益性は低下する。激しい競争のもとでは、非効率な企業は存続できず、効率的な企業だけが生き残ることを許される。優れた製品を提供し、効率的な生産を行う企業も、ライバル企業に模倣され、その競争優位が消滅してしまう。だから、なんらかの理由で参入が起こらなかったり、競争が阻害されたりしなければ、どの企業も長期的に超過利潤をあげることはできなくなるのである。

　ただし、短期的には、市場にさまざまな企業が存在することができる。ある時点で、競争優位にある企業とない企業とが並存することは可能である。また、長期的に見ても、上記のような均衡状態に市場が必ず帰着するとは限らない。ある時点で競争優位にある企業が、他社から模倣されず、かえってその優位性をますます強めていくことも十分ありうることである。

　では、短期的に優劣に差がある企業が同じ市場で競争していることは、競争優位に立っている企業が幸運で、競争劣位に立たされている企業が不運だ

から、あるいは愚かだからなのであろうか。ある企業が他社から模倣されず
に長期的に競争優位を持続しているのは、偶然の産物なのであろうか。もち
ろん運や偶然も企業の業績を左右するが、それだけではないであろう。むし
ろ、各時点での企業の意思決定が、競争優位を獲得し、持続し、強化してい
く場合が多い。この企業の意思決定を戦略と呼べば、戦略の巧拙に応じて、
企業の業績は左右されるということができる。そこで、経営戦略の重要性を
明らかにするために、本田技研工業（以下、ホンダ）の発展の歴史を振り返
ってみよう。

ショートケース　ホンダ発展の歴史

　ホンダの創業者である本田宗一郎は、子供のころ、自動車を初めて見て、
いつかは自分の手で自動車を作りたいという夢をもった。最初に彼は、余
剰軍需物資である無線用発電機を自転車に取り付け、妻に運転させて町中
を走らせた。すると、話題を呼び、注文が相次いだ。次に、自主開発エン
ジンを載せた本格的モーターバイクを完成させ、好評を博した。

　会社は発展したが、オートバイの人気も高まり、新規参入が増えて競争
が激化した。また、騒音や排ガスに対して社会的批判が起こった。そこで
ホンダは、4サイクル・エンジンの開発、それを搭載したバイクの開発、
流通チャネルの整備、工場の新設などを行い、それらの問題に対処して成
長していった。ついには株式上場の準備が始められた。

　ホンダは、さらなる成長を目指して海外進出を企てた。世界で通用する
製品を開発するために、世界的なオートバイレース（TTレース）に参戦し、
5年後に優勝した。製品を輸出するために、外貨規制の問題をなんとかク
リアした。アメリカでは、流通網の整備、バイクの悪いイメージを払しょ
くするキャンペーンなど、さまざまなマーケティング努力が行われた。ヨ
ーロッパでは、現地生産が行われた。

　ホンダは国内では、販売網の拡充、新製品開発によって、市場をリード
した。さらに、二輪車以外の汎用エンジンにも製品分野を拡張した。二輪
車事業の成長に限界が見られたため、ホンダは自動車事業へ進出した。最
初は軽自動車、ついで小型車に参入した。参入した1960年代初頭には、日
本の自動車市場にはすでに7社が参入し、激しい競争を繰り広げていた。

　　ホンダは、当時、他の自動車メーカーが追及していたパワーや運転性能よりも、快適性や居住性の高さを追求した独特なコンセプトを有する車を開発した。シビックやアコードがそれにあたる。また、マスキー法というアメリカの排ガス規制法を世界で初めてクリアするエンジンを開発し、世界の注目を集めた。こうしてホンダは、自動車市場でも確固とした地位を築き、成長を遂げていった。

出典：森田（1991）、pp.2-4をもとに筆者が作成

　　上の記述にもあるように、ホンダは二輪車メーカーとしてスタートした。ホンダの売上を他の二輪車メーカーのそれと比較したものが、図0-1に示されている。図0-1を見ると、1970年代に入り、売上について、ホンダと他の3社との間で差が広がっていることがわかる。ホンダは、二輪車市場において一貫してトップ企業なので、二輪車市場での成功が他の3社を引き離す原因であったのかもしれない。しかしながら、図0-2を見ればわかるように、二輪車市場におけるホンダのシェアは、1965年以降1980年までかなり低下している。したがって、二輪車事業がホンダと他の3社の売上を引き離

図0-1　二輪車メーカーの売上推移

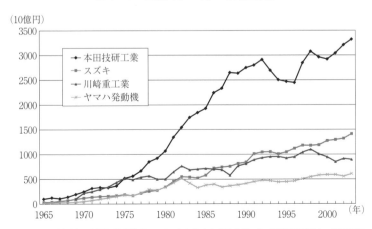

注：データは各社の有価証券報告書のデータをもとに筆者が作成。川崎重工業は、1969年に、二輪車を製造していた川崎航空機工業を合併した

図0‑2　ホンダの二輪車生産台数シェアの推移

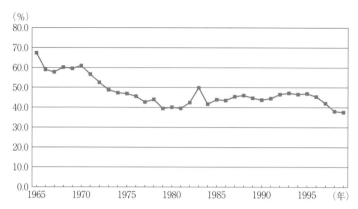

注：データは、日刊自動車新聞社、『自動車年鑑』および『自動車年鑑ハンドブック』
　　のデータをもとに筆者が作成

す原因であったとは考えられない。

　むしろ、ホンダとその他３社との違いをもたらしたものは、ホンダの乗用
車市場への進出であろう。図０‑３には、二輪車と四輪車の国内生産台数の
推移が描かれている。図０‑３を見ると、二輪車の国内生産台数も戦後右肩
上がりで増加しているが、1960年代後半から、四輪車の生産台数が二輪車の
それを上回っていることが読み取れる。つまり、ホンダが進出した先の四輪
車市場が成長したために、ホンダが成長したと考えられるのである。この四
輪車市場への進出という事業選択が、ホンダと他の３社との売上成長の違い
をもたらした１つの原因と考えられるのである。

　さらに、乗用車市場でのホンダのシェアの推移が描かれている図０‑４を
見ると、ホンダが普通乗用車に進出した1970年代初めから1980年代初頭まで、
ホンダのシェアが増大していることがわかる。この期間、ホンダは、CVCC
エンジンによってアメリカのマスキー法をクリアして知名度を上げ、シビッ
ク、アコード、プレリュード、シティといった、ユニークで、その後長い間
ホンダの基幹車種となる車を発売した。その結果、乗用車市場で地位を確立
し、生き残りを確実にしたのである。

　つまり、ホンダが他の３社に比べて売上を伸ばしたのは、急成長していた
四輪車市場という事業に進出したという行動と、乗用車市場での競争に勝ち

図0-3　二輪車と四輪車の生産推移

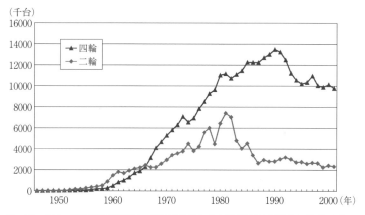

注：データは、日刊自動車新聞社、『自動車年鑑』および『自動車年鑑ハンドブック』の
　　データをもとに筆者が作成

図0-4　ホンダの乗用車生産台数シェア

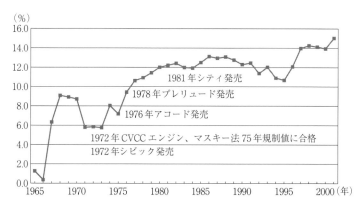

注：データは、日刊自動車新聞社、『自動車年鑑』および『自動車年鑑ハンドブック』
　　のデータをもとに筆者が作成

抜いて市場地位を確立したという2つの行動が、大いに貢献しているのである。

2 経営戦略の定義と種類

　先に記述したホンダの成長過程で見られるように、企業はそれが直面する多様な環境から、さまざまな課題や要請を課される。たとえば、競争の激化や二輪車市場の成長限界という市場環境からの挑戦や、騒音や排煙に対する批判という社会環境からの課題である。企業は、自社が保有している資源を動員し、あるいは必要な資源を調達して、この課題に応えることによって成長を実現する。その過程で、どうやって課題に応えるか、成長するかについて、企業の方向性、方針を示したものこそが戦略ということができる。

　このように大まかに定義したとしても、戦略は、企業のトップ・レベルで策定される企業戦略（corporate strategy）、事業部ごとに策定される事業戦略（business strategy）、財務部や人事部といった機能別の部署ごとに策定される機能別戦略（functional strategy）というようにいくつかの種類に分かれる。経営戦略とは、このさまざまな種類の戦略の総称である。

　3つの種類のなかで機能別戦略は、機能ごとに、全社横断的に策定される方針のようなものである。たとえば人事戦略とは、人事部が策定する採用、ジョブ・ローテーション、昇進など、人事に関わる方針の表明である。機能別戦略については、各機能の専門書に解説を譲り、本書では主に企業戦略と競争戦略の2つの戦略について議論する。冒頭の事例で見たホンダの成長に重要な役割を果たした2つの企業行動、あるいはその行動をとるという意思決定が、この2つの種類の戦略に対応する。

　企業戦略とは、当該企業が行う事業はなにか（what）を定義することである。企業がいかなる事業を展開して成長していくか、あるいは逆にどの事業から撤退すべきかを示すものである。次章以降で詳しく議論するが、事業をいろいろな軸で定義すると、ほとんどすべての企業は複数の事業の束を有していると考えられる。とすれば、企業は自らの目標（たとえば企業の市場価値）を最大化するために、どのような事業の束を持てばよいかを定めなければならない。これが企業戦略である。

　複数の事業を行っている企業は、自社の目的を最大化するために、複数の事業間の資源配分、優先順位付けをしなければならない。これが企業戦略の

重要な内容の１つである。たとえば、企業が事業Ａ、Ｂ、Ｃという３つの事業を行っているとしよう。３つの事業の間の資源配分、優先順位付けを行わなければならないが、それを３つの事業それぞれの責任者（事業部長）のうちの１人が行うことはできない。ある事業の責任者が、同列の他事業の責任者を差し置いて、３つの事業の間の優先順位を決めるのはおかしいからである。事業間の資源配分、優先順位付けは、個別事業の責任者レベルではなく、それより上の階層もしくはコーポレート・レベルの意思決定者が行わなければならない。それゆえ、この意思決定は、企業戦略と呼ばれるのである。

　冒頭のホンダの事例でいえば、乗用車市場への進出が典型的な企業戦略の例である。また、第Ⅰ部で行うように、事業を製品（業種）、垂直的段階、地域の３つの軸で定義するのであれば、生産だけでなく販売も自社で行うのかどうか、どのような地域に進出するのかといった意思決定も事業を定義することに当たり、企業戦略であると考えられる。

　それに対して事業戦略とは、ある事業において当該企業がどのように（how）競争するかを表すものである。ゆえに、その内容を捉えて、事業戦略は競争戦略（competitive strategy）とも呼ばれる。ホンダの事例でいえば、快適性、居住性の高い車といった独特なコンセプトを有した車の開発によって、乗用車市場における競争を勝ち抜こうとする競争の仕方が、競争戦略の例である。

　戦略は、企業内で策定されるだけではなく、しばしば社内外に向けて表明される。もちろん、競争を有利に展開するために戦略を明かさない場合もあるが、長期計画、株主に対する報告、さまざまなメディアにおける経営陣のコメントなどの形をとって、戦略が明らかにされることが多い。

　戦略が社内外に表明されるのは、企業に顧客、従業員、株主、原材料供給者、地域住民といった多様なステークホルダーが存在するからである。企業が活動していくときには、これらのステークホルダーの協力が不可欠である。ところが、当該企業がなにを行おうとしているのか、自分にどのような影響が及ぶのかが明らかでないと、さまざまなステークホルダーは協力しようとはしないし、逆に反対や抵抗をするかもしれない。協力を取りつけるためには、少なくともわからないことから生じる不安を除去することが必要であるし、できれば打ち出す方針に共鳴してもらいたい。それゆえ、戦略

が表明されるのである[1]。

それでは、先ほどその成長過程を略述したホンダは、どのように戦略を表明しているのであろうか。そこで、ホンダの有価証券報告書（2021年度）のなかの「経営方針・経営戦略等」を見てみよう。

　当社グループは、「人間尊重」と「三つの喜び」（買う喜び、売る喜び、創る喜び）を基本理念としています。「人間尊重」とは、自立した個性を尊重しあい、平等な関係に立ち、信頼し、持てる力を尽くすことで、共に喜びをわかちあうという理念であり、「三つの喜び」とは、この「人間尊重」に基づき、お客様の喜びを源として、企業活動に関わりをもつすべての人々と、共に喜びを実現していくという信念であります。

　こうした基本理念に基づき、「わたしたちは、地球的視野に立ち、世界中の顧客の満足のために、質の高い商品を適正な価格で供給することに全力を尽くす」という社是を実践し、株主の皆様をはじめとするすべての人々と喜びを分かち合い、企業価値の向上に努めていきます。

　また、2030年に向けた全社ビジョンとして、「すべての人に、"生活の可能性が拡がる喜び"を提供する」と定め、次の3つの方向性に基づいて、さまざまな取り組みを行っていきます。

　①クリーンで安全・安心な社会へ
　②移動と暮らしの価値創造
　③多様な社会・個人への対応

　当社グループは、「地球環境への負荷をなくすこと」、「尊い命を守る安全を達成すること」に徹底的に取り組んでいきます。具体的には、環境においては、2050年に当社グループの関わる全ての製品と企業活動を通じて、カーボンニュートラルをめざします。

1）最近、喧伝されている新しい資本主義は、株主資本主義から転換したステークホルダー資本主義を意味しており、株主だけでなく、さまざまなステークホルダーに対して利益をもたらすことを目指している。その場合、どのステークホルダーを優先するのか、どのようなウェイト付けをするのかは多様でありえるので、企業は自社がどのように考えるのかを表明しなければならない。それは、戦略よりも上位概念であるパーパス（のなかで表明される）といえるであろう。パーパスについては、たとえば名和（2021）を参照されたい。

　また、安全においては、2050年に全世界で当社グループの二輪、四輪が
関与する交通事故死者ゼロをめざします。

有価証券報告書（2021年度）p.15より引用

　この「経営方針・経営戦略等」には、これまで指摘してきた企業戦略、競
争戦略の要素がいくつか含まれている。事業の定義を行う企業戦略について
いえば、製品軸は主として二輪、四輪であり、垂直的段階軸は開発、生産、
販売というバリューチェーン全体であり、地域軸は世界中と定義されている
ことがわかる。競争戦略についていえば、質の高い商品を適正な価格で供給
し、クリーンで安全・安心な社会の実現に向けて競争しようとしていること
がわかる。

　このように、「経営方針・経営戦略等」には、企業戦略と競争戦略にあた
る記述が見られるが、これでホンダの戦略が語りつくされているとは到底い
えない。なぜなら、戦略のもっとも大事な構成要素が書かれていないからで
ある。それは、ロジックである。

　「経営方針・経営戦略等」のなかに書かれている企業戦略、競争戦略で、
ホンダはなぜ成功できるのか。クリーンで安全・安心に取り組むと、市場に
受け入れられるだろうか。なぜそのような競争戦略をとるとホンダは競争優
位性を確立できるのだろうか。ホンダは競合他社に比べてその戦略を実現す
る上で強みを有しているのだろうか。その強みは、この戦略を通してさらに
長期的に強化されるのだろうか。このような問いに対して肯定的な答えを支
える市場特性・産業のメカニズムがあるのだろうか。このような問いに答え、
この戦略がなぜうまくいくのかを説明するものがロジックである。うまく説
明されていれば、ロジックがしっかり通った戦略であると考えることができ
る。逆に、説明されていなかったり、説明の論理に飛びや抜けがあったりす
ると、あまり良い戦略とはいえない。

　ただし、有価証券報告書にロジックが示されていないからといって、その
会社に十分な戦略がないとはいえない。むしろ、ロジックは有価証券報告書
やその他のメディアで公表されないことが普通である。公表されてしまえば、
競合他社がそれを知り、戦略を実行する前に対抗手段を講じてしまうかもし
れないからである。

　しかし、公表はされないにしても、戦略を策定する段階では、ロジックが十分深く考えられなければならないし、戦略を遂行する組織メンバーはロジックを理解していなければならない。そうして初めて、外部からは容易には読み取られず、簡単には対抗されないが、組織メンバーには腹落ちし、希望をもってそれを実現しようと力を発揮してくれる戦略になる。つまり、なぜ表明されている戦略が企業に成功をもたらすかのロジックこそが、戦略のコアなのである。本書の後の章で具体的に議論されることは、おのおのの戦略の背後にあるロジックであるということもできる。

　さらに、本書の特徴と関連づければ、次のようにいえるかもしれない。ロジックを考える際には市場特性や産業特性が重要となる。どのような市場にはいかなる特性があり、それがその市場で競争している企業にどのような影響を及ぼすかを理解する場合に、経済学の研究成果は大いに助けになる。本書では、経済学の考え方に依拠して、ロジックを理解することが試みられているのである。

　そこで、本書で戦略とは、なにをどのように行って、企業の目的を達成するのかというロジックを示したもので、企業に関与する人々の指針となりうるもの、と定義する。

3 競争優位の源泉についての2つの考え方

　先に示したホンダの例は、戦略の巧拙が企業の業績に顕著な差異を生み出すことを示唆しているが、なにが企業に競争優位性を与えて業績を高めるかについては、大きく2つの異なる考え方がある。1つは企業の外部環境に注目する考え方であり、もう1つは個別企業の内部環境に着目する考え方である[2]。

　企業の外部環境に注目する考え方は、ポジショニング・スクールと総称される。ポジショニング・スクールは、企業が魅力ある構造を有する産業で事

---

[2] 2つの考え方をめぐる論争については、インターネットの発達が企業の競争優位性にどのような影響を及ぼすかについてのPorter（2001）とBarney（2001b）の論争、および2人の論争を解説した岡田（2001）が参考になる。

業を展開するから、あるいはそのなかで当該企業が競争圧力にさらされない
ようなポジショニングをしているから、企業が競争優位性を獲得し、高い業
績をあげていると考える。第4章の業界の構造分析や、第8、9章で紹介さ
れる参入阻止の議論の背後にはこの考え方が典型的に示されている。

　それに対して企業の内部環境に着目する考え方は、企業が保有する独自の
資源や能力が競争優位性を生み、それを他社が模倣する可能性が低いほど競
争優位性が持続するという考え方である。これは、資源にもとづく企業観
（Resource based View of the Firm：RBV）という名のもとに、1990年代初頭
から急速に発展した考え方である。この詳細については、第14章で改めて議
論する。

　では、いずれの考え方が、企業の業績の違いをよりよく説明してくれるの
であろうか。あるいは、そもそも戦略は本当に企業の業績に影響を及ぼすの
であろうか。どのようなレベルの戦略が重要なのであろうか。このような疑
問にある程度の答えを提供してくれるのが、次に紹介する事業単位の利益率
の分散分解（variance decomposition）の研究である。

　Rumelt（1991）は、1974年から1977年の米国連邦取引委員会（Federal
Trade Commission：FTC）の事業単位データを利用して、産業、企業、事
業単位、年の各要因が事業単位の利益率にどの程度影響を及ぼしているかを、
分散分解によって分析した。すなわち、もし同一産業内の企業間の利益率の
分散が大きく、産業間の利益率の分散が小さければ、企業要因が重要であり、
もし逆であれば、産業要因が重要であると判断するのである。また、同一年
度内の事業単位間の利益率の分散が大きく、年度間の利益率の分散が小さけ
れば、事業単位要因が重要であると判断されるのである。

　その分析の結果、事業単位の利益率の分散の9〜16％を産業要因が、1〜
2％を企業要因が、44〜46％を事業単位要因がそれぞれ説明するという結果
が得られた。また、McGahan and Porter（1997）は、Compustat というデー
タベースを用いて、1981年から1994年までの14年間にわたり、製造業だけで
なくすべてのセクターについて分析を行った。その結果、事業単位の利益率
の分散の19％を産業要因が、4％を企業要因が、32％を事業単位要因がそれ
ぞれ説明するという結果が得られた（図0‐5参照）。

　産業要因や企業要因よりも事業単位要因がはるかに大きいというこれらの

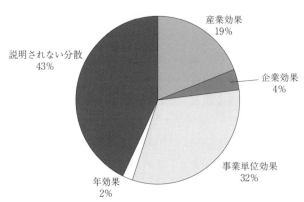

図0-5　企業間の利益率の分散分解

産業効果
19%

企業効果
4%

説明されない分散
43%

事業単位効果
32%

年効果
2%

注：McGahan and Porter（1997）をもとに筆者が作成

結果は、企業がある事業でどのように行動するかによって業績に大きな差が
つくことを示しており、事業（競争）戦略の重要性を示唆しているといえる。
しかしながら、産業要因も少なからず存在する。これは、企業が産業特性を
十分に理解し、どの産業を事業分野として選択するかが重要であることを示
しているとすれば、企業戦略の重要性を示唆していると解釈できる。

　ところで、分散分解によってどの要因が事業単位の利益率にどの程度の影
響を及ぼしているかという分析は、Rumelt（1991）やMcGahan and Porter
（1997）より前に、産業組織の研究者であるSchmalensee（1985）によって
行われている。Schmalensee（1985）は、事業単位（産業 i における企業 j）
の利益率の差異を説明する立場として、次の３つを提示した。

　１つは、伝統的見方と呼ばれるもので、企業間の利益率の差異は一時的な
もの、あるいはとるに足らないものであり、参入障壁や集中度の高さといっ
た産業要因が重要であるという伝統的な産業組織論の考え方である（Bain
1956）。この見方に立てば、市場集中度が高いと企業間の共謀が促進される
ので、利益率が高くなると考えられる。

　２つ目は、修正主義的見方と呼ばれるもので、効率的で高い利益率を誇る
企業がマーケットシェアを獲得し、市場集中度が高まるために、市場集中度
と利益率とが正の相関を持つというシカゴ学派の考え方である（Demsetz

1973, 1974)。この見方に立てば、市場集中度の高さは市場支配力とは関係ない。マーケットシェアこそがクロスセクション分析における利益率の主要な決定要因であり、市場集中度は影響をもたないと考えられる（Ravenscraft 1983）。

　3つ目は、経営的見方と呼ばれるもので、ある企業は、産業特殊的ではない重要な経営スキルを獲得しているために、他の企業に比べてうまく経営されている。だから、企業間の利益率の格差が長期的に存続すると考えられる。この見方に立つと、企業要因が企業の利益率の主要な決定要因であり、産業要因は重要ではないと考えられる。

　Schmalensee（1985）の分析は、データが単年度であるために、ビジネスサイクルによるマクロ経済要因と産業要因とを区別できない。また、事業単位に固有の影響をマーケットシェアのみで表しているといった問題もある。とはいえ、事業単位の利益率の分散の20%程度を産業要因が説明するのに対し、マーケットシェア要因は存在こそすれ小さく、企業要因は存在しないという結果を得た。

　ここで、Schmalensee（1985）が区別した3つの見方のうち最初の見方はポジショニング・スクールと近く、最後の見方はRBVに近い。とすれば、Schmalensee（1985）、Rumelt（1991）、McGanhan and Porter（1997）の分析結果、すなわち産業要因、事業単位要因に比べて企業要因が小さいという結果は、企業の資源や能力よりも、ポジショニングの方が重要であることを意味しているのであろうか。

　実際はそれほど単純ではないだろう。産業、企業、事業単位要因は複雑に関連しているので、簡単に結論づけることはできない（McGanhan and Porter 1997）。分散分解という統計解析上のことだけでなく、概念的にも資源とポジションは相互に関連している。上では、ホンダが成長したのは、高成長の乗用車市場という魅力のある産業に事業展開したこと、乗用車市場で独創的な車を提供するという特異な市場地位を確立したということが主要な理由だと述べた。これはホンダのポジショニングが巧みであったからといえる。しかし同時に、ホンダがそのようなポジションをとることができたのは、ホンダのヒトや技術力といった経営資源や能力のおかげともいえるのである。

　また企業要因が小さいことは、すべての事業単位に共通して適用できるよ

うな経営スキルは存在しないことを示唆するのかもしれない。ある分野で優秀な企業がどの分野でも好業績をあげるとは限らない。ただし、自社の強みを認識し、それを活かすことのできる事業を構想する力も、企業の独自能力の１つである。とすれば、RBVの考え方を軽んじるべきではないだろう。

いずれにせよ、これらの事業単位の利益率の分析結果や、先に記述したホンダの事例から、企業が策定するさまざまな種類、レベルの戦略が企業の業績に影響を及ぼしていることは明らかであろう。また、ポジションと資源は相互に関連しており、その両者があいまって企業が競争優位を獲得すると考えられる。そこで、次章からは、両方の見方を適宜とりながら、さまざまな企業の戦略を１つずつ取り上げ、経済学を利用しながら説明することによって、企業の戦略（のロジック）をより深く理解していくことにする。

第 **I** 部

企業戦略

　第１章から第３章までの３つの章からなる第Ｉ部では、企業のトップ・マネジメントによってあるいはコーポレート・レベルで策定される企業戦略（corporate strategy）について議論する。その中心的内容は、事業の定義である。事業はさまざまな仕方で定義することができるが、以下では製品・業種、垂直的段階、地域という３つの軸で事業を定義する[i]。

　第１章では、製品・業種軸に関して議論が展開される。製品・業種軸とは、当該企業の事業が繊維産業に属しているのか、鉄鋼業に属しているのか、機械工業に属しているのかといった産業分類上の区分である。１つの業種をさらに製品に細かく分けることもできる。たとえば輸送用機械器具製造業に属する企業の事業は、二輪車、四輪車、汎用エンジンというように製品レベルにさらに細分化できる。どのレベルで考えるかは、戦略策定者がどのような細かさで事業を定義するかによるが、どのレベルで考えるにせよ、この軸が事業の水平的な広がりを表していることに変わりはない。この軸上で１つの事業だけを手がけている企業は専業企業であり、この軸の広がりの大きな企業は多角化企業である。したがって、第３章で議論される典型的な戦略は、多角化戦略である。

第Ｉ部のポイント

　第２章では、垂直的段階の軸について検討される。垂直的段階とは、たとえば自動車産業でいえば、原材料の調達、部品の生産、完成車の組み立て、販売、整備・点検などのアフターサービスといった垂直的な業務の流れのなかで、どの段階を社内で行うかという区分である。この軸による定義は、業種ごとに１つに決まっているように思われるかもしれないが、そんなことはない。たとえば日米の自動車産業を比較すれば、アメリカの自動車メーカーは、部品の内製比率が高く、内製していない部品は市場から調達されるのに対して、日本の自動車メーカーは数が限られた準固定的な系列部品メーカーから部品の供給を受けていることがわかる。かつては、系列関係、もしくは部品調達の仕方が、日米の自動車産業のパフォーマンスの違いを生む最大の要因の１つと考えられていたように、同じ業種に属する企業であっても、垂直的段階の軸について異なる定義が可能であり、その定義の仕方が経営成果に大きな影響を及ぼすことがある（伊丹他 1988）。自社で行っていた段階を外部の企業に任せる動きがアウトソーシングであるのに対し、複数の段階を自社が行うことが垂直統合である。したがって第２章では、アウトソーシングや垂直統合に関

する議論が展開される。

　第3章では、地域的な軸について考察される。地域的な広がりの最たるもの
は、事業の国際展開であろう。国際経営についての詳しい議論はその専門の教
科書に譲り、第3章では、海外直接投資、海外進出における競争や進出形態、
多国籍企業のマネジメント、国の競争優位など、国際経営のエッセンスが議論
される。

注

[i] 製品・業種、垂直的段階、地域という3つの軸による事業の定義は、土屋（1984）による。
それに対して、たとえば Abell（1980）は、顧客層、顧客機能、技術という3次元で事
業を定義することを提唱している。

第 **1** 章

多角化戦略

1　選択と集中

　序章で述べたように、企業が策定する戦略は、扱う意思決定問題に応じて、換言すればそれが策定される組織上のポジションに応じて、いくつかの種類に分かれる。そのなかで、企業の事業の定義と複数事業の間の優先順位、資源配分について、コーポレート・レベルで策定される戦略を企業戦略という。企業戦略の具体的内容はさまざまだが、多くの日本企業にとって、バブル崩壊以降の「失われた30年」における企業戦略上の最重要課題は、事業の「選択と集中」であるといってよいであろう。事業を絞り込み、そこに経営資源を集中的に投下することによって業績を向上させた日立製作所の事例を見てみよう。

ショートケース　**日立製作所の「選択と集中」**

　日立製作所は、2009年3月期に、当時の製造業で最大となる7873億円の連結最終赤字を計上した。そのため、1990年代から遅々として進まなかった事業の選択と集中に、ついに本気になって取り組み始めた。ITとの相乗効果を軸とした事業に絞る一方、日立化成や日立金属など売り切り型事業の子会社を売却した。

　2022年には、10年以上に及ぶ構造改革で22あった上場子会社の整理がほ

表1-1　日立の主要な事業の入れ替え

年	事業（企業）名	入れ替え
2016年	日立キャピタル	売却
2017年	日立工機	売却
2019年	米JRオートメーションテクノロジーズ	買収
2020年	日立ハイテク	完全子会社化
	日立化成	売却
	ABBの送配電事業	買収
2021年	日立金属	売却発表
	グローバルロジック	買収
	タレスの鉄道信号事業	買収発表
2022年	日立物流（株）	売却発表
	日立建機	売却完了

注：2022年9月7日付の日本経済新聞の記事をもとに、筆者が作成

ぼ完了した。一方、2022年3月期までの10年間で、4兆円を超えるM&Aを実施し、鉄道や工場システムなどの事業を強化した（表1-1参照）。

　総花的だった事業は、エネルギーと鉄道事業からなる「環境」、工場や物流設備などからなる「産業」、「IT」、「自動車部品」という4つの事業に集約された。2021年に就任した小島啓二社長は「事業の入れ替えという基礎工事は完了した」と話し、先代の3人の社長が絞り込んだ事業をもとに「世界で勝てる企業」を目指す。

　原動力となるのがDXの一気通貫ビジネスである。日立は、DXのコンサルティングから設備・システム構築、運用、メンテナンスまでを提供する。このプロセスで新たなコンサルティングの種を見つけ、再びDXサービスを提供するという循環を生み出すことも考えている。

　このDXサイクルを実現するためには、日立には2つの経営資源が足りなかった。コンサルティング機能とサイクルそのものを回すデジタル人材である。そこで、2021年7月、売上高が1100億円程度の米IT会社のグローバルロジックを約1兆円で買収した。同社は世界の約80の大学と提携するなど、各国でデジタル人材についての情報網を有する。「グローバルロジックは人材獲得マシン」といわれる所以である。

　このような日立の取り組みに対して、2013年にいち早くデジタル技術の基盤の提供を始めた米ゼネラル・エレクトリック（GE）のDX戦略は、失敗に終わっていた。日立も、数年遅れの2016年に、同様のデジタル技術

基盤「ルマーダ」を立ち上げた。開発を主導した小島社長は、「基本ソフト（OS）を売るような戦略はとらない」と、GE など先行する競合他社との差異化を進めている。

出典：「ビッグ Biz 解剖⑭　日立、DX サイクルに挑む」『日本経済新聞』2022 年 9 月 7 日付の記事をもとに筆者が作成

　かつて日本には、総花的に事業を展開していた総合電機メーカーといわれる企業が何社もあり、日立製作所はその代表的な企業であった。総合電機メーカーは、バブル期までは日本経済をけん引していたが、バブル崩壊以降は収益性の低下に苦しむ企業がほとんどであった。日立製作所も例外ではない。今でこそドラスティックな事業の選択と集中を成し遂げ、収益性を向上させた優等生とみなされているが、冒頭のショートケースにもあるように、2009 年には製造業で最大の連結最終赤字を計上した。その結果、本社の経営再建のために、子会社の会長をしていた川村隆氏らを呼び戻すという異例の人事が断行された。川村氏が社長に就任して事業の絞り込みを大胆に行うまでは、日立もバブル崩壊から十数年にわたって、事業のリストラクチャリングができずに低収益にあえいでいたのである（図 1-1 参照）。

図 1-1　日立の売上高純利益率の推移

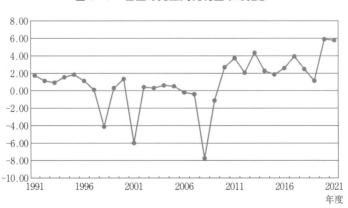

注：日経 NEES-FinancialQUEST からとったデータを用いて筆者が作成

図 1 - 2　事業の定義（製品・業種軸）

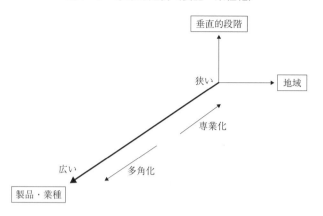

　選択と集中による事業の幅の縮小や、その逆の事業の多角化は、いずれも企業が自社の事業を製品・業種軸上でどのように定義するかに関わることであり、典型的な企業戦略の例である（図 1 - 2 参照）。そこで本章では、企業戦略の 1 つである多角化戦略について議論する。

2　多角化の動機

2.1　リスク分散

　企業はなぜ事業を多角化するのか。既存事業が成熟してしまった企業にとって、新規事業への進出は、さらなる成長を求める企業がしばしばとる手段である。企業は長期的存続・成長を前提とするゴーイング・コンサーンであるという考え方に立てば、多角化は当然の企業行動なのかもしれない。しかし、多角化企業は、新規に進出した事業において、もともとその事業を行っている企業と競争しなければならない。多角化企業がその競争に勝ち抜いて成長を遂げるためには、多角化することになんらかのメリットや経済的根拠が必要である。つまり、多角化戦略をとる企業が成功するロジックが必要なのである。

　多角化のメリットとしてしばしば指摘されるのは、リスクの分散である

（土屋 1984；青木・伊丹 1985；小田切 2000）。ここでリスクとは収益の変動のことであり、ちょうど株式投資でポートフォリオを組んで投資収益を安定させるのと同様に、収益のピークが異なる事業を組み合わせた多角化を行うことによって、企業は収益を安定させることができるのである。

　企業の収益が安定すれば、経営者の地位は安定するし、従業員にとっても解雇や雇用調整の可能性が低下する。彼らの収入が企業の収益に連動していれば、彼らの所得変動も小さくなる。もし経営者や従業員がリスク回避的であるならば、多角化は彼らの効用を高めるのである（小田切 2000）[1]。

2.2　範囲の経済

　さらに、多角化した企業が進出した新規事業において競争に勝つことができる経済的根拠があれば、多角化は経営者や従業員だけでなく、株主の利益にもなる。多角化の経済的根拠としては、範囲の経済がしばしば指摘される（Panzar and Willig 1981；Baumol et al. 1982）。範囲の経済とは、1つの企業が複数の事業（製品）を手がける方が、別々の企業がそれぞれ1つずつ手がけるよりも、費用が少なくて済むという性質である。単純に2製品の場合には、以下の式で範囲の経済の存在を表すことができる。

$$C(x_1, x_2) < C(x_1, 0) + C(0, x_2)$$

　この式の左辺は1つの企業が2つの製品を手がける場合の費用であり、右辺は異なる2つの企業が異なる製品を1つずつ手がける場合の費用の合計である。この式の右辺第1項を左辺に移行すれば、左辺は製品1を生産していた企業が製品2も生産するときの追加費用を表し、それが製品2だけ生産している企業よりもコスト優位にあることを示すことになる。

　複数の製品を手がけた方が単一の製品を供給するよりも費用節約的である

1）しかし、多様な事業を組み合わせることによる収益の安定は、企業の所有者にとっては付加的価値を生み出さない。株主は、それぞれの収益が逆相関している企業の株式を組み合わせて保有すれば、自分でリスクを分散させることができるからである。ただし、小田切（2000）は、サンクされた資産があり、企業が負債を保有しているときには、多角化した企業は倒産の確率を低くすることができるので、株主にとっても有利となる可能性を指摘している。

という考えは、決して新しいものではない。結合生産（joint production）については Marshall（1925）が議論しているし、Hicks（1935）は上記の範囲の経済の説明とほぼ同じ表現で、間接経費や工場の共有を目的として企業が異なる製品を生産すると指摘している。また Clemens（1950）は、余剰生産能力の活用のために複数製品供給企業（multiproduct firm）が生まれるという考え方を示している。しかし、これらの考え方を「範囲の経済」という概念で表したのは、Panzar and Willig（1981）が最初である。

　範囲の経済の源泉は、複数事業間で共有できる準公共財的な投入物（sharable "quasi-public" input）の存在である。共有できる資源は、次のような原因で生まれる。まず、資源の不分割性である。1つの事業を遂行するときには、常に必要最小限の資源だけが投入されるとは限らない。資源によっては細かな単位に分割することができないので、既存事業を行うのに必要な量を超えて持たなければならない場合がある。たとえば、生産能力の大きな大型機械、熱源などがこれにあたることが多い。また、総務や人事といった本社機能も、その仕事を遂行するためには一定の人数が必要であるが、類似の仕事を複数の事業のために行う場合には追加的な人数が要らないこともある。この場合の本社機能も、不分割性のために生じる共有できる資源の例である。

　また、他の事業に利用可能な資源が、既存事業の副産物として生まれる場合もある。日本で作られる砂糖の8割弱は、サトウキビではなく、甜菜（ビート）を原料にしており、北海道に3社あるビート糖メーカーによって作られている。ビート糖メーカーは、ビートを裁断し、温水抽出によって、糖分・可溶性非糖分を抽出し、非可溶性の繊維分を取り除く。さらに、いくつかの工程を経て、糖分から純度の高い糖液を作り、それを結晶化させて砂糖を生産する。加えてビート糖メーカーは、製糖工程で除去した繊維分、つまり製糖事業の副産物を利用してビートパルプを生産し、飼料事業を展開しているのである。

　さらに、共有できる資源として、しばしば技術やブランドといった情報財が指摘される。情報財には結合消費可能という性質があるので、情報財は1つの用途に投入されても、同時に他の用途に投入できる（野口 1974）。たとえばエレクトロニクス技術という情報資源は、家電事業に投入されると同時

に、OA 事業にも投入できる。また、1 つの事業で確立されたブランドを他の事業の製品に冠することによって、後者の製品独自のブランドを新たに確立しなくても、その製品を消費者に認知させることができる。

　異なる事業ではないが、ある事業の異なる複数の製品を 1 つのブランドのもとで展開することは頻繁に行われる。たとえばコカ・コーラ社は、「コカ・コーラ」というブランドを、「コカ・コーラ　ゼロ」、「コカ・コーラ　ゼロカフェイン」、「コカ・コーラ　プラス」、「コカ・コーラ　エナジー」といった製品につけている。製菓業界でも、あるカテゴリーで確立したブランドを、当該カテゴリーの多くの製品につけることが日常茶飯事である。

　既存ブランドをつけた新製品がヒットすれば、そのブランドの名声が高まり、もともとそのブランドをつけていた製品の売上も増大するかもしれない。そうすれば、ブランドを共有する効果は一層高まることになる。これは、「ブランドの傘（ブランド・アンブレラ）」と呼ばれる戦略である[2]。

　もちろん、ブランドが必ず範囲の経済を生むわけではない[3]。たとえばジーンズで有名なリーバイ・ストラウスは、1980年代の初頭、クローズ・ホース（a clothes horse）と呼ばれる、最新の流行ファッションを追いかける人を標的に、「リーバイス・テイラード・クラシックス」というスーツを導入した。しかし、デニム、耐久性、働く人、採鉱、お買い得をイメージさせるリーバイスという名前が、最良の品質やファッション性を持つスーツと適合しないと感じられたために、この製品は成功しなかった。

　さらに、ある製品で確立したブランドを他の製品やカテゴリーに用いるブランド拡張は、既存ブランドを弱めてしまうことすらある。良質のチョコレートやキャンディを連想させるキャドバリーは、マッシュ・ポテト、乾燥ミルク、スープ、飲料といった食品市場への参入によって、明確なイメージを曖昧にしてしまったといわれている。ブランドの希薄化と呼ばれる現象である。これらは、ブランドが範囲の経済を生まない、逆に範囲の不経済を生ん

　2）淺羽・山野井（2022）は、製菓業界において、非ファミリー企業よりもファミリー企業の方が既存ブランドを大事にするので、ブランド・アンブレラ戦略をとる傾向が強いことを見出した。

　3）以下のリーバイスとキャドバリーのブランド拡張の失敗例は、Aaker（1991）よりとった。

でしまう例である。

　範囲の経済の議論においてもう1つ気をつけるべきことは、共有できる資源は、必ずしも社内で行われる別の事業に投入される必要はなく、他社に販売することが可能かもしれないということである。したがって、共有できる資源が多角化の原因であるためには、その資源を社内で使う方が十分に活かすことができる、もしくは他社に販売することが難しいという条件が必要である。

　たとえば、技術などの情報財は、この条件が当てはまることが多い。技術の購入者はその技術の価値を教えてもらわないと、それを購入するにあたり適切な価格がわからない。しかし、いったん技術を取引相手に教えてしまったら、取引をやめても技術は取引相手の頭のなかに残ってしまうので、物財のように返却してもとの状態に戻ることはできない。これは、情報財における取引の不可逆性と呼ばれる特徴である（野口1974）。この特徴ゆえに、技術などの情報財は、市場取引が難しく、社内で使った方がうまくいくことが多いのである。また、他社に販売するより社内で使う方が良いという条件が成立する理由として、取引の不可逆性以外に、取引コストの存在がしばしば指摘されるが、これについては第2章で取り上げる。

2.3　シナジー

　企業が多角化する理由は、経済学においては範囲の経済という概念で説明されるのに対し、経営学ではシナジー効果という概念が使われることが多い。シナジー（synergy）とは、「企業の資源から、その部分的なものの総計よりも大きな一種の結合利益を生み出す（Ansoff 1965, 邦訳p. 99）」相乗効果のことであり、「2＋2＝5」というような効果として説明されることが多い。Ansoff（1965）は、シナジーを次のような4つに分類した。

● 販売シナジー：流通経路、販売管理組織、倉庫、広告、販売促進、名声を複数の事業の間で共通に利用するときに起こりうる効果。
● 操業（生産）シナジー：施設と人員の高度な活用、間接費の分散、共通の学習、一括大量仕入れなどによって起こりうる効果。
● 投資シナジー：工場、機械器具、研究開発を複数の事業の間で共通に利用

できるときに起こりうる効果。
● マネジメント・シナジー：経営者の能力やノウハウが複数の事業の戦略的・管理的問題に共通して適用できるときの効果。

　この各分類のそれぞれの例と、上記の範囲の経済を生む共有できる資源の例を対照させると、マネジメント・シナジー以外は、シナジーという概念で考えられている効果と範囲の経済とが同じであることがわかる[4]。つまり、シナジーの議論では相乗効果の源泉として経営者の能力やノウハウが強調されている点が範囲の経済と異なり、シナジーが戦略論の分野で展開されてきた意味がある。マネジメント・シナジーの源泉である経営者の能力は、むしろ Penrose（1980）の経営者用役と同じような概念であり、コア・コンピタンス（core competence）やドミナント・ロジック（dominant logic）といった戦略論における１つの潮流である「資源にもとづく企業観（Resource based View of the Firm：RBV）」の研究と密接な関連をもっている。これについては、第14章で再度議論する。

3 多角化のタイプと経営成果

　これまで、１つの企業が複数の事業を行うことを多角化と呼んできたが、一口に多角化といってもさまざまなタイプがある。どのタイプの多角化が多く、その割合はどのように推移しているのか。多角化のタイプと組織構造や経営成果との間にはどのような関係があるのか。これらについては、これまでも何人かの研究者によって分析されてきた。
　最初にこの分析を行ったのは Rumelt（1974）であろう。Rumelt は、以下

4）これに対して、範囲の経済が費用の節約のみに着目している一方で、シナジーは費用の節約と売上の増大の両方を考慮に入れているので、両者は明確に区別すべきであると主張されることがある（篠原 1992；上野 1997）。しかし、範囲の経済は、２つの専門企業と同じ売上をあげるときに、多角化企業の方が少ない費用で済むという関係を示しているのであり、もし要する費用を２つの専門企業の合計と同じにすれば、範囲の経済は多角化企業の方が売上が大きくなることを意味する。したがって、費用節約的か売上増大的かという区別は本質的な違いではない。

のように多角化のタイプを定義し、1949年から1969年にかけてのアメリカ企業の多角化行動を分析した[5]。まず、特化率、垂直比率、関連比率という3つの多角化の定量的尺度によって、多角化のタイプ分けを行う。特化率とは、企業の事業のなかで最大の単一事業の売上が全売上に占める比率である。これが95％以上であるタイプは、専業型と呼ばれる。垂直比率とは、企業内に垂直的関連をもった単位事業グループがあるとき、そのグループ全体の売上が全売上に占める比率である。これが70％以上のタイプは、垂直型と呼ばれる。垂直比率が70％未満で、特化率が70％以上のタイプは、本業型である。最後に、関連比率とは、企業内に技術や市場が関連している単位事業グループがあるとき、最大の関連事業グループの売上が全売上に占める比率である。これが70％以上のものは関連型と呼ばれる。関連比率が70％未満のタイプは、非関連型と呼ばれる（図1‐3参照）。

　さらに、本業型、関連型は、少数の種類の経営資源をさまざまな分野で共通利用するような多角化のタイプ（集約型）か、企業が保有する経営資源を梃子に新分野に進出し、その新分野で蓄積された経営資源をベースに、さらに新しい分野に進出するというタイプ（拡散型）かに分けられた。このようにして、専業型、垂直型、本業・集約型、本業・拡散型、関連・集約型、関連・拡散型、非関連型の7つの多角化のタイプが導出された。

　Rumelt（1974）の主要な発見は、以下の通りである。まず、分析期間のアメリカ企業には、多角化を推進する強い傾向が存在したということである。専業型の企業が激減し、本業・集約型も減少したのに対し、関連・拡散型や非関連型が増加した。垂直型の割合は、きわめて安定的に推移していた（表1‐2参照）。

　2つ目は、企業が多角化を進めるにしたがって、製品別事業部制を採用する企業が増え、Chandler（1962）の「構造は戦略に従う」という命題が裏付けられたということである。ただし、戦略上の変化を経験しなかった企業でも組織構造を変化させた企業があり、「構造はまた流行にも従う」と主張された。

5）ここで説明される多角化のタイプ分けの方法は、Rumelt（1974）の方法を多少修正した吉原他（1981）の方法である。

図1-3　多角化タイプを判定するフローチャート

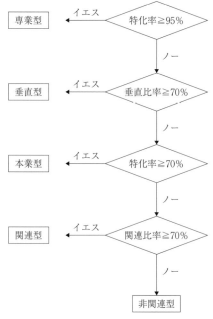

注：吉原他（1981）、p.18の図を筆者が改変

表1-2　アメリカ企業の多角化タイプの分布

(単位：%)

多角化タイプ	1949年	1959年	1969年
専業型（S）	34.5	16.2	6.2
垂直型（V）	15.7	14.8	15.6
本業・集約型（DC）	18.0	16.0	7.1
本業・拡散型（DL）	1.8	6.4	6.5
関連・集約型（RC）	18.8	29.1	21.6
関連・拡散型（RL）	7.9	10.9	23.6
非関連型（U）	3.4	6.5	19.4
合　　計	100.0	100.0	100.0

注：吉原他（1981）、p.39の表を筆者が改変

表1-3　多角化タイプの経営成果の日米比較

多角化タイプ	投下資本収益率		売上成長率	
	日 本	アメリカ	日 本	アメリカ
専業型（S）	0.57	0.29	-0.99	-1.84
垂直型（V）	-2.24	-2.28	-1.76	-1.59
本業・集約型（DC）	4.28	2.19	-1.36	0.47
本業・拡散型（DL）	-0.88	-1.83	0.87	-2.08
関連・集約型（RC）	2.67	1.45	2.55	0.61
関連・拡散型（RL）	-1.14	-0.09	1.25	-0.95
非関連型（U）	-2.26	-1.12	0.14	-2.91
全体平均	13.13	10.52	14.59	9.01
F検定の限界有意水準	0.03	0.001	0.02	0.05
二国間の相関係数	0.92		0.24	

注：吉原他（1981）、p.160の表を筆者が改変した。なお、各タイプの成果は、
　　全体平均からの偏差で示してある

表1-4　日本企業の多角化タイプの分布

多角化タイプ	1958年	1963年	1968年	1973年
専 業 型（S）	30社(26.3%)	29社(24.6%)	23社(19.5%)	20社(16.9%)
垂直型（V）	15　(13.2)	18　(15.3)	22　(18.6)	22　(18.6)
本業・集約型（DC）	17　(14.9)	13　(11.0)	12　(10.2)	13　(11.0)
本業・拡散型（DL）	7　(6.1)	7　(5.9)	10　(8.5)	8　(6.8)
関連・集約型（RC）	17　(14.9)	23　(19.5)	17　(14.4)	17　(14.4)
関連・拡散型（RL）	18　(15.8)	19　(16.1)	26　(22.0)	30　(25.4)
非関連型（U）	10　(8.8)	9　(7.6)	8　(6.8)	8　(6.8)
合　　計	114　(100.0)	118　(100.1)	118　(100.1)	118　(100.1)

注：吉原他（1981）、p.36の表を筆者が改変

　3つ目に、多角化タイプと経営成果との関係についての発見がある。すなわち、本業・集約型と関連・集約型の2つのタイプが、拡散型や非関連型よりも高い業績をあげていたのである（表1-3参照）。

　日本企業については、吉原他（1981）が、1958年から1973年のデータを用いて、Rumeltと同じようなタイプ分けによる多角化の研究を行った。それによると、専業型の比率は低下し、関連・拡散型の比率が上昇しているので、日本企業がこの期間に多角化を推進してきたことがわかる。ただし、アメリカと比べれば、多角化を進める傾向は弱い。また、垂直型の比率が上昇して

いることが日本に特徴的である（表1-4参照）。吉原他（1981）は、日本企業の多角化の進展度は、アメリカ企業に比べて15年程度のタイムラグを持つかもしれないと示唆している。

　他方、多角化と経営成果との関係については、興味深い発見があった。収益性の指標については、アメリカの場合と同様に、本業・集約型と関連・集約型が平均を上回る成果をあげていた（平均との差を表している各タイプの値がプラス）。しかし、売上成長率では、日米間に違いが見られた。アメリカのデータでは、本業・集約型は売上成長率でも高い成果をあげていたのに対し、日本の本業・集約型は全体平均を下回る成長しか達成していない。さらに、アメリカでは、本業・拡散型、関連・拡散型、非関連型が、収益性と同様に成長性についても、平均を下回る成果しかあげていないのに対し、日本では成長性については平均を上回る成果をあげていた（表1-3参照）。

　日本の結果から、吉原他（1981）は、多角化の程度が小さい戦略（本業型、集約型）は収益性を高め、多角化の程度が大きい戦略（関連型、拡散型）は成長性を高めると結論づけた。言い換えれば、収益性、成長性とも、多角化が進むにつれて上昇し、ピークを迎えて下落するが、収益性の方が早くピークを迎え、下降幅も大きい。つまり、多角化の程度が比較的高い範囲では、多角化をさらに進めると成長性は上昇するが、収益性は低下するのである。ゆえに、収益性と成長性の間のトレード・オフを考慮に入れて、最適な多角化が決定されなければならないと考えられた（青木・伊丹 1985）。

4　コア・コンピタンス

　それでは、その後、日本企業はどのように多角化を進めてきたのであろうか。上野（1997）は、上記の研究と同じ方法で1990年に調査を行っている。サンプル企業が異なるので正確な比較はできないが、その結果を吉原他（1981）のそれと見比べると、以下のようなことが示唆される。

　まず、多角化の進展についていえば、大きく増えているのは関連・集約型であり、大きく減っているのは垂直型と本業・拡散型である。しかも、専業型はわずかに増えている。この結果は、多角化の進展が止まりつつあること

表1-5　　多角化タイプの分布と経営成果（1990年の日本）

多角化タイプ	構成比	売上高経常利益率	売上高成長率
専業型（S）	22（17.1%）	10.35	8.79
垂直型（V）	12（ 9.3%）	2.92	1.22
本業・集約型（DC）	13（10.1%）	7.45	3.33
本業・拡散型（DL）	5（ 3.9%）	3.05	−1.08
関連・集約型（RC）	37（28.7%）	4.69	5.64
関連・拡散型（RL）	33（25.6%）	5.30	3.18
非関連型（U）	7（ 5.4%）	2.93	4.00
全体	129（100.0%）	5.77	4.56
F値		6.11***	5.21***

注：上野（1997）、p.22より引用
有意水準は、***：1％

を示しているように見える。また、経営成果との関係で顕著なのは、専業型が収益性、成長率ともに平均を上回る成果を示し、多角化の程度が大きい戦略（関連型、拡散型）が平均を下回る成長しか達成していないことである（表1-5参照）[6]。

　また、ベイン・アンド・カンパニーは、G 7 加盟7カ国の主要企業を対象にして、1988年から1998年にわたる財務データを調べ、当該期間の売上と利益の両方がともに5.5％以上の年平均成長率を達成し、かつ投資家へのリターン（株価の上昇率＋配当）が資本調達コストを上回っている企業を抽出した。その結果、この基準を満たした企業の78％が、主導的地位にある単一のコア事業を持っていることが判明した（伊藤 2001）。

　これらの結果は、最初に述べた「選択と集中」というバブル崩壊以降の傾向とマッチしている。企業が持続的成長を遂げるためには、事業を多角化するよりも1つの事業に資源を集中する方が効果的であるように見える。ただし、どんな事業も永久に成長することはないので、コア事業だけではやはり

---

6) 多角化の程度があまりに高くなると収益性や成長性が下がってしまうことは、多角化のコスト、あるいは多角化ディスカウント、コングロマリット・ディスカウントと呼ばれ、研究されている。たとえば Rajan et al.（2000）は、投資に対する資源や投資の結果生ずる余剰の配分に関する本社と事業部の間のパワー・バランスが、各事業の投資決定を歪め、多角化企業の業績を低めてしまうことを、モデル分析と実証分析を通じて主張している。コングロマリット・ディスカウントについては、補論2も参考にされたい。

不安が残る。多角化かコア事業への集中かという二者択一は不毛な議論であり、事業の多角化は必須なのである（Hamel and Prahalad 1994）。

　むしろ重要なことは、経験、知識、システムといった自社のコア・コンピタンスを共有する事業を生み出していくことである。戦略論における多角化の研究も、複数の事業の関連性をどのように評価すればよいか（Markides and Williamson 1994）、事業を構想し、重要な資源配分の意思決定をするドミナント・ロジックはなにか、それはどのように習得され、変容していくか（Prahalad and Bettis 1986）という実践的課題に移っていった[7]。これは、マネジメント・シナジーをその内容に立ち入って研究することであり、企業が潜在的な範囲の経済をどのように認知し、実現するかを解明することといえるかもしれない。

7）1990年代以降の研究は、詳細なインタビュー調査や濃密なケース分析によるものが多いが、大量データによる例外的な実証分析に、Markides and Williamson（1994）がある。彼らは、関連型の多角化企業のなかでも、類似したタイプの蓄積資産が重要である市場ポートフォリオで競争している企業の方が、そうでない企業よりも高い業績をあげていることを示し、蓄積資産や戦略上の関連性（strategic relatedness）によって事業間の関連性を評価することが重要であると主張した。これについては、第14章も参照されたい。

補論1　プロダクト・ポートフォリオ・マネジメント

1．多角化企業の資源配分

　これまで本章では、多角化のメリットあるいは多角化戦略の背後にあるロジックについて議論してきたが、多角化戦略をとる企業にとって、企業戦略のもう1つの中心的な内容に、複数の事業間の資源配分がある。多角化企業による事業間の資源配分の1つの方法としては、1960年代末にアメリカのコンサルティング会社であるボストン・コンサルティング・グループ（BCG）によって生み出されたプロダクト・ポートフォリオ・マネジメント（Product Portfolio Management、以下PPM）という手法が有名である。そこで、以下では、PPMの考え方、それを支える理論、その限界などについて議論する。

　PPMの考え方が提唱される前は、多くの多角化企業は投資収益率に応じた資源配分を行っていた。多角化企業のトップ・マネジメントは、各事業についての具体的知識に乏しいので、各事業の状況を数量的に表し、客観的に比較する共通尺度として、投資収益率を用いたのである。こうすれば、経営者が新規事業についてあまりよく知らなくても、投資収益率を見ることによって、既存事業と新規事業の間や新規事業相互の間の資源配分を決めることができるからである。

　しかし、投資収益率は客観的な指標ではあるが、事業によって状況が異なるので、それだけに頼って資源配分を考えるとおかしなことが起きてしまう。たとえば、成熟期にある事業Aと成長期にある事業Bを行っている企業が、投資収益率のみにもとづいて資源を配分したらどうなるか考えてみよう。事業Aは、成熟しており競争も少ないので、資源投入がさほど必要ないにもかかわらず、投資収益率が高いので投資が行われる。それに対して事業Bは、将来の収益の柱にするため積極的な資源投入が必要であるにもかかわらず、投資収益率が低いので、それほど投資をしないことになってしまう。これでは、将来の事業を育てることができない。そこで、各事業の状況を考慮に入れた、PPMという資源配分の方法が考案されたのである[8]。

図1-4　プロダクト・ポートフォリオ・マネジメント

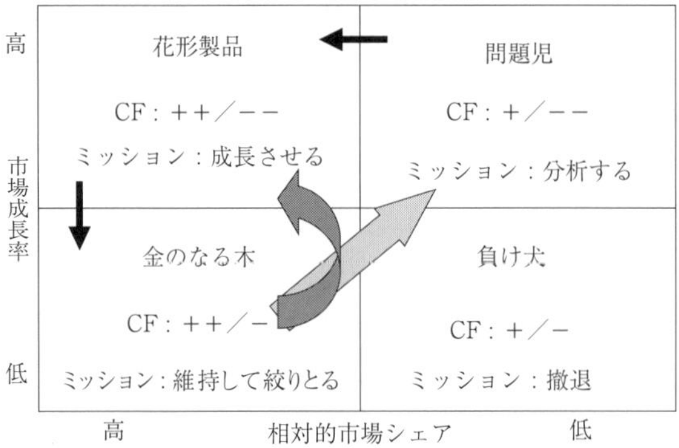

　PPMとは、図1-4に示されているような、横軸に相対的な市場シェア、縦軸に市場成長率をとったマトリックスのなかに各事業を位置づけ、各事業にそれぞれ異なるミッションを与え、企業が長期的に存続・成長していけるように資源配分を行う手法である。具体的には、相対的市場シェアが高く市場成長率が低い「金のなる木」と呼ばれるセルに属する事業には、現状を維持するだけで再投資をせずに資金を絞り取ることがミッションとして課される。相対的市場シェアが高く市場成長率が高い「花形製品」と呼ばれるセルに属する事業には、成長させるというミッションが与えられる。相対的市場シェアが低く市場成長率が低い「負け犬」と呼ばれるセルに属する事業には、撤退を検討するように提案される。相対的市場シェアが低く市場成長率が高い「問題児」と呼ばれるセルに属する事業には、当該事業が花形製品になりそうか負け犬になりそうか分析するというミッションが課される。

　このようなミッションが遂行される結果、図にもあるように、「金のなる木」から得られた資金が「花形製品」や「問題児」に投下される。また、今の「花形製品」の事業は次の「金のなる木」に、今の「問題児」の事業は次の「花形製品」に移っていく。このような資金の流れ、事業の進化のパターンをたどることによって、企業が長期的に安定した成長を実現できると

8）投資収益率重視の経営は、1970年代にアメリカ産業の競争力低下を招いた一因だったのではないかといわれることもある。これについては、土屋（1984）を参照されたい。

PPM は考えているのである。

2．PPM が依拠する仮説

　この PPM の考え方は、次の2つの仮説に依拠している。1つは、ライフサイクル仮説である。ライフサイクル仮説とは、どんな事業も誕生してから成長・成熟し、最後には衰退していくというライフサイクルをたどるという考え方である[9]。ライフサイクル仮説によれば、導入期には市場・技術の両面で不確実性が高いので、製品革新・改良のための投資や広告宣伝・販売促進のための投資が必要となる。成長期も、ライバルの数が多く、競争に勝ち抜くために必要な資金は大きい。ところが、成熟期になれば、不確実性は減少し、新たな革新・改良のための投資は必要ではなくなる。衰退期に入れば、ライバルの数は減少し、競争は決してしまうので追加的な支出は必要なくなる。つまり、市場成長率が高いときには資金需要が大きく、成長率が低下すると資金需要は小さくなると考えられる。したがって、ライフサイクル仮説は、図1-4のマトリックスの縦軸に対応し、各セルの事業の資金需要、あるいはキャッシュ・アウトフローの量を規定しているのである。

　PPM が依拠しているもう1つの仮説は、経験効果である。経験効果とは、製品の累積生産量が倍加するごとに費用が一定の割合で低下するという経験則である。これは、図1-4のマトリックスの横軸に対応する。多くの場合、相対的市場シェアが大きいと累積生産量も大きくなるので、相対的市場シェアは当該企業のコスト競争力を表していることになる。もし価格が競合企業間で一定だとすれば、コストが低ければマージンが大きくなる。つまり、相対的市場シェアが大きければ、獲得される資金も大きく、シェアが小さいと生み出される資金も小さい。ゆえに、経験効果は、各セルの事業のキャッシュ・インフローの量を規定しているのである。

　2つの仮説から想定される、各セルのキャッシュ・インフロー、キャッシュ・アウトフローが図1-4に示されている。＋＋ は大きなインフロー、＋は小さなインフロー、－ は小さなアウトフロー、－－ は大きなアウトフロー

9）ライフサイクル仮説は、主にマーケティングの領域で開発されてきた。たとえば、田内・村田（1981）を参照されたい。

をそれぞれ表している。したがって、たとえば「金のなる木」はその事業に再投入される以上の資金を生み出しているのに対し、「問題児」はその事業が生み出す以上の資金が需要されていることがわかる。

3．PPM の問題

　このように PPM は、各事業の状況を考慮に入れて資源配分、とりわけ資金の配分を提示する手法である。ただし、それにはいくつかの問題がある。そのなかで以下ではまず、上記の PPM が依拠している 2 つの仮説に対応した問題について議論しよう。

　まず、ライフサイクル仮説に関係する問題である。ライフサイクル仮説は、いかなる事業・製品も誕生してから成長、成熟期を経て衰退していくと仮定している。しかし、しばしば実際には、成熟期に入り、この後衰退していくであろうと考えられていた製品が、再び成長を始める場合がある。たとえば腕時計は、1960年代には成熟期に達していた。その後、機械式腕時計の生産は減少していったが、1970年代初頭からクオーツ式の腕時計が成長し始め、両方式を合わせた腕時計の生産そのものは、その後再び成長へ転じたのである（新宅、1994）。とすれば、市場の成長率が鈍化した事業に資金を投下するのをやめてしまうと、ライフサイクルが反転して再び成長率が高くなったときに、市場地位を維持することができず、シェアを落としてしまうかもしれない。つまり、「金のなる木」に属する事業だからといって、ライフサイクルの反転の可能性をまったく考慮せずに再投資を怠るのは、危険かもしれないのである。

　次に、経験効果に関係する問題である。相対的市場シェアが大きい、あるいは累積生産量が大きいということは、経験効果にもとづいて考えれば、ライバル企業に比べてコストが低いことを意味する。しかし、イノベーションが起き、新技術が従来の技術に取って代わると、従来の技術に対する経験は意味がなくなってしまうかもしれない。たとえば同じ自動車でも、ガソリンエンジン車と電気自動車（EV）とではコスト構造が異なる。エンジンで動く自動車では、エンジンなど主要部品の生産工程や自動車の組み立て工程で経験効果が働くので、累積生産量に応じてコストが下がる。それに対してEV では、総コストに占めるバッテリーのコストの割合が大きい。しかも、

バッテリーのコストが高いのは原材料の調達コストが大きいからである。ゆえに、（ガソリンエンジン）車の生産の経験効果は EV の生産にはあまり重要ではない。つまり、技術転換をともなうようなイノベーションが起こると、ある時点での相対的マーケットシェアや累積生産量は、その企業の競争力やコスト水準を表さなくなってしまうのである。

　これらの問題以外にも、たとえば、事業をどのような範囲で規定するかという問題がしばしば指摘される。事業を適切に定義しないと、事業間のシナジーをまったく無視してしまうことになるからである。たとえばある企業が、共通の部品を使う A、B という 2 つの事業を有しており、A と B を別々の事業としてマトリックス上に位置づけているとしよう。この場合、たとえ事業 A が「負け犬」に属しているとしても、事業 A から撤退すべきかどうかは簡単には判断できない。事業 A からの撤退は、もう 1 つの事業 B に大きな影響を及ぼすからである。

　部品の調達に規模の経済が働く場合を想定すれば、容易に理解できるであろう。事業 A からの撤退は、当該共通部品の調達量を減らすので、当該部品の調達コストを上げてしまう。つまり、事業 A からの撤退が、事業 B のコスト競争力に影響を及ぼしてしまうのである。

　PPM では、事業は SBU（Strategic Business Unit：戦略的事業単位）で定義することになっているので、この問題は重要ではないように思われるかもしれない。SBU とは、それだけで独自に戦略を構想できるような単位であり、重要な関連があるような事業は一緒にまとめられなければならない。つまり、上述の A と B は 1 つの SBU にまとめられるべきであり、SBU で事業が定義されている限り、PPM で描かれる事業の間には関連性がないことになる。

　ただし、多角化企業が展開する事業はなんらかの関連性を有することがほとんどなので、あまりに厳密に関連性の有無を追及すると、すべての事業が 1 つの SBU にまとめられてしまう。すると、多角化した事業の資源配分という課題自体が存在しなくなり、PPM を行う意味がなくなってしまうという問題が生じる。

　また、キャッシュ・インフローを規定する当該企業の（コスト）競争力は、相対的市場シェアだけで把握してよいのかという問題もしばしば指摘される。それに対して、シェア以外のいろいろな要因を総合的に判断し、競争ポジシ

ョンを規定する修正版も考え出されている。ただし、各要因のウエイト付け
をどうするのかなど、マトリックスを描く際の手続きが複雑になり、分析者
の主観が入り込む余地が大きくなるので、かえって客観性が失われてしまい
かねない[10]。

　これらの問題があるために、PPM の考え方を機械的に適用することは危
険である。しかし、PPM は非常に単純な要因で各事業が直面する状況を表
し、それを考慮に入れた全社的な資源配分方法を示唆する強力なツールであ
ることには変わりがない。機械的に適用するのではなく、そこに内在する問
題を意識しながら、使っていくことが肝要であろう。

---

10) この問題および PPM の修正版については、Hofer and Schendel（1978）を参照され
　　たい。

補論2 コングロマリット・ディスカウント

　本章の第4節では、多角化が過度に進むと収益性や成長性が低下すること
を指摘し、それは多角化のコスト、あるいはコングロマリット・ディスカウ
ントと呼ばれると述べた。また、冒頭で指摘したように、バブル崩壊以降、
多くの日本企業が収益性の低下に苦しんでいたことは、この時期の日本企業
にコングロマリット・ディスカウントが生じていたことを示唆する。

　多角化企業の価値については、Berger and Ofek（1995）以降、「超過価値
アプローチ」という手法による研究がいくつか発表されている。この手法に
ついて簡単に説明すれば以下のようになる[11]。

　事業ごとに、固有の乗数（k_i）= 価値/売上などの会計数値があるという
前提を置く。この乗数は、当該事業の専業企業の企業価値（V）を売上など
の会計数値（AI）で除したものの中央値とする。たとえば、n 個の事業を
行っている多角化企業があるとすると、各事業の会計数値に乗数を掛け合わ
せることによって、当該事業が専業企業に担われていたらどの程度の価値を
有するかを考え、それを n 個の事業について合計したものを、多角化企業
の理論的な価値と考える。多角化企業の実際の価値（V_m）と理論的価値の
比を超過価値と考え、その対数値が負の値を取ればディスカウント、正の値
を取ればプレミアムが起こっていると考えるのである。ここで企業価値とは、
当該企業の株式の時価総額と負債の簿価の和である。

$$多角化企業の理論的価値 = \sum_i^n AI_i \times k_i$$
$$超過価値 = \ln\left[V_m(\sum_i^n AI_i \times k_i)\right]$$

　牛島（2015）に掲載されている、2004年から2012年まで毎年の多角化企業
の超過価値は、表1-6にまとめられている。これを見ると、牛島（2015）
がもとめた多角化企業の超過価値は、2004年から2006年と2011年の4か年で

---

11) 超過価値アプローチについて、詳しくは Berger and Ofek（1995）、梅内（2009）、牛
　島（2015）を参照されたい。

表1-6　多角化企業の超過価値

年	多角化企業	専業企業	差	p値
2004	−0.044	0.037	−0.081	0.00
2005	−0.060	0.030	−0.090	0.00
2006	−0.031	0.042	−0.073	0.00
2007	0.007	0.064	−0.057	0.00
2008	0.030	0.058	−0.028	0.11
2009	0.030	0.041	−0.011	0.54
2010	0.016	0.040	−0.024	0.17
2011	−0.023	0.041	−0.064	0.00
2012	0.025	0.042	−0.017	0.34
2004-2012	−0.005	0.044	−0.049	0.00

注：牛島（2015）、p.75の表を筆者が改変

マイナスとなっている。ちなみに、牛島（2015）は、専業企業についても、売上に上でもとめた乗数をかけて理論的な価値をもとめ、実際の企業価値との比率である超過価値を計算しているが、それはすべての年でプラスであり、多角化企業の超過価値を上回っている[12]。2004年から2012年までの期間全体では、多角化企業の超過価値はマイナス、専業企業の超過価値はプラスであり、その差は統計的にも有意である。したがって、少なくとも2000年代の半ばには、日本企業はコングロマリット・ディスカウントの状態であったと考えられるのである。

12）ただし、多角化企業と専業企業の超過価値が統計的に有意な差を示すのは、多角化企業の超過価値がマイナスである4か年と2007年の5か年である。

第2章

分化と統合

1 モジュラー化の衝撃

　企業のトップ・レベルで策定される企業戦略の核心は自社の事業の定義であり、事業の定義の方法の1つとして、業種（あるいは製品や産業）、垂直的段階、地域の3つの軸を用いた方法について、「第Ⅰ部のポイント」で述べた。このなかで垂直的段階の軸による事業の定義は、製品の開発、原材料の生産、製品の生産、販売、保守サービスなど、垂直的な一連の業務のどの段階を自社で行い（make）、どの段階を他社に委託するか（buy）を決めることであり、make or buy の意思決定とも呼ばれる。

　複数の垂直的段階を社内で行う垂直統合や、逆にある段階の業務を外部企業に委託するアウトソーシングは、垂直的段階の軸にかかわる企業戦略の例である。垂直的段階の軸に関連する2000年代の話題の1つは、エレクトロニクス産業における日本企業の国際競争力の低下である。なぜなら、日本のエレクトロニクス産業の低迷が、垂直統合型から水平分業型へのビジネスモデルの変化に起因すると考えられるからである。この変化が見られたテレビ産業に関するショートケースを見てみよう。

ショートケース　　テレビ産業におけるビジネスモデルの変化

　ニューヨーク市クイーンズ地区にある量販店「コストコ」のテレビ売り場には、日本と異なる風景が広がる。テレビ売り場に展示されている25台の薄型テレビのうち、日本では無名のブランド「ビジオ」が、最大の7台を占め、そのコーポレートカラーであるオレンジ色に売り場が染まっているのである。

　ビジオは、2007年4月〜6月期に、北米の液晶テレビの出荷台数シェアで首位に躍り出た。ただし、カリフォルニアに本社を構える同社の従業員数は100人に満たない。液晶パネルなどの部品は台湾や韓国の企業から調達し、テレビ本体の組み立ては台湾企業に委託している。自らは企画やマーケティングに専念する典型的なファブレス企業だからである。

　こうした新興企業が、これからも快進撃を続ける保証はない。しかし、松下電器（現パナソニック）のある幹部は、次のように発言し、危機感を募らせる。

　「研究開発に巨費を投じるブランド企業のシェアを新興企業が食い、一時的でも首位に立ったという事実は重い。もしビジオが消えても、第2、第3のビジオが出てくる。それは薄型テレビがパソコン化し、コモディティー（汎用品）になってきた証しだ」（『日経ビジネス』2008年1月28日号、p.52より引用）

　2007年7月〜9月期の液晶テレビの世界出荷台数は前年同期比86％増であった。空前のブームであるにもかかわらず、電機メーカー各社のテレビ部門の収益はパッとしない。これは、かつてパソコンがたどった道と同じである。メジャーな技術革新の余地がある間は、中核部品の開発から最終製品の組み立てまで自ら手がける垂直統合型のビジネスモデルを採用した企業が優位に立っていた。しかし、商品が付加価値を失うと、台湾などの専業メーカーに生産を委託する水平分業型のビジネスモデルを採用した企業が台頭する。垂直型を貫いても、巨額の投資を回収できる保証はない。うまく委託先の企業をオーガナイズできれば、ビジオのように、身軽になって、スピーディに事業を回せる水平分業型のビジネスモデルの方が有利なのである。

出典：「テレビの作り直し　価格下落に勝つ」『日経ビジネス』2008年1月28日号、
　　　pp.50-52をもとに筆者が作成

　先のケースに書かれているビジネスモデルの変化と日本企業の競争力の低下は、インテグラル型からモジュラー型への製品アーキテクチャ（基本設計思想）の変化が関係すると考えられる[1]。後で詳しく述べるが、製品を構成する機能と部品が1対1に対応していないインテグラル型の製品の場合、構成部品を開発・生産する組織の間で緊密な調整が必要であり、部品を社外から調達し組み立てることは容易にはできない。それゆえ、緊密な調整がやりやすい垂直統合型のモデルが適している。それに対して機能と部品とが1対1に対応しているモジュラー型の製品の場合、社外から調達してきた構成部品を組み立てて最終製品にすることが相対的に容易である。ゆえに、水平分業型のモデルが適していると考えられるのである。

　日本企業は、伝統的に主要な部品の開発・生産だけでなく販売や保守まで、垂直的な一連の業務のほとんどを社内や密接な関係にある企業からなる系列内で行っており、その間の緊密な調整が得意であった。ゆえに、インテグラル型の産業では、垂直統合型のモデルを採用する日本企業は、その得意技をいかんなく発揮し、国際競争を勝ち抜いてこられた。しかし、モジュラー型への変化、すなわちモジュラー化が進んだ産業では、社外からもっとも安価な部品を調達し、それを組み立てる水平分業型モデルを採用する企業がコスト競争力を高めることができる。逆に組織間の緊密な調整は相対的に重要ではなくなり、社内の高コストの部品を使わなければならない日本企業は、価格競争で不利になってしまうのである。

　ある事業が、原材料の調達から始まり、製品の生産、輸送・保管、販売、保守サービスで終わるといった垂直的な業務の流れによって行われるとき、複数の垂直的段階を社内で行うことは垂直統合と呼ばれ、伝統的に1つの重要な企業戦略であった。垂直的な業務の流れにおいて、相対的に始まりに近い業務を上流、終わりに近い業務を下流と呼び、上流の業務を統合する場合を後方統合、下流の業務を統合する場合を前方統合という。

　1）製品アーキテクチャとは、製品機能と製品構造をどのように対応させ、部品間のインターフェースをどのようにデザインするかという基本的な設計思想のことである（藤本2003）。

図2-1　事業の定義（垂直的段階軸）

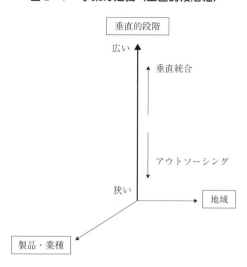

　それに対して、ビジオは、製造段階を外部企業に委託（アウトソーシング）し、自身は開発とマーケティングだけを行う。このような企業はファブレスと呼ばれ、半導体、エレクトロニクス産業などで、1990年代以降次々と登場した。

　分化するのか統合するのか。アウトソーシングと垂直統合は、方向は正反対であるが、いずれも垂直的段階の軸による事業の定義に関わる企業戦略である（図2-1参照）。そこで以下では、企業がどのように垂直的段階の分化と統合を使い分けるのか、そのロジックについて議論する。

2　分化のメリット

　make or buy の意思決定を考えるにあたり、分化と統合のメリットをそれぞれ議論しよう。分化のメリットとは、市場を通じた取引がもたらすメリットであり、統合のメリットとは内部組織を通じた取引、すなわち垂直統合のメリットである。

　市場を通じた取引のメリットの1つは、規模の経済や経験効果によって、

同じ財・サービスを低コストで入手できることにある。たとえば、企業Aが
ある原材料を用いてある製品を生産する場合を考えよう。企業Aは、その原
材料を他の独立の原材料メーカーSから購入することもできるし、自社で内
製することもできる。ただし、独立の原材料メーカーSは、その原材料を大
量に生産し、多くの企業に供給することができるかもしれないが、企業Aの
原材料内製部門は、社内需要を満たすだけかもしれない。とすれば、内製部
門は独立メーカーに比べて少ない量しか生産しない。もし、この原材料生産
において規模の経済が働くとすれば、原材料メーカーSの方が低コストなの
で、内製するよりもSから調達した方が、企業Aはこの原材料を安く手に入
れることができる[2]。つまり、市場を通じて原材料を調達することによって、
規模の経済によるメリットを享受できるのである。

　経験効果が働く場合も同様である。経験効果によるコスト低下が経験の量、
すなわち（累積）生産量に依存するとすれば、原材料メーカーSは、企業A
の原材料内製部門よりも経験量が大きいので、より大きくコストを低下させ
ていることになる。ゆえに、市場を通じて原材料を調達する方が、享受でき
る経験効果のメリットも大きいのである。

　市場を通じた取引のもう1つのメリットは、競争圧力による品質向上、コ
スト低下を享受できることである。企業Aの内製部門には、社内の他部門が
引き取ってくれるという安心感があるので、競争圧力が欠如しがちである。
それに対して独立の原材料メーカーSは、常に他の原材料メーカーと競争し
ている。改善努力を怠れば、競争相手に取引を奪われてしまう。それゆえ、
原材料メーカーSの方が、品質向上やコスト削減に向けて努力するであろう。
その結果、外部から調達した方が、高品質で低価格な原材料を調達できるの
である[3]。

　冒頭で紹介したビジオの躍進の理由の1つが低コストであるとすれば、ビ

2）もちろん原材料メーカーSは、コストにマージンを載せて、当該原材料をAに販売す
　るであろう。内製部門からの社内取引ではマージンが載らないのであれば、Sから調達
　した方が安くなるとは限らない。ただし、内製部門がマージンを載せないとすると、当
　該部門の利益率は相当する社外の独立メーカーよりも悪くなるので、持続可能ではない。
　ゆえに、ここでは、独立企業Sも内製部門も、同じようなマージンを載せて取引すると
　考える。

ジオは部品を台湾や韓国から調達し、本体の組み立てを台湾企業に委託することで低コストを実現しているのであろう。つまり、上記の市場を通じた取引のメリットが、ビジオの躍進を支えていると考えられるのである。

3　統合のメリット

　分化のメリットが大きいときには市場を通じた取引が行われるのに対して、統合のメリットが大きい場合には垂直統合が行われる。換言すれば、企業が垂直統合を行うのは、垂直的な業務の流れの複数の段階を、それぞれ別の企業が行うよりも、１つの企業が行う方が少ない費用で済むからである。この条件は、前章の第２節で解説した範囲の経済が存在する場合に成立する[4]。したがって、前章で述べたように、複数の垂直的段階の間で共有できる準公共財的な投入物が存在する場合、範囲の経済が生じ、垂直統合が行われると考えられる。

　また、複数の段階を統合することによって、輸送費を含めた一般的な生産費用が節約される場合もある。たとえば、鉄鋼業は、製銑、製鋼、圧延といった段階に分かれる。通常この段階が１つの企業によって統合されるのは、統合されていなければ各段階で生じる冷却、輸送、再加熱の費用を節約できるからである。

　ただし、前章でも指摘したように、共有できる資源は、他社に販売できるのであれば、社内の他の用途での活用、つまり垂直統合をもたらすとは限ら

3）これは、市場を通じた取引が、競争によって効率的な状態を実現するので、内製部門を抱える垂直統合企業にかかるさまざまなエージェンシー・コストを節約する例と考えることができる。また、（垂直統合した）大企業には、自分に都合の良い資源の配分を受けるために、ある部門が内部資本市場に影響を及ぼすことから生じるインフルーエンス・コストがかかる。これも、市場取引によって節約することができる（Milgrom and Roberts 1990）。

4）前章の数式（p.22）を見ればわかるように、範囲の経済は、２つの財を１つの企業が生産する場合と、２つの企業が１つずつ生産する場合との比較であり、生産量はいずれの場合も同じである。したがって、分化のメリットで議論したように、片方の財（部品）の生産を、その財を何社にも供給している専門企業に委託し、専門企業が大規模生産することによる規模の経済によって費用が下がるという条件は考慮されていない。

ない。また、上記の鉄鋼業における冷却、輸送、再加熱の費用の節約は、異なる段階を同じ場所で行う理由にはなるが、同一の企業が行う理由にはならない。異なる企業の生産ラインであっても同じ場所にあれば、費用の節約が可能だからである。

にもかかわらず、共有できる資源の存在や生産費用の節約が垂直統合をもたらすのは、市場を介した取引に費用（transaction cost）がかかるからであり、垂直統合をすることによってそのコストを節約できるからである。市場を通じた取引には、①交渉によって条件付きの契約を書くコスト、②モニタリング・コスト、③契約を強制するコスト、④契約の不履行にともなうコストといった費用がかかる（Joskow 1985）。この各項目には、情報収集・処理にかかるコスト、法的費用、非効率的な価格づけや生産活動にともなうコストなどが含まれる。

取引コストに影響する要因としては、まず環境の不確実性があげられる。将来どのような事象が起こるかわからないとき、あるいは取引される財の性格によって複雑な要因を考慮しながら取引しなければならないときには、大変複雑な条件付き契約を結ばざるをえない、もしくは契約そのものが結べないので、取引コストが高くなる。もちろん人間の合理性に限界がなければ、どんなに不確実な環境であっても、それに対応した複雑な契約を結ぶことができるかもしれない。しかし、残念ながら人間はそれほど合理的な存在ではない。

また、取引主体の数も取引コストに影響する。人間には、自らの利益のために情報を歪曲するといった機会主義的行動をとる傾向があるといわれている。ただし、取引主体が多数の場合、ある主体が機会主義的行動をとれば、すぐに取引相手を変更できるので、人間の機会主義的な傾向はさほど問題にはならない。しかし、取引に特殊的な資産が必要なときには、事前には潜在的に多数の取引相手が存在しても、いったん取引特殊的資産に投資が行われれば、その投資をした人に取引相手が限定され、容易には変更できなくなってしまう。このように、取引特殊的資産のために、取引相手が「多数」から「少数」に変化することを、Williamson（1985）は根本的な転化（the fundamental transformation）と呼んでいる。根本的な転化が起こると、取引相手から不利な条件を強いられてしまう。つまり、取引相手の機会主義的行動

によって不利益を被る危険性が高くなるのである。

　資産の特殊性のために不利な条件を強いられることは、ホールドアップ問題と呼ばれる。たとえば、工場の製品輸送に使われる鉄道路線があるとしよう[5]。工場の周りにはなにもないので、この鉄道路線は、この工場の製品を運ぶという用途以外には、スクラップ以上の価値はない。つまり、工場との取引に特殊な資産なのである。このような場合、工場主は、値下げに応じなければ製品輸送をトラックに切り替えるという威嚇を用いて、鉄道の所有者に対して格安の運賃を要求できる。威嚇通りに取引をやめられてしまったら、他の用途がない鉄道にはほとんど価値がないので、鉄道の所有者はお手上げ（ホールドアップ）の状態になり、工場の値下げ要求を呑まざるをえないのである。

　次善の用途に供された場合に資産の価値は低くなる。この資産価値の低下分は「専有可能な準レント（appropriable quasi-rent）」と呼ばれる（Klein et al. 1978）。鉄道の例でいえば、鉄道が工場の製品輸送によって生み出す価値からスクラップの価値を引いた残りである。資産の専有可能な準レントは、その資産が取引特殊的であるほど大きく、取引を停止するという威嚇によって資産の使用者が専有することのできるレントの最大値を表している。

　また、ホールドアップ問題が起こるかもしれないときには、取引相手に専有可能な準レントをとられてしまうことを恐れ、望ましいレベルの投資を行わないかもしれない。つまり、鉄道の所有者は、後で法外な値下げを要求されることを恐れて、この路線への投資を行わないかもしれないのである。その結果、工場製品の輸送は非効率となり、鉄道があれば生み出されたであろう価値が低下してしまう。これが、ホールドアップ問題にともなう社会的費用である。このような事態を避けるためには、多額のコスト（手間や配慮）が必要なのである。

　このような要因によって市場取引のコストが大きいときには、内部組織を通じた取引に変えることによって、コストを節約できる（Williamson 1975）。なぜなら、内部組織を通じた取引では、事前に詳細な契約を結ばなくても、問題が生起するたびに逐次的に対応することが可能である。市場取引ではこ

---

[5]　この例は、Milgrom and Roberts（1992）よりとった。

図2-2　生産コストと取引コストの比較

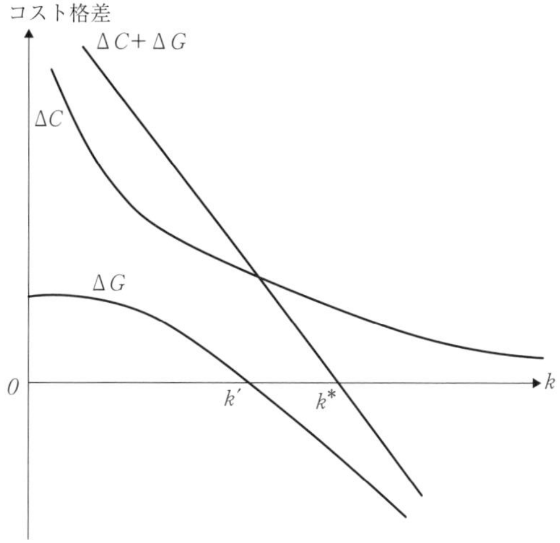

注：Williamson（1985），p.93より引用

のような逐次的対応は機会主義的行動を誘発するが、内部組織には市場より
も広範かつ精緻な誘因と統合の装置（権限関係、情報の共有、密接なコミュ
ニケーションなど）があるので、機会主義的行動が起こりにくいからである。
つまり、垂直統合によって、市場取引のコストを節約することができるので
ある。

4　市場取引と垂直統合の選択

　これまでの議論から、企業が業務を分化するのか統合するのか、市場ある
いは内部組織のどちらを通じた取引によって財・サービスを調達するのかと
いう選択は、その財・サービスの生産コストと、市場あるいは内部組織を通
じた取引コストの大きさによって決まることがわかる。それをまとめたもの
が図2-2である[6]。

6）以下の議論は、Williamson（1985）に拠っている。

　いま、一定量のなんらかの原材料を、社内のある部門で内製するか、市場を通じて調達するかを選択する場合を考えよう。図2-2の縦軸には2つの調達方法のコスト差が表され、横軸には取引に必要な資産の特殊性の指標（k）が示されている。ΔG は、内部組織を通じた取引に関わるコストから市場の取引コストを引いた差を表している。

　資産の特殊性が低いときには、根本的な転化が起こらず、取引主体は多数存在しうる。ゆえに、取引主体は他者に取って代わられることを恐れて、機会主義的行動を抑制する。つまり、市場取引には多数の取引主体間の競争という圧力がかかるので、内部組織を通じた取引よりも市場からの調達の方が取引コストは低くなり、ΔG は正の値をとる。ところが、資産の特殊性が高まるにつれて、根本的な転化が起こり、事後的な取引相手は特殊的資産に投資した相手に限定されてしまう。ホールドアップ問題が生じ、市場の取引コストは増大する。その結果、市場の取引コストが内部組織を通じた取引コストを上回り、ΔG は負になってしまう。図2-2では、ΔG が正から負に変わる資産の特殊性のレベルが k' で表されている。

　他方、ΔC は、垂直統合企業の内製部門の生産コストから、市場を通じて調達する場合の当該原材料の生産コストを引いた差を表している。独立の原材料メーカーは、多くの買い手の注文を集約することができるので、規模の経済や経験効果を働かせ、内製部門よりも低いコストで原材料を生産できる。それゆえ、ΔC はすべての k に対して正である。

　もし調達すべき原材料が標準的なもので、その生産に必要な資産の特殊性が低ければ、規模の経済や経験効果がより強く働くので、市場を通じてはるかに安く調達することができ、ΔC は大きくなる。しかし、このコスト格差は、資産の特殊性が高まるにつれて減少する。原材料が独自の仕様にもとづくようになり、その生産に必要な資産が特殊なものになれば、独立の原材料メーカーは異なる企業にそれぞれ特殊な原材料を供給しなければならず、それぞれの生産量は減少し、規模の経済が発揮されないからである。それゆえ、ΔC は漸近的に0に近づく。

　$\Delta C + \Delta G$ は、ΔC と ΔG の垂直方向の和であり、資産の特殊性（k）のそれぞれのレベルに対する、部品を内製する垂直統合の場合の生産コストと取引コストの合計から、市場を通じた外部調達の場合のそれを引いた差を表し

ている。図2-2では、$\Delta C + \Delta G$ は、資産の特殊性が k^* よりも小さければ正、大きければ負の値をとる。したがって、生産コストと取引コストの両方を考慮に入れると、資産の特殊性が k^* よりも小さければ、市場を通じた取引の方が垂直統合よりも低コストなので、分化が選好される。逆に、資産の特殊性が k^* よりも大きければ、内製の方が外部調達よりも低コストなので、統合が選好されるのである。

5 継続的取引

　前節では、市場取引と垂直統合の間の選択について議論したが、実際の取引は、内製か外部調達かという二分法ではなく、その中間的形態によって行われることが多い。典型的な例は、日本でしばしば観察される系列取引などの継続的取引である[7]。たとえば、系列取引の典型である自動車産業の部品メーカーと完成車メーカーとの関係を考えてみよう[8]。

　部品メーカーと完成車メーカーとの取引には、特殊性の低い資産しか必要としない取引もあれば、機械設備、金型、教育など、さまざまな取引特殊的な投資をしなければならないものもある。後者のような取引の場合、特殊的投資は専有可能な準レントが大きいので、ホールドアップ問題を引き起こす。それゆえ、市場取引のコストが大きいので、前節の議論にもとづけば垂直統合が行われやすいと考えられる。これは、アメリカで観察される対応である[9]。

　それに対して日本の自動車産業の部品メーカーと完成車メーカーは、取引特殊的投資をともなう取引も行っている。にもかかわらず完成車メーカーが機会主義的行動をとらないのは、機会主義的行動をとれば、当該部品メーカーとの関係が絶たれてしまうだけではなく、悪い評判が立ち、他の系列部品

---

[7] 継続的取引については、たとえば、今井他（1982）、伊藤・松井（1989）、伊藤・鶴田（2001）を参照されたい。

[8] 系列関係については、主に伊丹他（1988）、三輪（1990）に拠っている。

[9] ただし、アメリカ企業も常に垂直統合によって対応しているわけではない。生産に必要な資産の特殊性が高い部品も市場で取引されることがある。この場合、その資産を完成車メーカーが所有することが多い（Monteverde and Teece 1982）。

メーカーとの関係も損なってしまうことを恐れるからである。つまり、部品メーカーは特殊的投資にともなう専有可能な準レントという人質（hostage）をとられているが、完成車メーカーもすべての系列部品メーカーと良好な関係を継続するために必要な評判という人質をとられている。部品メーカー、完成車メーカー双方が人質を取られ合っているために、機会主義的行動が抑制されていると考えられるのである。

　また、日本の完成車メーカーは、特定の部品メーカーと継続的な取引を行っているとはいえ、1つの企業に完全に依存してしまうのではなく、複社発注と呼ばれる仕組みをとっている。これは、ある部品について、全量を1つの部品メーカーから調達するのではなく、必ず複数のメーカーから調達する、もしくは一部を内製することを意味する。たとえばダッシュボードであれば、ある車種のそれはA社から購入するが、他の車種のそれはB社から購入する。複社発注によって、A社がなんらかの事情で供給できなくなったときでも、B社にその供給を肩代わりしてもらうことができる。また、A社が努力を怠ったときには、A社の取引量を減らし、B社のそれを増やすことができる。こうして、最低限の競争を確保しているのである。

　もちろん、限られた数の相手と継続的に取引を行うので、アームズ・レングス（arms-length）の取引に比べれば、退出（exit）の脅威という競争メカニズムは弱くならざるをえない。しかし、不満や改善提案を相手に伝え、取引の状態を改めることはできる。告発（voice）のメカニズムである（Hirschman 1970）。標準品であれば、相手が取引を停止（退出）したときに、価格に不満があるのだろうと察しがつく。しかし、自動車部品のように標準品ではないものを取引する場合、取引が停止されても相手がなにに不満なのかわからない。なにがどのように不満なのかを具体的に伝えなければ、改善のしようがない。このような場合には、退出よりも告発の方が取引相手の反省を促すために有効なのかもしれない。完成車メーカーは、この告発のメカニズムがうまく機能するように、情報センターの役割を果たし、部品メーカーと完成車メーカー、さらには異なる部品メーカーとの間の情報交換が頻繁に行われるようにしているのである。

　このように、継続的取引は、さまざま工夫を施すことによって、市場取引と垂直統合の両方の問題を抑制し、両者のメリットを享受することができる

仕組みであると考えられるのである。

6　分化と統合の戦略

　本章の冒頭で述べたように、テレビを典型とする日本の家電製品の国際競争力の低下の背景には、垂直統合型から水平分業型へのビジネスモデルの変化があるといわれており、インテグラル型からモジュラー型への製品アーキテクチャの転換がこのビジネスモデルの変化をもたらしたと考えられている[10]。

　インテグラル型とは、製品が有するさまざまな機能と部品とが1対1に対応していない製品である。典型的には自動車がインテグラル型である。たとえば乗り心地のような機能は、1つの部品の性能を高めれば達成されるものではなく、複数の部品が調整し合って初めて高めることができる。つまり、製品の機能を高めるためには、部品間の緊密な調整が必要なのである。

　他方、モジュラー型とは、機能と部品とが1対1に対応している製品である。ある機能を高めようとする場合、それに関係する部品を作る組織は、他の部品との関係を考えることなく、自分の部品の性能を高めさえすればよい。モジュラー化とは、要素間の関係の数を削減することによってインターフェースを集約化し、インターフェースをルール化して要素間の相互関係を弱めることによって、システムの複雑性を削減しようとすることである（青島・武石 2001）。

　日本企業は、伝統的に、部門間、あるいは（系列関係にある）企業間の密接な調整を得意としており、それが必要とされる自動車のようなインテグラル型の事業で強みを有してきた（藤本 2003）。パソコン化する前のテレビのように、かつての家電製品もインテグラル型だったと考えられ、そのときは日本の家電メーカーの国際競争力は高かった。しかし、モジュラー化が進むことによって、密接な調整なしに、インターフェースのルールさえ守れば誰

10）「メイド・イン・ジャパン復活の鉄則」『週刊ダイヤモンド』2002年3月9日。モジュラー化については、Baldwin and Clark（2000）、藤本他（2001）、青木・安藤（2002）を参照されたい。

もが部品を生産し、製品を組み立てることができるようになった。そのため、部品の開発・生産、最終製品の組み立てなどを外部委託し、自らは生産を行わないファブレスが成長し、垂直統合型の日本の家電メーカーが相対的に衰えていったといわれるのである[11]。

　このことは、図2−2を用いれば、次のような変化と考えることができる。以前は製品を構成する部品の生産に必要な資産の特殊性が高かったので、部品を内製したり部品メーカーを系列下において連携を強めたりする必要があった。ところが、モジュラー化によって、資産の特殊性が低下したために、市場を通じて部品を調達することが可能となった。さらに、そのような部品で構成される製品の組み立て自体も、設計部門や販売部門との連携が必要な特殊な資産が必要ではなくなったために、外部企業に委託されるようになり、ファブレスが台頭した。つまり、資産の特殊性（k）がモジュラー化によって低下したために、それに対応する$\Delta C + \Delta G$が正となり、市場取引が選好されるようになったと考えることができるのである。

　ただし、他の企業への業務委託や財・サービスの外部調達が、今後すべての範囲で一方的に進行することはないであろう。日本のエレクトロニクス企業のなかでも、成熟製品は外部企業に生産を委託するが、新製品や付加価値の高い製品の開発・生産は自前で行おうとしている企業もある。成長の源泉、強みの源泉は社内に残しておかなければならない。それさえも社外に出してしまうと、強みの源泉である技術やノウハウが他企業に漏洩し、強力なライバルを作り出してしまうかもしれない。あるいは、ある段階を全面的に外部に委託してしまうと、委託先の言いなりになってしまう恐れもある。これらは、アウトソーシングや市場取引にともなう問題としてしばしば指摘されることである[12]。それゆえ、垂直的業務の流れのなかのどの段階を社内で行い、どの段階を社外に出すか、すなわち垂直的段階の分化と統合は、今後もきわめて重要な戦略的問題なのである。

---

11) モジュラー化によってインタラクションの重要性が低下したことが、EMS の台頭を促した反面、日本企業の不振をもたらしたという解釈もある。「メイド・イン・ジャパン復活の鉄則」『週刊ダイヤモンド』2002年3月9日。

12) Besanko et al.（2000）や、「アウトソーシング時代の罠」『日本経済新聞』（1999年1月24日付）を参照されたい。

第 **3** 章

事業の国際的展開

1 国境を越える

　本章では、事業を定義するときの３つの軸のうち、最後の地域の軸に関わる問題を取り上げる。企業は、その活動の場を、国内のある地域に集中するのか、日本全国とするのか、あるいは国境を越えて海外にまで進出するのかというように、事業の地域的な広がりを決定しなければならない（図３-１参照）。ただし、同じ地域軸上の広がりではあるが、国内における地域的拡大と国境を越えた事業の拡大との間には大きな違いがある。国が異なれば経済制度、法制度、文化や慣習が異なるので、本国のそれとは異なる環境のもとで経営を行う企業はさまざまな課題に直面するからである。そこで本章は、国際化に関連するいくつかの戦略的問題を検討する[1]。

　後で詳しく述べるが、国際経営の主体である多国籍企業のマネジメントは、大別して２つの論理にもとづいて行われる。１つはグローバル規模でオペレーションを標準化することによって規模の経済を追求する、グローバル統合と呼ばれる論理であり、もう１つはホスト国の規制、ローカル市場のニーズといった現地特有の環境への適応を追求する、ローカル適応という論理であ

---

1) 国境を越えて行われる企業経営は国際経営と呼ばれ、それを対象とした国際経営学という経営学の一分野が確立されている。その内容は多岐にわたるが、以下ではいくつかの戦略上の問題に限定して議論する。国際経営の全体については、たとえば、浅川（2003）、琴坂（2014）などの国際経営学のテキストを参照されたい。

図3-1　事業の定義（地域軸）

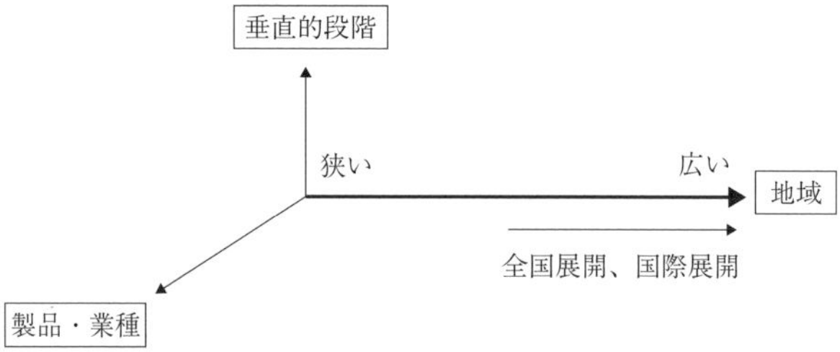

```
        ┌─────────┐
        │ 垂直的段階 │
        └─────────┘
             ↑
             │
         狭い        広い      ┌────┐
             ├──────────────→│ 地域 │
             │               └────┘
             │        全国展開、国際展開
             ↓
     ┌─────────┐
     │ 製品・業種 │
     └─────────┘
```

る。もっぱらグローバル統合を重視する企業はグローバル企業と呼ばれ、た
とえばコカ・コーラやゼネラル・エレクトリック（GE）といった企業が典
型例である。ところがそのコカ・コーラにおいて、少し異なる動きが見られ
る。それについての事例を見てみよう。

ショートケース　**コカ・コーラによる新しい経営の型**

　2007年10月上旬、日本コカ・コーラの篠原幸治は、アメリカのコカ・コー
ラ本社勤務の異動の内示を受けた。日本でコカ・コーラが製造を開始した
のが1957年。それからちょうど半世紀が経ち、日本は利益でアメリカに次
ぐ巨大市場となっていた。それまでは、アメリカから日本へ経営幹部が派
遣されることは常であったが、今回はコカ・コーラ社の世界戦略を指揮す
るジョージア州アトランタに、日本から幹部が派遣される。篠原の肩書は
「Senior Global Director RTD Coffee/Tea」であり、全世界を対象としたコー
ヒーとお茶の成長戦略を立案することになる。

　世界で最強のブランドの1つといえるコカ・コーラは、炭酸飲料のなか
で圧倒的な商品力を有する。伝統的にコカ・コーラは、世界共通の品質水
準を保つために、世界中で製造から物流、販売までアメリカ流を貫いてき
た。それが今、方針を転換し、日本コカ・コーラ出身の日本人に、コーヒー
とお茶の世界戦略を託そうというのである。

　この方針転換の背景には、「炭酸離れ」という世界的な消費者嗜好の変
化がある。2007年度、コカ・コーラの北米における非炭酸飲料の販売数量
は5％増であったのに対し、炭酸系飲料は前年度比2％減であった。最大

消費地のラテンアメリカでは、炭酸系も6％増加したが、非炭酸系は35％
も伸びた。こうした市場の変化を受けてアメリカの本社は、世界で非炭酸
系の比率を、現在の40％から50％まで引き上げる方針を打ち出した。その
方針の推進役として、アメリカの本社は篠原に白羽の矢を立てたのである。

　日本では、毎年1000を超える飲料の新製品が発売され、スーパーの棚や
自動販売機をめぐって激しい競争が繰り広げられる。しかし、陳列棚の争
奪戦で生き残るのはごくわずかであり、後は数か月で消え去ってしまう。
こうした厳しい生存競争を勝ち抜き、コーヒー飲料の「ジョージア」、ス
ポーツ飲料の「アクエリアス」、ブレンド茶の「爽健美茶」は、定番商品
として生き残った。世界で販売しているコカ・コーラ社製の飲料450ブラ
ンドのうち、年間10億ドル以上を売り上げるのは13あるが、そのなかで日
本コカ・コーラが独自に商品開発、マーケティングを行ったのがこの3つ
である。

　日本は、お茶文化が根強く、健康意識も高い。社会が成熟していくにつ
れ、コーヒー、お茶、スポーツ飲料などの非炭酸系を好む消費者が増える
という現象に、世界でもっとも早く直面したのが日本だった。一般に日本
市場、日本の消費者は、世界のどの市場よりも厳しい目を持っているとい
われる。この消費者の嗜好の変化に対応してきた篠原には、世界的な課題
に真っ先に直面し、それを解決してきたという自信がある。

　日本で生まれ、鍛えられた商品のいくつかは、すでに世界市場へと飛び
立っている。アクエリアスはEUで、果汁飲料の「Qoo（クー）」はアジ
アなどで販売されている。もはや日本発の商品、マーケティングが世界へ
向けて発せられる段階になったのである。

出典：「販売戦略は「日本道場」で磨く」『日経ビジネス』2008年4月21日号、pp.28-
　　　31をもとに筆者が作成

　上記の記述は、グローバル企業の典型であるコカ・コーラがグローバル統
合の論理から逸脱する経営をとり始めたことを示している。ただしローカル
適応の論理で経営するマルチドメスティック企業になったのではない。ある
カテゴリーの製品分野では、日本というローカル市場で生まれた商品、マー
ケティングを世界標準として世界中で広めていくという新しい経営の型が生

まれたことを示唆している。このように、国際化の進展の程度、国際化の類型は企業によって異なる。そもそも、なぜある企業は海外に事業を展開するのであろうか。以下ではまず、その問に対する答えとして、既存の海外直接投資の理論を概観する。その後で、国際化の類型、その変化を含む、国際化に関わる最近の現象、課題について検討しよう。

2　海外直接投資の理論[2]

2.1　Hymer = Kindleberger 理論

　企業が海外に進出する場合、進出先の市場で現地企業との競争に打ち勝たなければならない。ところが、本章の冒頭で述べたように、外国企業にはいくつか不利な条件がある。現地企業に比べて、外国企業は進出先の国の経済、法律、政治、文化を熟知していない。また、外国企業は、異文化コミュニケーション、現地企業とは異なる規制の適用、為替リスクといった問題にも直面する。そのような不利な条件があると、現地企業に競争で負けてしまうかもしれない。にもかかわらず、企業が海外進出するのはなぜだろうか。

　この疑問に対する1つの答えは、その不利を補って余りある優位性を海外進出する企業が有しているからだというものである。海外進出の1つの形態である海外直接投資（Foreign Direct Investment：FDI）を行う企業が有しているであろう優位性について、Hymer（1976）は次のように述べている。「企業の優位性というのは、企業が他の企業より低コストで生産要素を手に入れることができるか、または、より効率的な生産関数に関する知識ないし支配を保持しているか、あるいは、その企業が流通面の能力において優れているか、生産物差別を持っているかのいずれかのことである（邦訳、pp.35-37）。」

　この考え方は、Hymer 自身が指摘しているように、Bain（1956）による市場参入条件の研究を基礎に置いている。Bain は、既存企業が新規参入企業に対する優位性を保持していれば、超過利潤を享受することができると考

2）以下では、海外直接投資の理論として2つの考え方を紹介するが、この他の理論については、たとえば姉川（2000）で簡単に紹介されている。

えた。Hymer は、この考えを進出企業と現地企業との関係に適用し、進出企業が有している優位性が、現地企業にとっての（参入）障壁となり、進出企業が正の利潤をあげることができると考えたのである。

　同様に Kindleberger（1969）は、海外直接投資を行う企業がなんらかの独占的優位性を保持しているために、市場は不完全競争の状態になるので、海外企業は不利な条件を克服し、海外直接投資を行うと述べた。Kindleberger（1969）は、独占的優位性が保持される場合として、①製品差別、特殊なマーケティング・スキル、小売価格維持、管理価格などによる製品市場における完全競争からの乖離、②特許などによって入手できない技術、資本に対する差別的なアクセス、競争市場で採用されるのではなく企業に組織化された経営者のスキルの違いなどの生産要素市場における完全競争からの乖離、③内部の規模の経済性や、垂直統合によって享受される外部の規模の経済性、④生産や参入に関する政府の規制の4つを指摘した。

　冒頭のショートケースに登場したコカ・コーラは、この4つの優位性のうちどれを有しているのだろうか。確立されたブランドによる製品差別、広告・宣伝や販売促進におけるマーケティング・スキル、ボトラーなどのバリューチェーンの運営方法など（①）、あるいは特許ではないが、配合が秘匿された原液という他社が入手できない技術（②）という独占的優位性を有していたから、コカ・コーラは海外進出に成功したのであろう。

　Hymer と Kindleberger の議論は、なんらかの優位性を保持する外国企業であれば、現地企業に対する不利な条件を克服できるために、海外直接投資を行うことができると主張している。彼らの議論は、その優位性を産業組織論の概念を用いて説明しているので、「産業組織論的アプローチ」、あるいは「不完全競争市場アプローチ」と呼ばれる。

2.2　内部化理論と折衷理論

　Hymer = Kindleberger 理論は、なぜ外国企業が不利な条件を克服することができるかを説明するが、優位性を有する企業が常に海外直接投資を行うとは限らない。直接投資を行わなくとも、優位性によって優れた製品を生産できるのであれば、製品輸出によって利益を獲得することができる。優位性が特許化された技術であれば、それをライセンス供与することによって、利益

をあげることができる。では、なぜ企業は輸出やライセンスではなく、直接
投資を行うのであろうか。

　ある企業が、その企業に特有な優位性（たとえば技術や経営スキル）を有
しているとしよう。その企業は、その優位性をもとにある国に直接投資を行
って利益を獲得することもできるし、現地企業に技術や経営スキルをライセ
ンス供与し、ロイヤリティを獲得することもできる。ただし、技術やスキル
といった情報財は市場取引になじまない。ライセンシングによる技術移転に
は、技術にもとづく企業の優位性が散逸してしまう危険性がある[3]。そこで
企業は、海外直接投資を行い、情報財の（国際的な）取引を内部化すると考
えられるのである[4]。

　これは、内部化理論（internalization theory）と呼ばれる考え方である[5]。
内部化理論は、企業の優位性の源泉を市場取引するのがライセンシングであ
るのに対し、企業内部で取引することが直接投資であると考える。優位性の
源泉が情報財であれば、その情報財を市場を介して取引する場合の取引コス
トは高い。それゆえ、取引コストを節約するために、ライセンシングではな
く直接投資が行われると考えられる。すなわち、内部化理論は、第2章で詳
しく議論した取引コストの経済学に依拠して海外直接投資を説明しようとす
る理論なのである。

　さらに、内部化理論と前述の産業組織論的アプローチなどをあわせて、次
の3つの条件が満たされるとき企業は海外直接投資を選択するという考え方
が、Dunning（1988）によって提唱された。すなわち、

①企業は、技術、知識、ノウハウ、R&D 能力など、他社にないユニークな
　無形資産を保有することからくる所有の優位性（ownership advantages）
　を有している。

3）技術の漏洩、とりわけ製造技術の漏洩は、それが人件費の安さと結びつくと、日本企
　業の競争力は根底から揺らいでしまうので、製品が模倣されるよりも被害は深刻である
　にもかかわらず、日本企業の漏洩対策は、欧米企業に比べて生ぬるかったと、20年前か
　らいわれている。これについては、「製造技術漏えい深刻」『日本経済新聞』2002年4月
　10日付を参照されたい。
4）情報財の取引の内部化については、本書第1章を参照されたい。
5）たとえば、Rugman（1981）を参照されたい。

②所有の優位性をライセンシング契約などによって外国企業に売却するより
　は、自社の活動範囲を拡大することによって内部化した方が有利である
　（internalization advantages）。

③ある要素投入については本国以外で優位性を活用した方が利益をあげるこ
　とができる（location advantages）。

の3条件である。

　ここで、条件③は、各国の生産要素の賦存には差があり、それが比較優位
の重要な決定要因だとする Heckscher = Ohlin 理論と密接につながってい
る[6]。また、条件①は、産業組織論的アプローチの主張であり、条件②は内
部化理論の主張である。つまり、この考え方は、3つの考えを合わせたもの
であり、それゆえ「折衷理論（eclectic theory）」と呼ばれる。

　以上で見てきたように、Hymer = Kindleberger 理論、内部化理論、折衷理
論は、それぞれ産業組織論、取引コストの経済学の成果を海外直接投資の分
析に応用しており、いずれも経済学に依拠して企業の国際化を説明しようと
した理論なのである[7]。

2.3　海外進出の諸形態

　前節では、輸出、ライセンス、直接投資の間の選択について議論してきた
が、企業が直接投資をして海外進出する場合でも、さまざまな形態をとるこ
とができる。単独で現地法人を立ち上げる場合もあるし、現地企業と合弁企
業を設立する場合もある。また、単独で現地法人を設立する場合でも、まっ
たく新規に企業を設立するのか、あるいは既存の現地企業を買収するのかに
分かれる。これらは海外直接投資による海外市場へのエントリー・モードで
あり、その決定要因の研究が蓄積されている[8]。

　外国企業が現地企業と合弁企業を設立する目的として、①規模の経済の利
用、②参入障壁の克服、③知識の蓄積と交換、④政治的リスクの緩和の4つ

6）Heckscher = Ohlin 理論については、たとえば琴坂（2014）に簡潔にまとめられている。
7）Hymer = Kindleberger 理論、内部化理論、折衷理論などの理論間の論争やそれぞれに
　ついての批判的検討については、洞口（1992）にまとめられている。
8）新規企業の設立と現地の既存企業の買収との選択については、たとえば Hennart and
　Park（1993）、Harzaing（2002）などを参照されたい。

がしばしば指摘される。さらに Hennart（1988）は、取引コストの経済学の議論にもとづいて、合弁が選択される理由を次のように説明した。企業特殊的資産が存在し、それが公共財的つまり複製・共用するのにほとんど限界費用がかからない場合、新規に企業を設立するよりも、そのような資産を有している現地企業と合弁企業を設立する方が望ましい。もちろん既存の現地企業を買収する方法も考えられるが、しばしば買収では、必要な資産以外のものまで買わなければならないので、合弁の方が好まれるのである。

　たとえば流通チャネル、生産・マーケティングのノウハウなどは、企業特殊的資産で、公共財的であると考えられる。流通チャネルは企業特殊的であることが多いし、いったん整備されれば、そこに類似の製品を流すために追加的な費用はあまりかからないので、新規に企業を立ち上げて一から流通チャネルを整備するよりも、流通チャネルを有している現地企業と合弁した方がよいと考えられるのである[9]。

　このような目的・理由で現地企業との合弁が進出形態として選択される場合、外国企業は、自分たちは持っていないが現地企業は持っている資産やノウハウを利用することができる。もちろん合弁企業の場合、100％所有の子会社を設立して参入するときとは異なり、出資比率が下がれば経営に対するコントロールの程度が弱まるので、自分の思い通りの経営ができなかったり、意思決定が遅くなったりするといった問題が生じるであろう。しかし、事業を行うにあたって必要な資産・ノウハウの欠如という外国企業の不利な条件を、現地企業との合弁、協力によって、克服できるかもしれない。

　たとえば日本は、市場が大きい割には外国企業の直接投資が少ない。つまり、参入が難しい市場と考えられてきた（Lawrence 1993）。日本で事業を行うことを難しくしている理由を日本の外資系企業に尋ねた調査結果（2001年と2019年）が、表3‐1に示されている。2001年の調査では、事業を遂行するのに必要なコストの高さ、市場の厳しさ、税率の高さ、人材の確保の難

9）これ以外に、参入阻止やライバル企業の市場ポジションに影響を及ぼすために合弁がとられると主張する戦略的行動の視点（Vickers 1985）、パートナー企業間の学習を促す装置として合弁企業を捉える見方（Kogut 1988；Barkema et al. 1996）、現地の規制、他社や自社の過去の経験といった制度的要因が参入形態の選択に影響すると主張する制度的考え方（Yiu and Makino 2002）も提唱されている。

表 3 - 1　日本の外資系企業にとっての障害

事業活動を行う上での問題点（2001年）	割合
ビジネス展開上かかるコストの高さ	81.1%
品質に対する顧客の要求が厳しい	51.1%
税率の高さ（法人税、所得税等）	50.3%
人材確保が困難	38.8%
流通経路の煩雑さ	29.4%
新規参入を困難にするような競争制限的な日本の商慣行	27.0%
本国親会社との意思疎通が困難	19.6%
資金調達が困難（貸し渋り等）	17.5%
業界団体の閉鎖性のため情報入手が困難	12.2%
インフラの未整備	11.3%
法による規制や政府の指導等	10.9%
日本側パートナーと経営方針等の相違	10.5%
政府等の優遇措置の獲得が困難	8.9%
その他	3.2%

注：経済産業省、『外資系企業の動向』、第35回、pp.300-301のデータをもとに
　　筆者が作成。これは、平成13年の調査である。複数回答であり、割合とは、
　　各項目について問題であると回答した企業の回答総企業数に占める割合

事業展開する上での阻害要因（2019年）	割合
ビジネスコストの高さ（人件費、税負担、不動産等）	75.1%
人材確保の難しさ（管理職、技術者、語学堪能者、一般労働者等）	53.6%
日本市場の閉鎖性、特殊性（系列取引の存在、人的コネクション、市場に関する英語情報の不足、商習慣等）	45.2%
製品・サービスに対するユーザーの要求水準の高さ（品質、納期、価格等）	44.3%
行政手続きの複雑さ（申請から認可までの期間の長さ、手続きの煩雑さ等）	40.5%
規制・許認可制度の難しさ（法的規制、商品の規格・検査等）	39.3%
優遇措置・インセンティブが不十分（税制上の特典、利用できる補助制度の不足等）	18.7%
外国人の生活環境（学校、病院等外国人の受け入れ体制、生活習慣の違い等）	12.2%
ビザの取得の難しさ（在留資格が不明確、就労ビザ・家族滞在ビザが取得しにくい等）	7.0%
資金調達の難しさ（融資条件の厳しさ、資金調達にあたっての制約等）	6.7%
M&Aの難しさ（法規制、外資アレルギー等）	5.2%
その他	5.6%

注：経済産業省、『外資系企業の動向』、第54回、統計表16のデータをもとに筆者が作成。これは、令和
　　元年の調査である。上位5項目の回答であり、割合とは、各項目について問題であると回答した企
　　業の回答総企業数に占める割合

しさが障害としてあげられていた。2019年の調査では、事業遂行コスト（税負担を含む）の高さを阻害要因としてあげた企業がもっとも多く、ついで人材確保の難しさ、市場の閉鎖性が並んでいる。市場の厳しさは、2019年では４番目であった。

　表3-1に示されている障害のなかの多くは、外国企業であろうと日本企業であろうと、その事業を新規に始める企業にとって、事業を行うことを難しくしている要因である。ゆえに、それを克服している既存の（日本）企業と組むことによって、外資系企業（あるいは新規に参入する日本企業）も障害を克服できるかもしれない。

　吉原（1994）や星野・高林（1999）は、在日外資系企業の経営成果を調べ、外国企業に100％所有されている外資系企業よりも、日本企業との合弁企業の方が参入後の経営成果が高いことを発見した。また Asaba and Yamawaki（2002）は、参入した製品市場の流通構造が複雑であるほど外資系企業の経営成果は低くなるが、日本企業との合弁企業にはその関係がみられないことを発見した。これらの実証研究は、日本市場に参入する外国企業が、日本企業と合弁企業を作ることによって、不利な条件を克服していることを示唆している。

3　多国籍企業のマネジメント

　本章の冒頭で触れた通り、多国籍に事業を展開している企業は、2つの論理にもとづいて経営されると考えられる。1つはグローバル規模でオペレーションを標準化することにより、規模の経済を追求するグローバル統合（Integration）であり、もう1つは現地特有の環境に対する適応を追求するローカル適応（Responsiveness）である。Prahalad and Doz（1987）は、この2つの論理は二律背反でなく別次元のものと考え、I-R グリッドと呼ばれる二次元のフレームワークを提示した。

　Bartlett and Ghoshal（1989）は、I-R グリッドを用いて、多国籍企業の経営を4つの類型に分けた（図3-2参照）。1つ目は、ローカル適応ではなくグローバル統合を追求する企業で、グローバル企業と呼ばれる。グローバル企業は、資産や能力を本国に集中させ、その成果を世界規模で活用する。親会社の戦略を子会社が実行し、知識は中央で開発・保持される。このタイプは、規模の経済性を追求することはできるが、ローカルの条件への適応が不十分となる。ゆえに、国ごとに事情があまり異ならないような場合に適して

図3-2　I-Rグリッド上の4類型

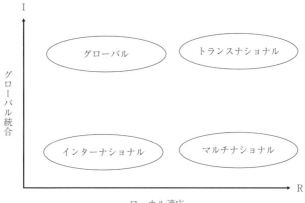

注：浅川（2003）、p.134より引用

いる。冒頭の事例にもあるように、従来のコカ・コーラはグローバル企業の
典型であろう。

　2つ目は、グローバル企業とは逆に、グローバル統合ではなくローカル適
応を追求する企業で、マルチナショナル企業と呼ばれる。マルチナショナル
企業は、資産や能力は、海外子会社に分散され、その成果は現地市場で活用
される。海外子会社は、現地の機会を感知し、それを活用する。知識は、海
外子会社ごとに開発・保有される。このタイプは、ローカル・ニーズを満た
すことは得意であるが、各国の間で重複が多く、非効率にならざるをえない。
たとえば日用品や食品のように、特性が国によって大きく異なる場合に適し
ている。ユニリーバがマルチナショナル企業の典型であるといわれる。

　3つ目は、グローバル統合とローカル適応とを、それほど高度なレベルで
はないが同時に追求する企業で、インターナショナル企業と呼ばれる。イン
ターナショナル企業は、コア・コンピタンスの源泉は本国に集中させるが、
それ以外の資産、能力は分散させる。海外子会社は、親会社の能力を活用す
る。知識は中央で開発し、海外子会社に移転する。ゆえに、それほど能力を
有していない海外子会社も、親会社の豊富な知的資産を利用することができ
る。ただし、親会社の能力や方針が海外の事情と合わない場合、海外子会社

からの心理的反発が生じ、マネジメントが困難になる。通信産業などでは、インターナショナル企業が多いといわれる。

　最後が、インターナショナル企業と同様にグローバル統合もローカル適応も同時に追求するが、より高度に２つを追求する企業で、トランスナショナル企業と呼ばれる。トランスナショナル企業は、資産や能力は、海外子会社ごとに専門化されて分散して保有されるが、相互依存的である。海外子会社は、それぞれ異なる役割を担い、世界中のオペレーションに貢献する。本社と海外子会社は、それぞれ専門的な知識を開発し、世界中で共有される。冒頭の事例でいわれていたことは、コカ・コーラにおいて日本は、コーヒーやお茶といった非炭酸飲料の商品開発・マーケティングが強かったので、それにかかわる知識を開発し、それをアトランタ経由で世界中に広めようという動きであった。つまり、コカ・コーラはトランスナショナル企業に変わりつつあることを示唆しているのである。

4　国内の事業活動と海外事業の関係
follow-the-leader 行動

　ある企業が海外進出を行うと、その企業の本国市場におけるライバルも追随して海外進出を行うことがしばしば観察される。Knickerbocker（1973）は、本国市場で競争している企業が一斉にある外国に直接投資を行うことを"follow-the-leader"行動と呼び、リスク最小化を狙った競争的相互作用の結果であると主張した。

　いまある国の企業Ａと企業Ｂが、国内市場で競争していると同時に、ある外国Ｆに製品を輸出しているとする。そこで、企業Ａが外国Ｆに生産拠点を建設した場合、企業Ｂが企業Ａに追随せず、外国Ｆに生産拠点を作らなければどうなるであろうか。

　企業Ａの直接投資が成功すれば、外国Ｆでの現地生産が有利に働き、企業Ａが企業Ｂの輸出製品を市場から駆逐してしまうかもしれない。さらに、海外市場と国内市場との間に範囲の経済が働けば、外国Ｆで優位に立った企業Ａは、国内市場でも企業Ｂより優位に立てる。もちろん、企業Ａの直接

投資は失敗するかもしれない。その場合、企業Bは相対的に優位な立場に立てるであろう。企業Aの投資が成功するか失敗するかは不確実なので、企業Bの業績がどうなるかも定かではないが、いずれにせよ企業Bが企業Aに追随しなければ、企業Bの業績は企業Aの直接投資の成否に大きく依存して変動する。つまり、企業Aの直接投資に対抗しないことは、業績の分散が大きいという意味で、リスクが大きいのである。

　他方、もし企業Bが企業Aに追随して、外国Fに生産拠点を設けたらどうなるであろうか。もし直接投資が成功すれば、企業Bは企業Aと同じ優位性を獲得することができるし、もし直接投資が失敗すれば、企業Bの業績は企業Aと同じくらい悪くなる。つまり、同じ行動をとっている限り、いずれの企業も良くも悪くもならず、競争バランスは崩れないのである。この意味で、"follow-the-leader"行動はリスク最小化行動なのである[10]。

　多くの実証研究が、"follow-the-leader"行動を確認している。Knickerbocker（1973）は、1940年代から1960年代にかけてのアメリカ企業の海外直接投資を調査し、国内市場の集中度が海外市場における参入の集中度と逆U字型の関係にあることを見出した。すなわち、"follow-the-leader"行動をとる傾向は、国内市場が集中しているほど高くなるが、高度に集中した市場では、その関係は逆転するのである。Knickerbocker（1973）は、高度に集中した市場では、企業は自社の行動の相互依存性を明らかに意識するので、協調行動をとり、競争反応の激しさを緩和させるのではないかと主張した。また、Flowers（1976）、Caves et al.（1980）、Yu and Ito（1988）、Makino and Delios（2002）といったその後の研究も、外国市場への参入の集中度と国内市場の集中度との間に正の関係を見出した[11]。

　"follow-the-leader"行動は、個々の企業の優位性の有無や種類だけではなく、本国における企業間の競争のあり方が、企業の海外進出に影響を及ぼすことを示唆しているのである。

---

10) また、Motta（1994）は、ゲーム理論を応用したモデルを用いて、"follow-the-leader"行動を説明した。
11) しかし、Hennart and Park（1994）は、緩やかな寡占市場においてもっとも"follow-the-leader"行動がとられるということを確認することはできなかった。

5 国の競争優位

　これまで本章では、企業の国際化、とりわけ海外直接投資のメカニズムやその形態について議論してきた。たしかに企業の海外進出は急速に進んでいる。しかし、経済がボーダレス化しているがゆえに、かえって企業がどこにホームベースを置くかが重要であるという、一見逆説的な考え方も提唱されている。

　Porter（1990）は、10の主要貿易国を対象に、世界的に競争力を有する産業を調べた。その結果、すべての産業において競争力のある国は存在せず、どの国も特定のある産業においてのみ競争力を有していた。しかも、ある産業が競争力を有しているのは、その国が豊富な天然資源や低い労働・資本コストゆえにコスト競争力があるからではなく、その国がイノベーションやグレードアップを促進する特性を有しているからであることが明らかになった。Porter は、国の優位性の決定要因として、需要条件、要素条件、関連・支援産業、企業の戦略、構造およびライバル間競争の4つを抽出した。この4つの要因は、相互に強化し合うシステムを構成しており、Porter はそれを国の「ダイヤモンド」と呼んだ（図3-3参照）。

　たとえばEメールが普及する前の1990年代まで、日本のファクシミリ産業は世界を制覇していた。それは、以下のように、4つの要因のおかげである。日本のオフィス空間は制限されているし、日本には象形文字を操る洗練された顧客が存在する。専門的なエンジニアリング能力を有する労働力が存在する。基礎部品では世界レベルの地場供給企業が存在し、電子産業も強力である。最後に、熾烈なライバル間競争が繰り広げられている。このように、4つの要因それぞれについて、イノベーションやグレードアップを促進する特性が存在しているために、日本のファクシミリ産業は国際競争力を有していたと考えられたのである。

　この Porter の発見は、「ダイヤモンド」がある特徴をもつと、イノベーションやグレードアップを行う企業の能力が育まれ、企業の優位性が継続的に生み出されることを意味している。優位性を生み出す仕組みを有する国をホームベースとする企業は、生み出された優位性をもとに海外進出し、グローバ

図3-3　国の競争優位の決定要因

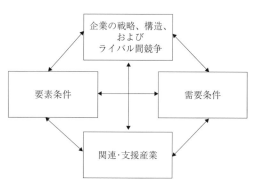

注：Porter（1990）、邦訳、p.106より引用

ル市場で活躍することができるであろう。とすれば、ボーダレス経済においてもホームベースが重要であるという指摘は重要である。

　今後も、経済のグローバル化がますます加速していくことは間違いない。したがって、企業が国際競争力を身につけ、国境を越えて事業範囲を拡大するメカニズムの研究は、ますます重要となるであろう。

第 **II** 部

競争戦略

　第4章から第7章までの4つの章からなる第II部では、事業ごとに策定される事業戦略（business strategy）が議論される。その中心的内容は、各事業において競争に勝ち抜く方法なので、この事業レベルの戦略は競争戦略（competitive strategy）とも呼ばれる。

　　経済学者は、企業を複数の行為者からなる経済ゲームにおけるプレーヤーとみなし、個別企業の特定の行為や成果よりも、ゲームそのものやその結果に関心を払う。

Nelson 1994, p.247（筆者訳）

　もちろん経済学でも、産業や地域といったコンテクストが違えば、企業は異なる行動をとると考えられる。また、「新しい産業組織論」と総称されるゲーム理論を用いた多くの研究は、個々の企業の行動や成果を明示的に扱っている。しかし、それらの研究の主たる目的は、やはり産業全体、経済全体の成果の分析である[i]。

第II部のポイント

しかし個々の企業にとっては、1つの事業における競争の仕方が、実際には企業によって多様であるということがきわめて重要である。経営学者は、このような個別企業の特定の行為や成果に関心があり、企業の異質性に着目するので、競争戦略は経営学の主要な研究対象の1つなのである[ii]。そこで、第II部では、競争戦略について、さまざまな点から考察が加えられる。

　まず第4章では、企業にとって外部環境である業界の構造についての分析が紹介される。この分析枠組みは、業界の競争の程度が、既存業者間の敵対関係、新規参入の脅威、代替品の脅威、売り手の交渉力、買い手の交渉力という5つの要因によって規定されると想定するので、ファイブ・フォース分析と呼ばれる。この分析枠組みでは、競争が激しいほどその業界の平均収益率は低下し、個々の企業にとっては魅力の小さな市場であると判断される。新規事業展開を考えている企業にとって、進出先の候補の業界を分析すれば、どの程度の収益性が期待できるかという基礎的情報が得られるので、ファイブ・フォース分析は企業戦略を策定する際に役に立つといわれる。

　他方、既存事業に対してファイブ・フォース分析を行うと、どの要因が当該業界の競争の程度を決めている主たる要因であるかが明らかになる。ゆえに、

その事業における競争を有利に運ぶために、明らかにされた要因にどのように対処すればよいかに焦点を絞り、有効な競争戦略を策定することもできる。つまり、ファイブ・フォース分析は、企業戦略と競争戦略のいずれを策定する場合にも、有効な基礎的情報を提供してくれるといわれる。なお、第4章の最後で、このファイブ・フォース分析の機能について筆者の考えを示す。

　第5章では、競争の基本戦略（generic strategy）について議論する。1つの市場で活動している企業は、それぞれ異なる戦略を追求していることが多い。しかし、いくつかの市場を分析してみると、企業が追求している多様な戦略が、いくつかの基本的な戦略に分類できることがわかる。

　1つは、さまざまな努力や工夫によってコストを引き下げ、ライバル企業に対してコスト優位に立とうとするコスト・リーダーシップ戦略。2つ目は、自社の製品やサービスを他社のそれから差別化し、業界のなかで特異で顧客に評価される価値を創造しようとする差別化戦略。最後が、市場のなかの1つもしくは少数のセグメントに集中し、そのセグメントのニーズをよりよく満たすような差別化された製品を低価格で供給しようとする集中戦略である。第5章では、コスト・リーダーシップ戦略と差別化戦略を分析する価値マップという枠組みを提示し、それぞれの戦略がどのような要因によって実現されるかを検討する。

　第6章では、価格を競争の手段とする企業の戦略について議論を展開する。製品が生み出す便益から価格を引いたものが消費者のネットの便益なので、価格は消費者のネットの便益を直接的に左右する、さまざまな競争手段のなかでもっとも重要なものの1つといえる。第6章では、価格が実際にはどのように設定されるのかを見た後、企業が採用するいくつかの特徴的な価格戦略を考察する。

　第7章では、製品や広告を競争の手段とする企業の戦略について考察する。差別化戦略を追求する企業にとって、特徴のある製品を開発することによって、製品の物理的特徴による差別化を行ったり、広告や販売促進を通じて、イメージによる差別化を実現したりする。そこで第7章では、新製品のポジショニングを考える上で役立つ枠組みを紹介し、広告の機能や広告水準の決定方法について議論する。

74

注

ⁱ Nelson 自身は、オーソドックスな経済学とは異なり、企業が異なる戦略を有してお
り、その戦略がさまざまなレベルの意思決定を導くので、同じ経済環境における企業
でも異質な企業が存続し得ると考え、進化論的見方を提示している。たとえば、Nel-
son and Winter（1982）を参照されたい。また、「新しい産業組織論」で展開される
分析は、企業の競争戦略を考察する上で示唆に富んでいる。これについては、主に本
書第Ⅲ部で検討する。

ⁱⁱ 産業レベルの分析、企業レベルの分析と並んで、その中間のレベルの分析もありうる。
それは、1つの産業の企業が、類似した戦略をとるいくつかのサブ・グループを形成
することに注目した分析である。このサブ・グループは、戦略グループと呼ばれる。
戦略グループが存在するのは、企業が容易にはグループを移ることができないからで
あり、それゆえ同一産業内の企業の業績格差が長期的に存続すると考えられる。グル
ープ間の移動が困難なことは、市場への参入を妨げる参入障壁を応用して、移動障壁
という概念で説明される。これについては、Caves and Porter（1977）、Porter
（1979）を、戦略グループ研究の方法論上の問題点については、Barney（1996）を参
照されたい。

第**4**章

業界の構造分析

1 キー・ファクターを探る

　ある製品市場への新規参入を企てている企業があるとしよう。参入が実行されれば、その企業の事業の定義が変わるので、企業戦略が変更されることになる。もし参入先として、いくつかの市場が候補にあげられている場合、どの市場が魅力的かに関する情報は、その企業が企業戦略を策定する際に役に立つであろう。

　一般に、競争が激しい市場ほど、プライス・コスト・マージンが圧縮されるので、収益性は低下し、個々の企業にとっての魅力も小さくなると考えられる。そこで、ハーバード大学の M. E. Porter は、ある業界の競争の程度、あるいは収益性の程度を分析する枠組みを考案した（Porter 1980）。この枠組みは、業界の競争の程度に影響を及ぼす要因として、既存業者間の敵対関係、新規参入の脅威、代替品の脅威、売り手の交渉力、買い手の交渉力という5つの要因を想定しているので、ファイブ・フォース分析と呼ばれる。

　ファイブ・フォース分析を行うと、多くの場合、その業界の競争の程度に5つの要因すべてが等しく影響を及ぼすのではなく、いずれかの要因が決定的に重要であることがわかる。あるいは、5つの要因それぞれの下にあげられている細かな項目（サブ・ファクター）のうちのいずれかが、その業界の競争関係の特性を決めるキー・ファクターであることが明らかになることがある。その業界の既存企業や新規参入企業は、競争を勝ち抜くうえで、この

キー・ファクターに注意を払わなければならない。したがってファイブ・フォース分析は、その業界でいかに競争していけばよいか、すなわち競争戦略を策定するうえでも有益な情報を提供してくれる。企業戦略を扱った第Ⅰ部の後で、競争戦略を扱う第Ⅱ部の最初である本章では、企業戦略、競争戦略の両方に役立つといわれる業界の構造分析（ファイブ・フォース分析）について議論する。

2　ファイブ・フォース分析の例

　図4-1には、ファイブ・フォース分析において、業界の競争の程度に影響を及ぼすと考えられる5つの要因と、各要因の下にあげられている項目が示されている。この分析枠組みをどのように利用できるのかを解説するために、1999年に行われたレンゴーとセッツの合併や最近の原紙の値上げについての新聞記事、需要動向についての統計をもとに、段ボール業界のファイブ・フォース分析を行い、この市場のキー・ファクターはなにかを考えてみよう。

図4-1　ファイブ・フォース分析

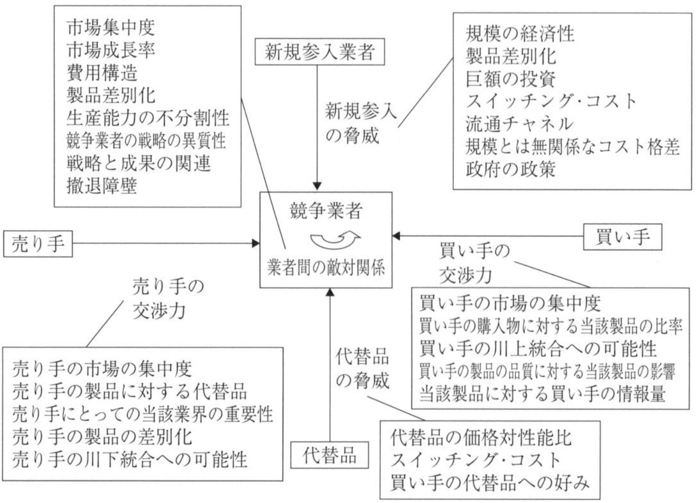

　　段ボール業界の特徴

　1999年 4 月、段ボール最大手であり、段ボールの材料である板紙のシェアで 4 位のレンゴーは、シェア 2 位のセッツと合併した。存続会社はレンゴーで、経営不振のセッツを事実上吸収したことになる。

　段ボールメーカーは、いくつかのタイプに分かれる。当時でいえば、レンゴーのように、板紙から加工までを手がける一貫段ボールメーカーが何社か存在する。王子グループもこのタイプに含まれる。また、森紙業やトーモクのように、板紙を購入して加工を手がける専業段ボールメーカーが約300社ある。さらに、シートを購入して製函を手がけるボックスメーカーが、約3,000社存在する。

　レンゴーは、段ボール生産では、シェア 2 位の王子製紙を大きく引き離している。しかし、1996年当時、段ボールの素材となる板紙の年間生産量は、772,000トンで、トップシェアの王子製紙の半分以下にすぎない。ゆえに、シェア 2 位のセッツと合併することで、板紙で約15％、段ボール箱で約20％の国内最大シェアを確保し、価格決定力を強化しようとしたのであろう。

　先に述べたように、レンゴーが最大手である段ボール加工業界は、専業メーカーやボックスメーカーなどそのほとんどが中小企業であり、典型的な過当競争が繰り広げられてきた。それに対して、段ボールの需要家は、多くが食品メーカーや家電メーカーといった大企業や農協のような大組織なので、価格交渉力に大きな開きがある。加えて、家電メーカーなどが生産拠点を海外に移転すれば、段ボールに対する需要は減少してしまうので、ますます需要家の力が強まる。

　他方、段ボール業界では、過剰設備が放置されていた。2000年代初め、全国に約500台あるシート製造機のうち、 7 割が 1 日 8 時間しか稼動していない。装置産業としては、稼働率はきわめて低い。他方、稼働率を上げようとすれば、供給過剰になり、価格の急落は避けられない。

　1990年代半ばの段ボール市場は、生産量では年率 2 ％前後の成長を続けているが、売上金額では横ばいか、減少傾向にある（図 4 - 2 参照）。バブル崩壊以降は慢性的に市況が悪化、最大手のレンゴーにとっても安閑としてはいられず、セッツとの合併に動いたと考えられる。

　2000年代以降は、ネット通販の成長など段ボールの需要を下支えする要

図4-2　段ボールの販売数量・金額推移

注：経済産業省経済産業政策局調査統計部編、『紙・パルプ統計年報』のデータをもとに筆者が作成

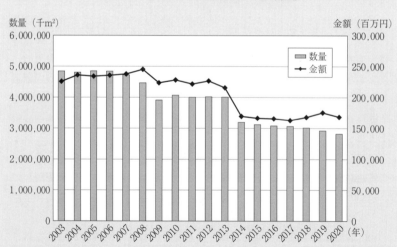

図4-3　段ボールの販売数量・金額推移

注：経済産業省生産動態統計年報、紙・印刷・プラスチック製品・ゴム製品統計編（各年版）のデータをもとに筆者が作成

因もあったが、2020年までの20年間は、6、7年ごとに階段状に需要が低下していった。2000年代半ばまでは段ボールの販売数量は4,700,000千㎡程度で推移していたが、2010年前後には4,000,000千㎡程度、2010年代半ばからは3,000,000千㎡程度にまで落ち込んだ（図4-3参照）。

　2022年は、石炭やガスといった燃料価格や物流費が高騰し、古紙価格も下がらなかったので、段ボール原紙の生産コストが上昇した。ただし、段ボールの代わりになるような強力な代替品がなかったために、需要家はほぼ満額で2回の値上げを受け入れた。今後は、原紙の値上げが段ボールシートや段ボール箱の価格に反映されるかどうかが焦点となる。段ボールシートの価格は、春に久しぶりに上昇した。他方、中小が多い箱メーカーは、簡単には値上げできず、体力のない企業の廃業が進む可能性もあるといわれている、

出典：「レンゴー、セッツ合併」『日本経済新聞』、1998年2月9日付、「3勢力軸に再編」『日本経済新聞』、1998年2月9日付、「段ボール製品　値上げ交渉長期化」『日本経済新聞』2002年6月28日付、「段ボール原紙、再び上昇」『日本経済新聞』、2022年10月19日付をもとに筆者が作成

　もちろん上記の簡単な事例のなかの情報だけでは、5つの要因やその下にあげられている項目すべてをチェックするには不十分であるが、可能な範囲で段ボール業界のファイブ・フォース分析を行ってみよう。

　まず、既存業者間の敵対関係である。この要因が強いほど、業界の競争の程度は高くなり、収益性は低くなる。たとえば企業数についていえば、段ボール業界の場合、いくつかの企業を除けば中小規模の企業ばかりで、3,000社もひしめいている。また1990年代から、段ボール市場の成長率は、金額では0もしくはマイナス成長である。さらに、生産設備などにかかる固定費が存在し、装置産業のような特徴を有する（化学や鉄鋼といった典型的な装置産業に比べて固定費の比率が高いかどうかはわからないが）。これらは、この業界の競争を激化させていると考えられる。

　それ以外の項目について明確な情報は乏しいが、段ボール市場の製品差別化の程度は小さいと考えられる。また、過当競争が繰り広げられてきたと書かれているが、これはなかなか撤退が起こらないことを意味し、この業界の

撤退障壁が高いことを示唆しているのかもしれない。これらも業界の競争を激化させる。

　次に、新規参入の脅威である。参入が起こると生産能力が増えるので、業界の市場価格は低下する。また、参入障壁が低ければ、既存企業が値上げをして利潤を増やそうとしても、超過利潤を求めて参入が起こってしまい、利潤は元の水準に戻ってしまう。ゆえに、参入の脅威が大きいと、業界の収益性は低下する。本章の事例には、参入障壁を形成する各項目については明示的な記述がないが、既存企業の敵対関係のところで製品差別化の程度が低いと考えていたので、製品差別化による参入障壁は低いと考えられる。

　逆に、先に考えていたように、設備投資が大きく、固定費が大きいために、規模の経済が働くとすれば、それは参入障壁になるかもしれない。しかし、中小企業が多いことを考えれば、これは参入を妨げるまでには至っていないのであろう。むしろ、多数の企業がひしめいている状態を考えれば、参入障壁はそれほど高くないと考える方が妥当である。現在は参入が頻発していないが、それは段ボール業界が過当競争状態にあり、市場も成長していないからである。

　代替品の脅威はどうであろうか。代替品も、当該業界の企業が設定できる価格に上限を置く。あまりに高い価格がつけられると、当該業界の製品に対する需要が代替品にスイッチしてしまうからである。段ボールの代替品としては、木、金属、プラスチック製のケースなどが考えられる。ただし、コストや取り扱いやすさの点で、これらは脅威にはならず、ゆえに2022年には値上げが実現したと書かれている。

　4つ目は、売り手の交渉力である。売り手の交渉力が強ければ、当該業界の企業は、簡単には原材料の調達コストを引き下げることはできないので、業界の収益性は低下する。段ボール業界にとって、主要な売り手は板紙メーカーである。レンゴーや王子製紙など主要企業は、垂直統合して板紙と段ボールの両方を手がけている。ゆえに、売り手の影響力は非常に強いはずである。

　最後は、買い手の交渉力である。買い手の交渉力が強ければ、製品価格の値下げ要求が激しく、業界の収益性を低下させる。段ボール業界の場合、段ボールの需要家の多くが食品や家電といった大企業や農協のような大組織な

ので、価格交渉力が強いと書かれている。大規模な主要段ボールメーカーは
よいが、中小規模の専業メーカー、特に段ボール箱メーカーは、交渉力が弱
くならざるをえず、値上げができないのではないかと書かれている。買い手
の交渉力は非常に強く、これが段ボール箱メーカーを廃業に追いやったり、
業界再編を促したりすると書かれている通り、段ボール業界の収益性を低下
させている重要な要因であると考えられる。

　以上の簡単な分析から、段ボール業界では、既存業者間の敵対関係が強く、
参入障壁は低く、売り手と買い手の交渉力が強いので、競争が激しいことが
うかがわれる。つまり、この業界はそれほど魅力的な市場とはいえない。と
りわけ現在の収益性を低めているキー・ファクターは、企業の数が多すぎる
こと、その企業規模が買い手に比べて小さいことだと考えられる。

　このキー・ファクターに対処するためには、段ボール業界の再編が必要だ
が、中小の専業メーカーに任せていてはなかなか進まない。そこで、レンゴ
ーはセッツと合併し、板紙業界におけるプレゼンスを高め、売り手として段
ボール業界に強い影響力を行使しようとしたのであろう。それによって、段
ボール業界を整理して過当競争を和らげるとともに、できれば段ボール業界
を集約して強い交渉力を有する買い手に対抗しようとしたと考えられるので
ある。

　しかし、その後の状況を見る限り、事態は思惑通りには進んでこなかった
ようである。たしかに板紙業界は、王子製紙、レンゴー、日本ユニパックの
3大グループを中心に集中度が上がり、市場が安定に向かっている。3大グ
ループのシェアは、1997年の52.0％から2001年には66.1％にまで増大し、需
給バランスを維持しようと各社設備廃棄の動きも見られる。原料古紙の高騰
という板紙の原材料のコスト増はあったが、板紙価格の値上げも実現した。

　一方段ボール業界では、いくつかの動きが見られた。2000年に、レンゴー
が関連会社16社を3社に統合した。2001年には、王子グループが王子コンテ
ナーを誕生させて工場の整理・集約に着手した。2003年には、日本ユニパッ
クが傘下の段ボール会社を合併、2社を清算した。

　しかし、このような動きが見られるものの、段ボール業界の再編は思うよ
うには進んでいない。レンゴー、王子製紙、大王製紙、日本ユニパックの4
つのグループのシェアは、1997年の44.3％から2001年に46.1％へと若干上昇

したに過ぎず、一貫メーカーによる4つのグループが段ボール製品の価格を
コントロールできていない。ゆえに、冒頭の事例にもあるように、原料であ
る板紙の値上げにもかかわらず、その値上げ分を段ボール製品の価格に転嫁
することはなかなかできない。板紙業界が集約化されても、段ボール業界は
集約されず、買い手に対して交渉力を強めることはできなかったのである。

3　コインの裏表

　以上で、細かな項目にまで若干立ち入ってファイブ・フォース分析を説明
してきたが、この分析枠組みが、いわゆる構造・行動・成果（Structure-
Conduct-Performance：SCP）パラダイムにもとづく伝統的産業組織論に依
拠していることは明らかであろう。図4-4には、SCPパラダイムの概略が
示されている。図4-1と図4-4を対照させると、ファイブ・フォース分析
の随所に伝統的産業組織論の成果が用いられていることがわかる。

　たとえば、既存業者間の敵対関係に関連する各項目のうち、市場集中度と
製品差別化は、伝統的産業組織論において市場の構造特性としてあげられて
いるものであり、市場成長率、費用構造、生産能力の不分割性は、市場構造
を決める基礎的条件のリストのなかに含まれている[1]。また、新規参入の脅
威については、参入障壁の議論がそのまま適用されているし、代替品の脅威
については基礎的条件のなかで議論されている。また、売り手や買い手の交
渉力は、基礎的条件や市場構造特性で決まる競争の程度について、売り手や
買い手の産業と当該産業との相対比較で決まると考えられる。

　ファイブ・フォース分析の随所に伝統的産業組織論の成果が見られるのは、
ファイブ・フォース分析を考案したPorterが次のように考えていたからに
他ならない。Porter以前の戦略論では、産業組織論の研究成果はあまり利用
されなかった[2]。それは、表4-1に見られるように、産業組織の研究者と

1）市場集中度とは、当該市場がどの程度上位数社によって占められているかを表すさま
　ざまな指標である。たとえば、その市場に参入している企業数、CR4やCR8のように
　上位数社の市場シェアの累積、各社の市場シェアの二乗和であるハーシュマン・ハーフ
　ィンダル指数などが代表的な指標である。

図4-4　SCPパラダイム

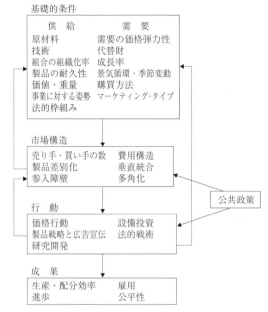

基礎的条件

供　給	需　要
原材料	需要の価格弾力性
技術	代替財
組合の組織化率	成長率
製品の耐久性	景気循環・季節変動
価値・重量	購買方法
事業に対する姿勢	マーケティング・タイプ
法的枠組み	

市場構造

売り手・買い手の数	費用構造
製品差別化	垂直統合
参入障壁	多角化

公共政策

行　動

価格行動	設備投資
製品戦略と広告宣伝	法的戦術
研究開発	

成　果

生産・配分効率	雇用
進歩	公平性

注：Scherer and Ross（1990），p.5の図を筆者が翻訳

表4-1　戦略研究と産業組織研究の差異

	戦　略　研　究	産業組織研究
準拠枠	私　的	社会的
分析単位	個別企業	産業全体
関連する仮定	個別企業の固有の特性に着目する	個別企業の固有の特性に着目しない
企業と事業の関係	多角化企業の一部門	企業＝事業
問題意識	市場構造が形成されるメカニズムやその変化に対する企業の対応に関心	市場構造と市場成果の関係に関心
構造・行動・成果の関係	企業が行動によって市場構造を変えることが可能	構造・行動・成果パラダイムにのっとる
考慮する変数の数	多　い	少ない
例外についての態度	各企業の特徴に着目	一般的に成立する構造・成果の関係に着目
抽象度	具体的	抽象的

注：Porter（1981）をもとに筆者が作成

図4-5　Learned et al.（1965）の枠組み

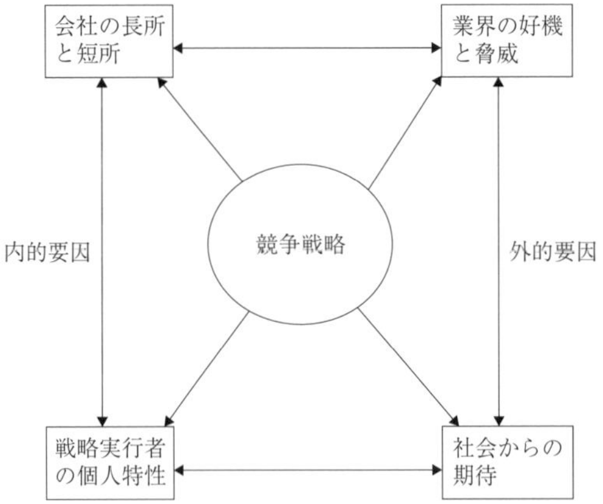

注：Porter（1980）、邦訳、p.8より引用

戦略の研究者の間に分析方法や研究スタンスに違いがあり、それが両者の間に「壁」を形成していたからである。しかし、Porter 以前の戦略の代表的教科書であった Learned et al.（1965）において、市場の経済・技術面での機会や脅威が企業の業績に影響するという考え方は、まさしく市場構造が企業の行動や市場成果を規定するという SCP パラダイムの考え方に他ならない（図4-5参照）。

　そこで Porter は、競争戦略論の分析方法や研究スタンスに沿うように産業組織論を「翻訳」し、両者の間の壁を壊そうとした。Porter（1981）は、「産業組織論は、ある産業内での競争をシステマティックに評価するためのモデルを戦略経営に提供してくれる（p.609、筆者訳）」と述べ、産業組織論の成果を競争戦略の分析に適用したのである。

　ただし、注意しなければならないことは、Porter が伝統的産業組織論の成果を競争戦略論にそのまま適用したのではなく、それを逆手にとって用いたことである。このことを見るために、市場構造特性である企業数と市場成果

2）Porter（1980）以前から今日にいたる競争戦略研究の流れについては、淺羽（2001b）を参照されたい。

図4-6　企業数と市場成果・経営成果

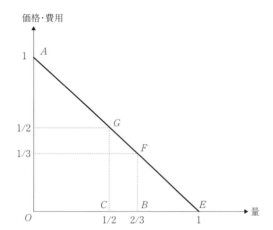

や経営成果の関係を、簡単な数値例を使って考えてみよう。

　いま、ある市場の逆需要関数を、$P = 1 - Y$ で表そう。P は市場価格であり、Y は市場全体の需要量である。また、この市場に参入している企業 i は、すべて同一の費用関数を有するとしよう。分析を簡単にするために、固定費用は 0 であり、限界費用は 0 で一定であるとしよう（図4-6参照）。

　まず、企業が多数存在する完全競争の場合、各企業は価格と限界費用が等しくなるように供給量を定める。したがって、

$$P = 1 - Y = 0$$
$$\therefore Y = 1, P = 0$$

となる。

　次に、企業数が 1 である独占の場合、独占企業は、限界収入が限界費用に等しくなるように供給量を定める。限界収入（MR）は、総収入を供給量（Y）で微分したものなので、

$$MR = d[Y(1 - Y)]/dY = 1 - 2Y = 0$$
$$\therefore Y = 1/2, P = 1/2$$

となる。

表 4 - 2　3 つの市場の比較

	企業数	市場価格	供給量	社会的総余剰	企業の(合計)利潤
完全競争市場	多(無数)	低(0)	多(1)	大(1／2)	小(0)
複 占 市 場	中(2社)	中(1／3)	中(2／3)	中(4／9)	中(2／9)
独 占 市 場	少(1社)	高(1／2)	少(1／2)	小(3／8)	大(1／4)

注：括弧内は、文中の数値例の値

　最後に、クールノー競争が行われる複占（企業数が 2 ）の場合を考えてみよう。企業 1 の反応関数は、企業 1 の利潤をその供給量 y_1 で偏微分して 0 に等しいとおいたものなので、

$$\partial[y_1(1-y_1-y_2)]/\partial y_1 = -2y_1+1-y_2 = 0$$
$$\therefore y_2 = -2y_1+1$$

となる。同様に企業 2 の反応関数は、

$$y_2 = -1/2y_1+1/2$$

となる。クールノー・ナッシュ均衡は、2 つの反応曲線の交点なので、2 つの反応関数を連立させて解くと、

$$y_1 = y_2 = 1/3$$
$$Y = 2/3, P = 1/3$$

を得る。

　ここで、3 つの市場の社会的総余剰と企業の利潤を比較してみよう（表 4 - 2 参照）。完全競争の場合、社会的総余剰は △OAE で表され、その大きさは1/2、企業の利潤は 0 である。複占の場合、社会的総余剰は、□$OAFB$ で表され、その大きさは4/9、2 社の利潤の合計は、2/9である。独占の場合、社会的総余剰は □$OAGC$ で表され、その大きさは3/8、企業の利潤は1/4である。したがって、企業数が多いほど、競争が激しく、企業の利潤は小さく、社会的総余剰は大きい。そのため、市場成果に注目する産業組織論では、競争の激しい完全競争に近い状態が望ましいと考えるのに対し、個々の企業の経営成果に注目した Porter は、産業組織論では好ましくないと考えられる

独占状態がもっとも好ましいと考えるのである。

　この産業組織論と業界の構造分析との見方の違いは、企業数だけでなく、製品差別化の程度や参入障壁の高さなど、あらゆる点において見られる。産業組織論では、競争は社会的に見て望ましいものであるのに対し、業界の構造分析では、競争は個々の企業にとって回避すべきものなのである。Porter以降、市場の構造特性や企業の市場地位が当該企業の業績を決定するという立場が戦略研究の1つの大きな流れとなった。これは、ポジショニング・スクールと呼ばれるが、個々の企業にとって「競争は避けるべきもの」という考え方は、ポジショニング・スクールに一貫して見られる競争観なのである[3]。

4　ファイブ・フォース分析の問題点

　今回取り上げたファイブ・フォース分析は、ビジネススクール（MBAコース）の戦略の授業では必ず教えられていたが、今ではほとんどの学生が知っているので教えられなくなってしまったほど有名な分析手法である。しかし、同時にファイブ・フォース分析は、使いにくい、あるいは実務では使えない分析枠組みであるといわれることもある。以下では、ファイブ・フォース分析の問題点を指摘しながら、なぜこの分析枠組みがそのように使いにくいといわれるのか考えてみよう。

　ファイブ・フォース分析を行うときに、各フォースのサブ・ファクターが競争を強めるのか否かを検討するが、検討の結果、「競争の激しさが10点満点中何点」というようにスコアがつけられるわけではない。これがファイブ・フォース分析の使いにくさの理由の1つである。

　スコアがつけられて絶対水準で評価されることがないので、なにかと比較

3）このような競争観に立つポジショニング・スクールに対して、Jacobson（1992）は、社会的に望ましいはずの競争を制限し、経済（消費者）の厚生を制限する手段を提唱することになってしまうという批判を展開している。また、淺羽（2001a）は、ポジショニング・スクールとは異なる競争観にもとづいた研究の重要性を議論している。これについては、本書の終章で詳しく議論される。

して相対的に評価しなければならない。比較対象は、他業界や全産業の平均値がよく用いられる。あるいは、当該業界の過去の状態と比べて最近は競争を強める方向に変化したのか、緩和する方向に変化したのかを考えるのも1つの方法である。

　2つ目の問題として、ファイブ・フォース分析には同じような要因が複数のフォースのサブ・ファクターとして登場することがある。しかも、当該要因が競争を強めるのか弱めるのかが、登場するフォースによって異なる場合がある。この場合、どちらのフォースでの分析を競争の激しさの程度の評価で取り入れたらよいのかはっきりしない。

　たとえば、既存業者の敵対関係のなかに、費用構造（固定費と変動費の比率）と生産能力の不分割性（生産能力をフレキシブルに増減させられるか）というサブ・ファクターがある。いま分析している業界で事業を行うためには、巨大な生産設備が必要だとしよう。その場合、固定費の比率が高くなり、生産能力の不分割性も高くなる（フレキシブルではない）。これらのサブ・ファクターは、当該業界の競争を激しくさせる方向に働く。簡略化していえば、固定費が高ければ規模の経済が働くので規模を拡大するために薄利多売も辞さないからである。また、生産能力の不分割性が高ければ需要変動にフレキシブルに対応することができずに業界として過剰能力に陥るので、それを解消するために価格を引き下げてでも販売しようとするからである。

　他方、新規参入の脅威のなかに、規模の経済性と巨額の投資というサブ・ファクターがある。上と同様に巨大な生産設備が必要な業界を分析する場合、規模の経済が働き、巨額な（設備）投資が必要なはずである。ところが、この2つのサブ・ファクターは、新規参入の脅威のところでは、競争を弱める方向に働く。通常、潜在的な参入企業に比べて既存企業はすでに一定の規模で操業しているので、規模の経済を享受してコスト優位にあると考えられるからである。また、巨額の投資が必要ということは、潜在的な参入者の参入意欲をくじくからである。

　このように考えると、巨大な生産設備が必要な業界は、既存業者の敵対関係では競争が激しいが、参入の脅威は小さいと分析されることになる。ゆえに、業界全体として競争が激しいのか緩やかなのか決定できなくなってしまう。これがファイブ・フォース分析に内在する2つ目の問題である。

　ただし、実際にファイブ・フォース分析を行う場合、これは深刻な問題にはならない。なぜなら、分析している業界の競争が激しいか否か、われわれはおおよそわかっているからである。換言すれば、分析している業界で激しい競争が繰り広げられていれば、巨大な生産設備は参入の脅威よりも既存業者の敵対関係において業界の競争に強く影響している（競争が激しくなければ逆である）と考えられるのである。

　このように競争に対して異なる影響を及ぼすサブ・ファクターが複数のフォースで登場してきても、われわれが分析している業界の競争の程度を事前にわかっていれば深刻な問題にはならない。ただし、われわれが事前に当該業界の競争の程度を知っているならば、ファイブ・フォース分析に期待される役割は大きく変わってくる。「第II部のポイント」や本章の冒頭で、ファイブ・フォース分析はある業界の競争の程度、収益性の程度、すなわちその業界の魅力度を知ることができるので、企業戦略を策定する際に有益な分析方法であると述べた。しかし、分析者が事前に業界の競争の程度をわかっているのであれば、ファイブ・フォース分析は企業戦略策定のために有効な情報など与えてくれないことになる。

　つまり、分析者が2つ目の問題に対応できる（事前に当該業界の競争の程度を知っている）のであれば、ファイブ・フォース分析が企業戦略、競争戦略の両方に対して有益な情報を提供してくれるというのは買いかぶりすぎである。ファイブ・フォース分析は、企業戦略策定に際してはそれほど有益な情報は与えてくれない。競争戦略を策定するために有益な情報を提供してくれるだけである。換言すれば、業界の競争を決めるキー・ファクターを洗い出し、競争メカニズムを深く理解することが、ファイブ・フォース分析の唯一かつ最重要な目的なのである。

5　ファイブ・フォース分析のその後

　ファイブ・フォース分析が世に出てから40年以上が経過したが、その間、それを改良した、業界の競争構造を分析するための新しい枠組みが提唱されてきた。

図 4 - 7　価値相関図（Value Net）

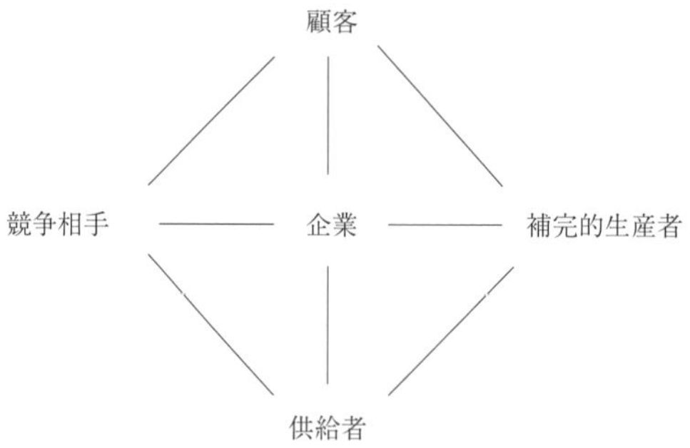

注：Brandenburger and Nalebuff（1997）、邦訳、p.29よ
り引用

　ファイブ・フォース分析における主要なプレーヤーは、顧客（買い手）、
供給者（売り手）、競争相手（既存業者、新規参入者、代替品の供給者）で
ある。しかし、実際にはこれ以外に、補完的な製品やサービスの供給者とい
う重要なプレーヤーが存在する。このプレーヤーが、ビジネスの成否を左右
することもある。また、ファイブ・フォース分析では、競争相手は同じ産業
に属する他の企業であると考えられてきた。しかし、競争相手は必ずしも同
業他社とは限らない。

　そこで、補完的生産者を明示的に組み込み、競争相手をより一般的に捉え
ることができる分析枠組みが提唱された。それは、Brandenburger and Nale-
buff（1997）がゲーム理論の考え方にもとづいて考案した、価値相関図
（Value Net）という枠組みである（図 4 - 7 参照）。

　価値相関図では、補完的生産者や競争相手は次のように定義される。補完
的生産者は、顧客との関係に着目すれば、「自分以外のプレーヤーの製品を
顧客が所有したときに、それを所有していないときよりも自分の製品の顧客
にとっての価値が増加する場合、そのプレーヤーを補完的生産者と呼ぶ」と
定義される。あるいは、供給者との関係に着目すれば、「供給者が自分以外
のプレーヤーにも供給しているとき、そうしない場合よりも自分への供給が
魅力的となる場合、そのプレーヤーを自分の補完的生産者と呼ぶ」と定義さ
れる。

　他方、競争相手は、顧客との関係に着目すれば、「自分以外のプレーヤー

の製品を顧客が所有したときに、それを所有していないときよりも自分の製品の顧客にとっての価値が下落する場合、そのプレーヤーを競争相手と呼ぶ」と定義される。あるいは、供給者との関係に着目すれば、「供給者が自分以外のプレーヤーにも供給しているとき、そうしない場合よりも自分への供給が魅力的でなくなる場合、そのプレーヤーを自分の競争相手と呼ぶ」と定義される。

　たとえば、インテルとアメリカン航空とは、同業者ではない。しかし、Web 会議システムが普及して飛行機を使った出張が減少すれば、インテルの製品によってアメリカン航空のサービスの価値が下落するので、両社は競争相手の関係にあると考えることができる。

　また、HP とデルは、インテルの次世代チップの限られた供給をめぐって争っていた。しかし、インテルが次世代チップの開発費を供給先の企業に分散させるので、HP とデルは、他社がいることによって、独占的に供給してもらうときよりも低価格で次世代チップを手に入れることができる。ゆえに、HP とデルは補完的生産者であるとも考えられるのである。このように、従来とは異なる他社の役割を意識し、企業間の複雑な相互作用を考えながら、いかにして価値を生み出していくか、生み出された価値を自分のものにしていくかを議論したものが、価値相関図である。

　また、淺羽（1998a）は、ネットワーク外部性が働く市場を念頭に置き、企業間の競争と協力という複雑な相互作用を意識するのであれば、新しい業界の構造分析が必要であると主張した[4]。淺羽は、初期のパソコン業界では、規格間競争、規格内競争、成果の取り合い競争という3つのフェーズで、IBM（現在のレノボ）、アップル、コンパック（後に HP によって買収）、マイクロソフト、インテルといった企業の役回りを考えた（図4-8参照）。

　規格間競争のフェーズでは、IBM の競争相手は、対抗規格を推進するアップルである。コンパックは IBM 規格を推進してくれる協力相手であり、マイクロソフトやインテルは、IBM 互換機メーカーに OS や CPU を供給してくれる協力相手である。しかし、IBM 互換機が事実上の業界標準になった後の規格内競争のフェーズでは、IBM の競争相手はもっぱらコンパックな

4）ネットワーク外部性や業界標準については、本書第12章で詳しく議論される。

図4-8　競争・協力の構造分析例：パソコン

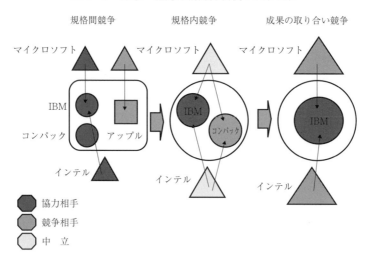

規格間競争　　　　　　規格内競争　　　　　成果の取り合い競争

マイクロソフト　　　マイクロソフト　　　マイクロソフト

IBM

コンパック　　アップル

インテル

- 協力相手
- 競争相手
- 中　立

どの他の IBM 互換機メーカーである。マイクロソフトやインテルは、IBM に対する供給業者であるが、同時に IBM の競争相手にとっても供給業者なので、中立的存在である。さらに、成果の取り合い競争のフェーズでは、IBM の主たる競争相手は、マイクロソフトやインテルである。両社が、パソコン産業が生み出す付加価値の大部分をとってしまうからである。

　3 つのフェーズの分析は、それぞれの企業が、あるフェーズでは協力相手であり、他のフェーズでは（成果の取り合い競争における）ライバルとなることを示している。そこで淺羽（1998a）は、時間とともに役回りが変化することを前提に、業界の構造分析をダイナミックなものに再構築することが必要であると主張した。

　業界の構造分析は、競争を深く理解するための分析枠組みとして、戦略の基本中の基本の分析である。しかし、それも今日の企業間の複雑な相互作用を反映して、進化を遂げようとしているのである。

第 **5** 章

競争の基本戦略

1つの事業における競争の仕方は、企業によってさまざまである[1]。同じ市場で活動している企業の間で競争の仕方が異なるのは、どのような価値を創造すれば市場に潜在するビジネス・チャンスを実現できるのかについて、それぞれの経営者が異なる見方を有しているからであろう。さらに、異質な競争の仕方が模倣によって即座に1つに収斂しないのは、各々の企業が持つ資源や能力が異なるからであろう[2]。

競争の仕方に応じて、成功する企業もあれば、低迷する企業もある。1つ

---

1) これに対して淺羽（2002）は、あるレベルの競争の仕方に着目すると、とりわけ日本企業が、競争の仕方が類似した激しい競争をしていることを明らかにした。同書では、この同質的行動が企業の能力を増強しているのではないかということを、さまざまな角度から分析している。

2) ここで資源とは、特許、商標、ブランド、インストールド・ベース、組織文化、当該企業に特殊的な熟練やノウハウを有した労働者といった企業特殊的資産のことである。インストールド・ベースとは、第12章で詳しく説明するネットワーク外部性が働くときに重要となる、ユーザー数や設置台数のことである。これは、資源にもとづく企業観（Resource-based View of the Firm：RBV）に則った考え方である。これについては、本書第14章で詳しく論じられている。Posen et al.（2023）は、模倣によって企業間の差がなくなるというのは模倣に対する一面的な見方で、よりダイナミックな視点でみれば、模倣がイノベーションを生み、企業の差別的な競争優位の源泉になりうると考える。これは、淺羽（2002）と類似した考え方である。

の事業において企業がどのように競争するかを表したものが事業戦略、もしくは競争戦略であるが、競争戦略は企業によって異なり、競争戦略の巧拙が企業の経営成果に重要な影響を及ぼすのである。そこで本章では、1つの市場で企業が追求する競争戦略について考察する。以下では、ビジネスホテル業界で、どのような競争が繰り広げられているかを概観しよう。

ショートケース　　ビジネスホテル業界の多様な競争

　日本全国にホテルを展開する、日本最大級のホテルチェーン、アパホテルズ＆リゾーツ。いつも帽子をかぶった派手な装いの社長が、積極的に広告やテレビ番組に出演しておなじみだが、アパホテル自体は徹底的に効率を追求し、ホテル業界に革命を起こしてきた。しかし、最近、その効率重視の姿勢が、顧客満足度において厳しい評価の原因となっている。2017年に日経ビジネスが行った顧客満足度調査では、客室、共用部、接客サービス、コストパフォーマンスの4項目において、アパホテルはビジネスホテル部門で大きく順位を落としたのである。

　特に低い評価だったのがコスパであった。繁忙期の料金の引き上げがあまりに激しいといった料金高騰に対する不満が多かった。アパホテルは、RevPAR（レブパー）と呼ばれる、単価×稼働率で表される指標の最大化を目指している。これは、航空業界の運賃の決め方を参考にしたといわれており、ホテルは予約状況を見ながら料金を徐々に上げていくことで売上を最大化する。

　需要と供給のバランスで宿泊料を変えるこの仕組みは、程度の差こそあれ、どのホテルでも用いられている。しかし、アパホテルの宿泊料の高騰が目立つのは、多くのホテルが正規料金（定価）を設定し、それを上限として繁閑の程度に応じて料金を何段階かに分けているのに対し、アパホテルでは値付けの上限を正規料金の1.8倍に設定しているからである。

　コスパの評価の低さは、客室面積とも関係しているようである。ビジネスホテルのシングルルームの主流は、トイレ・バス込みで12～14m^{2}であるが、アパホテルの標準的な客室は11m^{2}と狭い。鏡を利用して広く見せる工夫などはしているものの、部屋を大きくすると経営が厳しくなるので、あえて狭くしている。また、エアコンを集中制御にしたり、節水タイプの

シャワー栓を導入したり、徹底したコスト削減をしている。

　他方、アパホテルの立地の良さには定評がある。駅前立地は、ビジネスパーソンにとって使い勝手がよい。元谷外志雄代表は、「リーマンショック後の地価が安いときから、他社に先駆けて用地取得を始め、7年間で約70カ所を確保した。土地代を含むホテルの建設費は、競合に比べて圧倒的に安い」と胸を張る（『日経ビジネス』2017年10月23日号、p.40より引用）。

　また、最近では、宿泊者の不満にも真摯に耳を傾けるようになった。その結果、顧客満足度向上を目指すプロジェクトができ、部屋の照明を明るくしたり、ベッド下に大きな荷物の収納スペースを設けたり、ベッド幅を広げたり、液晶テレビを大型化したりといった工夫をしている。さらに、タワーホテルの建設を進め、ブランドイメージを向上しようとしている。

　効率経営を徹底したアパホテルの対極ともいえるのが、前回調査に続き、顧客満足度でトップに立ったカンデオホテルズである。カンデオは、3B（バス、ベッド、ブレックファースト）の充実を掲げ、展望露天風呂、高級ブランドのベッド、60品目以上の朝食ビュッフェを売りにしている。

　ビジネスホテルの宿泊者の要求次元がさらに高くなり、機能面だけでなく情緒性も求められているので、カンデオは最近デザインも重視している。最近開業した大阪のホテルでは、客室にデスクを置く代わりに、大きなソファと小さなテーブルを入れている。タブレットやスマホで仕事をする人が増えたのでデスクは不要であり、むしろリラックスできる環境を提供しようとしたのである。

　カンデオ以外でも、ランキング上位には、効率を多少犠牲にしても、顧客満足度を高めようと努力しているホテルが名を連ねている。広めの客室（18m²）が特徴のリッチモンドホテル、天然温泉を売りにしているドーミーイン、高級ホテルの運営ノウハウを持ち込んだホテルニッコー＆JALシティなどである。

　各社は顧客満足度を高めようと、あの手この手で激しい競争を繰り広げている。ただし、顧客満足度を向上させるにはコストがかかる。コストをかけ過ぎれば収益性は低下し、顧客満足度向上へ向けた試みへの再投資が難しくなる。これをいかにしてバランスをとるか。企業にとって、永遠の課題である。

出典：「国内出張の味方はどこ？　料金高騰に不満の声　アパは評価落とした」『日経ビジネス』2017年10月23日、pp.38-41をもとに筆者が作成

　以上の事例は、ビジネスホテル業界という１つの業界において、それぞれのホテルが異なる方法で顧客満足度を高めようとしていることを示している。換言すれば、ビジネスホテルという１つの市場で、さまざまなホテルが追求している競争戦略が多様であることを示唆しているのである。

2 コスト・リーダーシップ対差別化

　同じ市場で活動している企業が異なる競争戦略を採用するのは、ビジネスホテル業界に限らず、多くの産業で観察される現象である[3)]。ただし、その異なる競争戦略をいくつかのタイプに分けると、そのタイプは多くの市場において共通しているようである。この共通するタイプの競争戦略は、基本戦略（generic strategy）と呼ばれる（図5-1参照）。

　１つの基本戦略は、さまざまな努力や工夫を通じてコストを引き下げ、ライバル企業に対してコスト優位に立とうとする戦略である。冒頭の事例でいえば、さまざまな取り組みで効率経営を徹底したアパホテルが、この戦略をとっているホテルの典型である。この戦略をとる企業は、しばしば積極的に価格競争をしかけ、他社を振り落とそうとする。あるいは、他社と同じレベルの価格をつければ、高い利益率を享受することができる。

　Porter（1980）は、このような戦略をコスト・リーダーシップ戦略と名づけた。アパホテルは、今でこそ、販売価格の上限を定価の1.8倍と他のホテルよりもかなり高く設定し、予約状況を見ながら価格をあげていく仕組みをとっているために料金が高いと不満を生んでいるが、かつては低価格を武器に人気を集めていた。

　それに対して、カンデオホテルズ、リッチモンドホテルズ、ドーミーイン、ホテルニッコー＆JALシティのように、自社の製品やサービスを差別化し、業界のなかで特異だと見られるなにかを創造しようとする戦略もある。この戦略をとって成功した企業は、価格競争に巻き込まれず、高価格を設定し、

　3）たとえば淺羽（2000）では、ハンバーガー・チェーンにおけるマクドナルドとモスフードサービスという対照的な戦略を追求している2社を比較している。

図 5 - 1　競争の基本戦略

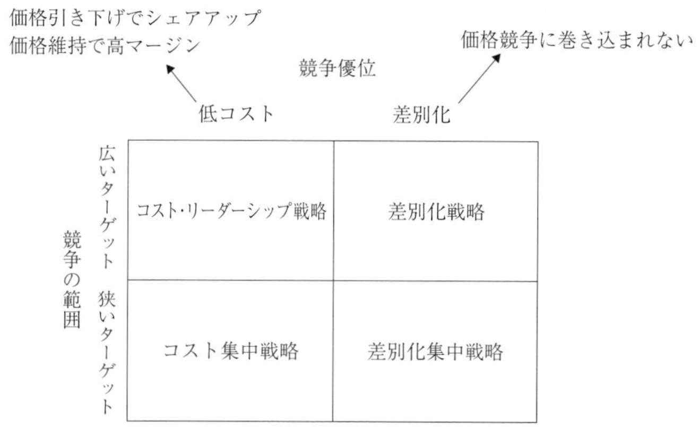

価格引き下げでシェアアップ
価格維持で高マージン

価格競争に巻き込まれない

競争優位

低コスト　　　　　　差別化

	コスト・リーダーシップ戦略	差別化戦略
広いターゲット	コスト・リーダーシップ戦略	差別化戦略
狭いターゲット	コスト集中戦略	差別化集中戦略

競争の範囲

注：Porter（1985）、p.12をもとに作成の図を筆者が翻訳・改変

利益率を高めることができる。Porter（1980）は、このような戦略を差別化
戦略と名づけた。

　この 2 つのタイプの競争戦略がどのように消費者の価値や企業の利益を高
めるかを、Besanko et al.（2000）の価値マップ（value map）という図を用
いて考えてみよう（図 5 - 2 参照）。消費者は、それぞれの製品・サービスが
どの程度の便益をもたらしてくれるかを知覚する。これを知覚される便益
（perceived benefit）と呼び、B で表そう。消費者はこの製品・サービスを手
に入れるために価格（P）を払うとすれば、消費者余剰は $B-P$ となる。他
方、企業がこの製品・サービスを供給するために費用（C）がかかるとすれば、
企業の利益は $P-C$ となる。消費者余剰と企業の利益を足し合わせたもの
（$B-C$）が、企業が創造する価値である。

　価値マップは、製品の価格と品質という 2 つの軸からなる図である。いま、
ある企業が点 E で表されるような品質（q_E）と価格（P_E）からなる製品を
供給しており、そのために費用 C_E がかかるとしよう。消費者の知覚される
便益は品質に応じて決まり、その便益から価格を引いた残りが消費者余剰な
ので、消費者にとってこの製品と同じ消費者余剰をもたらす品質と価格の組
は無数にある。一般的には、価格が高ければそれに見合うだけ品質も高くな
ければならないだろうし、価格が低ければ品質も低くて致し方ないと考えら

図5-2 価値マップ

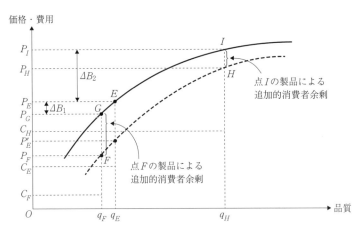

注：Basanko et al.（2000）、p.413とp.414をもとに筆者が作成

れるであろう。ゆえに、無差別な点の集合は、図中の右上がりの曲線のような無差別曲線を形成する。

　点 E の製品を供給する企業に対して、他の企業がコスト・リーダーシップ戦略を追求した結果、$C_F(<C_E)$ の費用をかければ、点 F で表されるように、点 E の製品よりは多少劣る品質（q_F）の製品を価格 P_F で販売できるとしよう。q_F の品質の製品が点 E の製品と同じ消費者余剰をもたらすためには、価格は P_G であればよい。消費者の知覚される便益は、製品 E の方が製品 F よりも $\varDelta B_1(=P_E-P_G)$ だけ高くなる。しかし、点 F の製品は点 E の製品よりも価格が低いので、大きな消費者余剰をもたらす。2つの製品の消費者余剰の差は、線分 FG で表される。

　点 F の製品が現れた結果、点 E の製品を供給する企業は、同じ消費者余剰を生み出すように対抗して価格を下げるかもしれない。この場合、新たな価格は P_E' となる。しかし、コスト・リーダーシップを追求した企業は、依然として高い利益マージンを享受することができる。アパホテルが、他社よりも売上を伸ばすことができ、他社が値下げをしてきても大きな利益をあげることができていたのはこのためであろう。

　他方、差別化戦略をとる企業の場合はどうなるのであろうか。差別化戦略

を追求した企業が、$C_H (> C_E)$ の費用をかけて、点 H で表されるような品質 (q_H) と価格 (P_H) からなる製品を供給するとしよう。q_H の品質の製品が点 E の製品と同じ消費者余剰をもたらすためには、価格は P_I でよい。ゆえに、消費者の知覚される便益は、製品 H の方が製品 E よりも $\triangle B_2$ ($= P_I - P_E$) だけ高くなる。点 H の製品は点 E の製品よりも高価格だが、便益の増分がそれを補って余りあるほど大きいので、点 H の製品は、線分 HI で表される追加的な消費者余剰を生むことができる。点 E の製品を供給する企業は、値下げをして同じ消費者余剰を生み出すように対抗するかもしれない。この場合、新たな価格は P'_E となる。しかし、点 E の製品を供給する企業の利益マージンが $P'_E - C_E$ であるのに対し、差別化戦略を追求した企業は、$P_H - C_H$ という高い利益マージンを享受することができる。

　コスト・リーダーシップと差別化が、いかにして競争優位を確立するかに関する分類だとすれば、もう1つの区分として、その戦略を遂行する競争の範囲に関する分類が図5-1の縦軸に表されている。市場は、年齢層や所得階層といった人口統計上の要因や、地域、購買頻度や使用頻度、価格や品質に対する敏感さといった要因によってセグメンテーションされる。企業は、図5-1の下半分に示されているようにそのなかの1つもしくは少数のセグメントに集中して製品を供給する（集中戦略）のか、それとも図5-1の上半分に示されているようにすべてのセグメントを対象とするのかを、競争戦略として選択しなければならない。

　冒頭のショートケースではビジネスホテル業界について見たが、都市部にはビジネスホテル以外にもより高級なシティホテルがあり、このカテゴリーでは日系の老舗ホテルと外資が激突している。シティホテルは、ビジネスホテルよりも高級という特徴もあるが、出張者だけでなく観光客（日本人あるいは外国人）も宿泊するし、結婚式やさまざまなパーティなど宿泊以外の利用もある。それに対してビジネスホテルとは、最近では観光客も取り込んでいるが、メインターゲットは出張者であり、宿泊に特化したシングル室主体のホテルで、シティホテルと違い宴会場を持たない。つまり、ホテル業界のなかで、ビジネスホテルはあるセグメントに集中してサービスを提供しているのである。

　ある企業は、範囲の経済を享受するために、市場全体をカバーしようとす

るかもしれない。逆に、あるセグメントに集中した方が、限定されたセグメントに対して規模の経済を享受できるかもしれないし、その消費者のニーズをよりよく満たすように自社の製品を他社の製品から差別化することができるかもしれない。

　いずれにせよ企業は、どのような手段で価値を生み出し競争優位を確立するか、市場のどのような範囲に対して事業を展開するのかを決定しなければならない。これが、企業の競争戦略の主たる内容なのである。

3　2つの戦略のドライバー

　コスト・リーダーシップ戦略を追求する企業は、どのようにして低コストを実現するのであろうか。Besanko et al.（2000）は、①企業の規模や範囲に関わるもの、②累積的経験に関わるもの、③取引の組織に関わるもの、④その他、の4つの種類のコスト・ドライバーを指摘している。なんらかの固定費が存在する場合、供給量が増大すれば固定費が薄く分散されるので、平均費用が低下する。短期的には稼働率を上げれば費用は下がるし、長期的には固定費が高く変動費が低い技術に移行して大量生産すれば費用は低下する。あるいは、本書第1章で詳しく述べたように、固定的生産要素が複数の製品に共通に投入されるものであれば、複数の製品を手がけることによって範囲の経済を利用してコストを下げることができる。

　また、ある一時点での供給量の大きさではなく、それまでの累積生産量に応じて費用が低下する場合もある。いわゆる経験効果である。経験を積むにつれて、労働者は作業に慣れて効率が上がるし、さまざまな工夫が積み重ねられて生産性が向上する。

　さらに、本書第2章で議論したように、組織の作り方によっては、取引に関わる費用を節約することができる。市場を通じた取引コストが大きい場合には、垂直統合によって、費用を節約することができる。

　これ以外にも、さまざまな費用削減の源泉がある。生産要素を他社よりも安価に調達することによって、費用が削減される場合がある。インフラストラクチャーが整備され、調整の問題が小さい立地を選ぶことによって費用を

図 5 - 3　価値連鎖

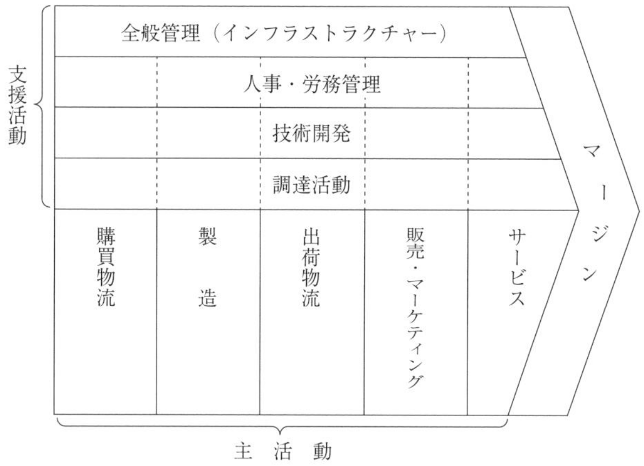

支援活動	全般管理（インフラストラクチャー）					マージン
	人事・労務管理					
	技術開発					
	調達活動					
	購買物流	製造	出荷物流	販売・マーケティング	サービス	

主　活　動

注：Porter（1985）、邦訳、p.49より引用

下げることができる。顧客が密集していれば、輸送ネットワークを効率よく
使うことができる。コンビニエンスストアのドミナント戦略がこれにあたる
であろう。生産プロセスでは、多様な製品を生産するよりも、少数の製品を
集中して生産した方が、段取り変えが少なく費用が低下する。さらに、あら
ゆる活動において不必要な支出を抑えることができれば、コスト優位に立て
るであろう。冒頭のショートケースで見たように、アパホテルはさまざまな
取り組みでコストを削減して効率経営を徹底している。

　このように費用を削減するにはさまざまな活動で工夫する必要があるし、
それぞれの活動がうまく調整されていなければならない。企業がどのような
活動で工夫をしているのか、どの活動が問題を抱えているのか、どの活動と
どの活動との調整がうまくいっていないのか、といったことをシステマティ
ックに把握する方法に、Porter（1985）が開発した価値連鎖（value chain）
という分析枠組みがある。

　図 5 - 3 に表されているように、価値連鎖の枠組みでは、企業が行うさま
ざまな活動を、購買物流、製造、出荷物流、販売・マーケティング、サービ
スからなる主活動と、全般管理、人事・労務管理、技術開発、調達活動から
なる支援活動とに分けて把握する。価値連鎖は、企業が個々の独立した活動

図5-4　スズキ（ロー・コスト経営）の価値連鎖

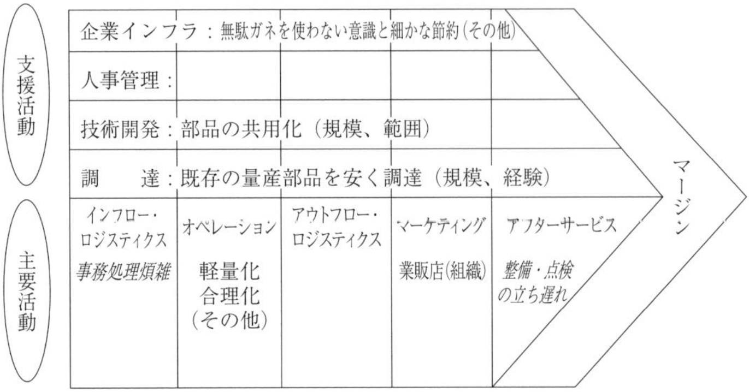

支援活動	企業インフラ：無駄ガネを使わない意識と細かな節約（その他）				
	人事管理：				
	技術開発：部品の共用化（規模、範囲）				
	調　達：既存の量産部品を安く調達（規模、経験）				
主要活動	インフロー・ロジスティクス *事務処理煩雑*	オペレーション 軽量化 合理化 （その他）	アウトフロー・ロジスティクス	マーケティング 業販店（組織）	アフターサービス *整備・点検の立ち遅れ*

注：括弧内は、ドライバーの種類を示す。斜字は潜在する問題を示す

の集合体ではなく、相互に依存した活動のシステムとして価値を生み出すことを表している。個々の活動がうまく連結されれば競争優位が導き出される。コスト・リーダーシップ戦略を追求している企業であれば、個々の活動において費用削減のための工夫が行われなければならず、さらに全体として費用が低下するように個々の活動が適切に結びついていなければならないのである[4]。

　たとえばロー・コスト経営で有名なスズキは、価値連鎖のなかのさまざまな活動で、コスト引き下げの努力をしていることがわかる（図5-4参照）[5]。主要活動では、工場設備の軽量化によって作業効率の向上、電気代の節約をしている。また、過剰な見た目の美しさを追わずにマスキングテープを貼る工程を合理化するなどして無駄を省く。これらは、オペレーションについての工夫である。また、販売を自動車整備業者などの業販店に依存し、その店主と良好な関係を築いている。これは、販売・マーケティングにおける工夫であろう。

4）もちろん、価値連鎖の枠組みは、コスト・リーダーシップ戦略だけでなく、差別化戦略を追求する企業にとっても適用可能である。自社の製品・サービスを差別化して競争優位を生み出すために、個々の活動において工夫がなされ、それぞれが適切に連結していることが重要である。

5）これについては、「スズキ、泥臭く疾走」『日経ビジネス』1993年5月10日号を参考にした。

　支援活動でもさまざまな工夫が見られる。部品を大手部品メーカーから購入する際、すでに量産している部品を大量発注することで調達コストを抑えているが、これは、調達における工夫である。複数の車種の間で部品を共用していることは、技術開発における工夫である。出張時のチケット、節電、書類棚の扉の撤去、管理部門における経費削減のための提案制度など、無駄ガネを一切使わない意識と細かな節約は、企業インフラに含められるだろう。このように、価値連鎖のなかにさまざまな工夫を位置づけてみると、どこでその企業が競争優位を生み出しているかが明らかになるのである[6]。

　他方、差別化戦略を追求する企業は、以下のような点（差別化ドライバー）で自社製品を差別化することができる（Besanko et al. 2000）。まず、品質、デザイン、耐久性、使いやすさといった製品それ自体の物理的特徴で差別化することができる。ビジネスホテルでいえば、３Bを充実させたカンデオホテルズ、客室を広めにしたリッチモンドホテル、天然温泉を売りにしたドーミーインがこの面で差別化を図っているといえる。

　また、製品の物理的特徴以外で差別化することも可能である。たとえば、顧客教育やコンサルティングといったサービスや、補修部品等の補完財で差別化する方法がある。配送のスピードやタイミング、クレジット販売など、配送の質や販売条件などで差別化する場合もある。ビジネスホテルでいえば、ホテルニッコー＆JALシティが評価を高めたのは、設備や食事といった物理的特徴ではなく、高級ホテルの運営ノウハウという非物理的特徴による差別化であった。

　最後に、製品に対する主観的なイメージの点で差別化する方法がある。シティホテルのカテゴリーで評価が高いのは、椿山荘やホテルオークラといっ

6）価値連鎖は、現在の強みを分析するのに役立つだけではない。スズキの価値連鎖を見ると、いくつかの活動ではこれといった工夫が見られない。そのような活動では、問題が潜在している可能性がある。たとえば、インフロー・ロジスティクスには工夫が見られないが、そこでは、協力部品メーカーが細分化されすぎているために購買部門の事務処理が煩雑になってしまうという問題がある。また、アフターサービスも空欄であるが、そこでは、業販店に依存しているために系列ディーラーが強くなく、整備・点検サービスが立ち遅れているという問題がある。現時点で空欄の活動があれば、そこが次に努力すべきところかもしれない。また、コストに関する会計情報が入手できれば、さらに数量的に価値連鎖を分析することもできる。

た日系の老舗ホテルや、ザ・リッツ・カールトンやコンラッドといった外資である。これらは施設、サービスだけでなくさまざまな活動によって高級なブランドを確立し、イメージの点で差別化している。高級ホテルが五つ星ホテルとしてのイメージを確立しているのに対し、カンデオが他のビジネスホテルよりは上質だが高級ホテルよりは気軽に泊まれる「四つ星」を目指すといっているのも、カンデオがイメージの点でも差別化しようとしていると考えられる。

4 スタック・イン・ザ・ミドル

　ビジネスホテルの例が明らかにするように、同じ業界で競争している企業のなかには、コスト・リーダーシップ戦略をとる企業もあれば差別化戦略を追求する企業もある。では、1つの企業が、コスト・リーダーシップ戦略と差別化戦略の2つの基本戦略を同時に追求することは可能なのであろうか。

　基本戦略を提唱した Porter の答えは否定的である。Porter (1985) は、「それぞれの基本戦略を成功させるには、それぞれ違った技能や条件が必要になるが、これらはたいてい、会社の構造や企業文化の違いとなってあらわれる（邦訳、p.33）」と述べている。1つの企業が異なる技能、条件、構造、文化を備えることは難しいので、両方の戦略を同時に追求すると、あぶはち取らずになって失敗する。いわゆる、スタック・イン・ザ・ミドル（stuck in the middle）の状態になってしまうのである。

　たしかに先に列挙したコスト・ドライバーを見ると、コスト・リーダーシップ戦略を追求する企業は、規模の経済性や経験効果を重視し、さまざまな経費を節約しようとする。多様な製品を生産するよりも少数の単純な製品に集中した方が、より大きな規模の経済や経験効果を享受できるであろう。また、無駄な出費を抑えるために、厳格な統制システムがとられるかもしれない。

　これに対して差別化戦略を追求する企業は、差別的な物理的特徴を備えた製品を開発するために多額の研究開発費を投入し、多様かつ複雑な製品を生産しなければならないかもしれない。創造的な新製品を開発するためには、

ある程度の無駄や余裕も必要であろう。また、イメージの点で差別化しよう
とすれば、広告宣伝を積極的に行わなければならない。これらの条件は、コ
スト・リーダーシップ戦略とは相容れないのである。

　しかし、2つの戦略を同時に追求することが重要であると指摘する研究も
ある。たとえば新宅（1994）は、電卓市場の分析を通じて、最高機能製品か
ら低価格製品までフルラインの製品を持つことの重要性を指摘している。最
高機能製品の開発を通じて技術進歩に遅れない体制をとることができ、そこ
で使われた最先端技術を次世代の低価格製品に応用することも可能である。
また、最高機能製品と低価格製品の両方を持つことによって、従来の機能に
満足していない顧客と、従来の価格に満足していない顧客という両方の顧客
の潜在的なニーズを把握することができるという。最高機能製品の開発が差
別化戦略に対応し、低価格製品の供給がコスト・リーダーシップ戦略に対応
すると考えれば、この主張は2つの基本戦略を同時に追求することの重要性
を指摘していることになる。

　あるいは、「四つ星」を目指すカンデオホテルズは、差別化している高級
ホテルとコスパを重視するビジネスホテルの中間を志向しているともいえる。
カンデオは、コスト・リーダーシップと差別化の2つの戦略を同時に追求し
ているにもかかわらず、スタック・イン・ザ・ミドルには陥らず、むしろ2
つの戦略の「いいとこどり」をして、うまく競争しているように見える。

　それぞれの基本戦略が要求する技能、組織構造、企業文化が異なる程度は、
事業や製品によって異なるかもしれない。また、フルライン戦略が成功する
ためには、それぞれの製品の間で技術が利用可能であったり、共通部品が存
在して範囲の経済性が存在したりすることが必要であろう。ゆえに、範囲の
経済が大きく、異なる基本戦略が求める組織特性がそれほど大きく異ならな
いのであれば、異なる基本戦略を同時追求することは理にかなっている。そ
れに対し、範囲の経済がそれほど大きくなく、それぞれの基本戦略が要求す
る組織特性がまったく異なるものであれば、2つの基本戦略を同時追求する
とスタック・イン・ザ・ミドルに陥る可能性が高い。いずれにせよ企業は、
ライバル企業の戦略や能力を勘案しながら、異なる基本戦略を同時追求する
のか、あるいはいずれかに専念するのか、どの基本戦略を追求して競争優位
を確立しようとするのか、明確に意思決定しなければならないのである。

補論3　価値にもとづく戦略（Value-based Business Strategy）

　本章で議論された競争戦略について、これまで経営戦略論では、コスト・リーダーシップ戦略や差別化戦略をとって競争優位を築いた企業が大きな利潤を獲得することができると説明されることが多かった。ただし、競争優位とはどのように理解すればよいのか、それぞれの基本戦略が生み出す競争優位、つまりコスト優位と差別化優位はどのように異なるのか、競争優位やそれがもたらす利潤の大きさはどのように把握すればよいのか、といった問題に対して、はっきりとした回答は用意されていなかったといえよう。本章の第2節で紹介した価値マップは、上記の問題のいくつかについて回答を与えてくれる枠組みではあるが、より明確な答えを提供してくれる考え方として、Brandenburger and Stuart（1996）が提唱した価値にもとづく戦略（Value-based Strategy）という考え方がある。以下ではそれを紹介しよう。

　価値にもとづく戦略では、企業が構築する競争優位や獲得する利潤は、企業がサプライヤや顧客と取引をすることによってどのくらいの価値を創造（value creation）し、その価値をどの程度自分のものにすること（value capture）ができるかによって決まると考える。創造した価値のなかで自分が獲得できる部分が、企業が獲得する利潤であり、企業が構築する競争優位の大きさを表していると考えるのである。

　いま、図5-5に示されているような、サプライヤが原材料を企業に供給し、それを用いて企業が最終製品を作り、顧客に販売するという取引関係を考えよう。企業は、コスト C で生産した製品を顧客に価格 P で売ることができれば、製品1単位当たり $P-C$ の利潤をあげることができる。この利潤が、企業が獲得する価値であり、企業が構築する競争優位の大きさを表している。この利潤を大きくするために、企業は P を高くするか、C を低くするかのどちらかの方法をとる。前者が差別化戦略、後者がコスト・リーダーシップ戦略に対応する。

　P を高くすれば利潤が大きくなるからといって、P をいくらでも高くすることができるわけではない。同等の製品を供給できる競争相手がいる場合、

図 5 - 5　価値にもとづく戦略

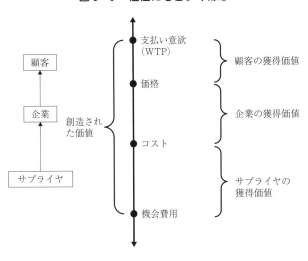

あまりに P を高く設定すると、競合がそれより低い価格を設定すれば顧客をとられてしまう。また、あまりに高い価格を設定すると、その財に対して顧客が支払ってもよいと考える価格を超えてしまい、製品が売れなくなるからである。

　顧客が支払ってもよいと考える価格は、支払い意欲（willingness to pay：WTP）と呼ばれる。第 2 節では、知覚される便益と呼んでいた。製品から得られる効用が大きくなると、WTP も高くなる。もし P が WTP よりも高ければ、顧客は当該製品を購入しない。もし P が WTP よりも低ければ、この取引に参加することによって、顧客は WTP だけ払ってもよいと思っていた製品を P で購入できるので、その差（$WTP-P$）だけ得をしたと考える。この差は、第 2 節では消費者余剰と呼ばれていたが、顧客が獲得する価値だと考えられる。

　他方、サプライヤは、原材料を企業に売って利潤を獲得する。簡単化のために、原材料の販売価格を C としよう。では、サプライヤにとってのコストはどのように考えればよいだろうか。サプライヤは、原材料を当該企業に販売することで 1 単位当たり C を得るが、同時に他の企業に当該原材料を販売することができなくなる。もし他の企業に販売すれば得られたであろう

売価が得られなくなるのであり、この得られなくなった売価は機会費用（OC）と呼ばれる。サプライヤはもっとも高く買ってもらえるところに原材料を販売するだろうから、機会費用は 2 番目に高く買ってくれる企業への売価だと考えられる。この機会費用が、サプライヤにとってのコストであり、実際の売価と機会費用との差（$C-OC$）が、サプライヤが獲得する価値だと考えられる。

　この取引に参加することによって、顧客は $WTP-P$、企業は $P-C$、サプライヤは $C-OC$ の価値をそれぞれ獲得する。そして、この取引が創造する価値は、$WTP-OC$ になるのである。

　先に、企業が C を下げようとする試みがコスト・リーダーシップ戦略、WTP を高めようとする試みが差別化戦略であると述べた。いま、A 社と B 社がある製品市場で競争しており、どちらの企業の製品も顧客からすると同等で、同じ WTP がつけられるとしよう。企業 A のコスト・リーダーシップ戦略が成功すれば、企業 A のコスト（C_A）は企業 B のそれ（C_B）よりも低くなる。このコストの差（C_B-C_A）が企業 A のコスト優位の大きさである。コスト優位にある企業 A は、価格を C_B よりも若干低く設定することによって市場を独占できる。C_B を下回る価格では、企業 B は正の利潤をあげることができないので、製品を供給しないからである。あるいは企業 A は企業 B と同じ価格をつけることによって、企業 B よりも大きな利潤をあげることができる。

　逆に、A、B 両社のコストは C で同じであるが、企業が差別化戦略をとっているので、顧客はそれぞれの企業の製品に異なる WTP をつけるとしよう。企業 A の差別化戦略が成功すれば、企業 A の製品に対する支払い意欲（WTP_A）は企業 B の製品に対するそれ（WTP_B）よりも高くなる。この支払い意欲の差（WTP_A-WTP_B）が企業 A の差別化優位の大きさである。もし企業 B が企業 A の価格（P_A）よりも相対的に低い P_B という価格を設定してきたとしても、企業 A の製品が顧客に対して与える価値（WTP_A-P_A）が WTP_B-P_B よりも大きければ、顧客は企業 B ではなく企業 A の製品を買ってくれるので、価格引き下げ競争に巻き込まれずに済むのである。

第6章

価格による競争

1 競争手段としての価格

　前章では、同一の事業を行っている企業の間で競争の仕方が異なることを見たが、1つの企業でも、状況に応じて異なる競争手段を使い分けたり、同時に複数の手段を組み合わせたりすることによって、製品を販売し、ライバル企業と競争する。競争手段は多様であるが、マーケティング・ミックスの「4つのP」という考え方にのっとれば、製品（product）、価格（price）、広告・販売促進（promotion）、流通チャネル（place）の4つの競争手段を考えることができる。

　このなかで価格は、他の3つの手段に劣らず重要な競争手段である。たとえばアメリカ57社、欧州129社のマネジャーに対して、マーケティング上の諸問題の重要度を5段階で評価してもらった調査によれば、価格は平均4.3の評価で最大の懸案事項であると考えられている（図6-1参照）。また、前章で説明した価値マップでは、主に品質に応じて決まる「知覚される便益」から価格を引いた残りが消費者余剰であり、消費者は最大の消費者余剰を提供してくれる製品を購入すると考えられている。つまり、製品や広告・販売が知覚される便益を通じて消費者余剰に影響を及ぼすのに対し、価格の低下は便益を変えなくても消費者余剰を増大させるので、価格は直接的に消費者余剰を左右する。

　また、最近では、さまざまな地政学上の問題もあり、原材料、部品の価格

図6-1　欧米企業のマネジャーによるマーケティング問題の評価

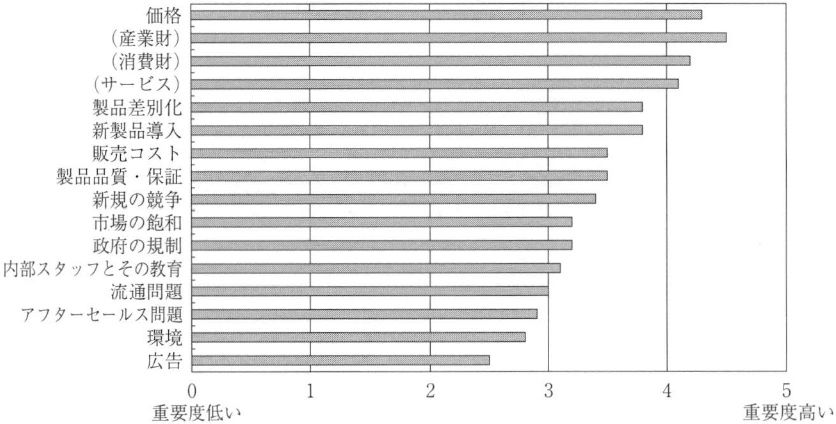

価格	
（産業財）	
（消費財）	
（サービス）	
製品差別化	
新製品導入	
販売コスト	
製品品質・保証	
新規の競争	
市場の飽和	
政府の規制	
内部スタッフとその教育	
流通問題	
アフターセールス問題	
環境	
広告	

0　　　　　1　　　　　2　　　　　3　　　　　4　　　　　5
重要度低い　　　　　　　　　　　　　　　　　　重要度高い

注：Dolan and Simon（1996）、p.5を筆者が翻訳

　が高騰し、それらを用いて最終製品を生産している企業にとっては、コスト増を価格に転嫁できるかどうかが、業績に大きなインパクトを与えている。したがって、価格はさまざまな競争手段のうちでもっとも重要なものの1つともいえるのである。

　以下ではまず、最近のテスラや日清食品がどのように価格をつけているか記述してみよう。

ショートケース　　テスラの価格戦略

　2022年7月〜9月期決算で、米テスラの連結純利益は円換算で4,542億円となり、トヨタ自動車（4,342億円）を逆転した。テスラの車1台当たりの純利益は132万円であり、これはトヨタの約8倍である。世界の自動車メーカーのなかでも、テスラは稼ぐ力が突出している。いち早く電気自動車（EV）で稼ぐモデルを築いたからであろう。

　テスラは高級EVの専業メーカーである。アメリカでは相対的に廉価な「モデル3」でも、価格は約4万ドル（600万円弱）を超える。原材料が高騰しても、高いブランド力により、値上げもできる。販売方法も、原則と

してオンラインでの消費者への直販である。さらに販売台数が2年で倍増し、量産効果が利益率を押し上げた。

　このように値上げで業績は好調であるが、イーロン・マスク最高経営責任者（CEO）は、EVの普及ペースを鈍らせてしまうのではないかといらだちを隠せない。どんなに車の価値を高めたとしても、消費者が購入できるような価格でなければ需要は伸びないと考えているからである。

　一方、テスラの成長力の陰りを指摘する声もある。大きな原因の1つが中国企業の台頭である。幅広い価格帯の商品をそろえる比亜迪（BYD）などとの価格競争が激しく、2022年10月下旬に、テスラは中国で量販モデルの2車種を5〜9％値下げした。

出典：「テスラ、頻繁な値上げで難路」『日経産業新聞』2022年8月5日付、「EV・高級路線「稼ぐ力」に」『日本経済新聞』2022年11月9日付をもとに筆者が作成

ショートケース　　**日清食品の価格戦略**

　日清食品ホールディングスは、2022年6月に3年ぶりに、「カップヌードル」などの即席麺を値上げした。安藤宏基社長は、次のように考えた。原材料価格の高騰で生産者物価はもう10％以上、上がっている。メーカーのマネジメントとして、コスト増を企業努力で吸収すれば、その上での値上げはやむをえない。しかし、消費者物価はそれほど上がっていない。値上げしたときにその価格が通用するかどうかは、ブランド力次第である。

　さらに、価格については次のように話した。即席麺は大衆食品なので、商品を3つのターゲットに分けて考えている。1つ目は価格に敏感な層向けの商品、2つ目は一般的な価格帯の商品、3つ目は付加価値型の高価格帯の商品である。そのなかでも、女性やシニアなどターゲットを細分化してカバーしていかないといけない。「あって当たり前」ではなく、「なくては困る」というポジショニングを確立する必要がある。

出典：「日清、時代に合わせブランド磨く」『日経産業新聞』2022年7月8日付をもとに筆者が作成

　企業は、要した費用をカバーして利益が出るような価格を設定しようとする。しかし、他社との競争が激しければ、消費者に自社の製品を買ってもらえるように魅力的な（安い）価格を設定する。また、製品の普及を促進するために、あえて利益がほとんど出ないような安い価格をつけることもある。企業間で異なる価格設定が行われるのは、消費者がどの程度価格に対して敏感かに対する見通しが企業によって異なるからだけではない。企業によって異なる競争戦略が追求されているからでもある。そこで本章では、企業の価格戦略について議論する。

2　価格設定の実際

　まず、実際に企業がどのようにして価格を決定しているのかを見てみよう。価格設定の目的は、企業それ自体の目的と同様に、利益か成長のいずれかである。換言すれば、企業が価格を設定する際には、利益かマーケットシェアのいずれかにウエイトがかけられることが多い（上田 1999）。

　これまで日本企業は、成長志向が強く、利益よりもマーケットシェアなどを重視するといわれてきた（加護野他 1983）。それに対して上田（1999）は、日本のメーカーが価格を設定するときに重視する事項の上位5つが、製造コスト、利益、競合商品の価格、販売見込み、需給バランスであるという帝国データバンクの調査結果をもとに、日本企業も最近は、競合商品の価格や販売見込みで代理されるマーケットシェアよりも、利益を重視するようになってきているのではないかと指摘している。

　古川（1993）は、日本企業の21社23事業部に対してインタビュー調査を行った。その結果、企業の目標や環境のほかに、製品の相対的魅力度、コスト優位、消費者の心理的要因、競争企業の戦略などが、企業の価格設定に影響を及ぼすというフレームワークを提示した（図6-2参照）。

　また、古川（1993）は、同じ調査から、プライシングにはフルコスト原理とイメージ・プレミアム原理という2つのアプローチがあると指摘した。フルコスト原理とは、平均原価にある比率（マークアップ率）をのせて価格を設定するやり方である。調査対象企業の90%以上がこの方式を採用しており、

図6-2　プライシングの概念的なフレームワーク

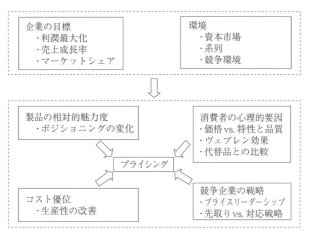

注：古川（1993）、p.47より引用

マークアップ率はおおよそ20％から40％であった。

　それに対してイメージ・プレミアム原理とは、価格が消費者の心理に及ぼす影響を重視して価格を設定するやり方である。たとえば、高価格の財・サービスの方が高品質であるとしばしば考えられるが、これは価格が品質の代理指標となっていることを意味している。また、他人に見せびらかすために消費する場合、高価格であること自体が効用を高めるというヴェブレン効果も心理的要因の一例である。

　冒頭の事例に登場したテスラは高価格でEVを販売することに成功している。これは、もちろんEVが機能・品質面でガソリン車とは差別化されているからではあるが、しばしば輸入車が高価格をつけ、その所有者のステータスが高いという感覚を植えつけ、見せびらかしの消費を促してきたことも、少なからず関係しているであろう。

　さらに企業は、さまざまな価格設定を行う前に、どれくらいの価格をつければ消費者が対象製品を受容するか、どの程度の売上が期待できるかの目安を知ろうとする。上田（1999）では、実際に企業が採用している方法として、消費者の製品価格受容範囲を推定する価格感度測定法や、価格反応関数の推定方法（エキスパートの判断、顧客調査、価格実験、時系列的な市場データ

の分析）が紹介されている。

　この価格感度とは、消費者がどの程度価格に対して敏感かを表すものであり、経済学でいう需要の価格弾力性と類似している。需要の価格弾力性（e）とは、ある財の価格が変化したとき、その財に対する需要がどの程度変化するかを表したものであり、

$$e = -\frac{\Delta x/x}{\Delta p/p}$$

　x：需要量、p：価格、Δ・・・の変化量

と表される。弾力性の絶対値が1を越えると弾力的、1を下回ると非弾力的と呼ばれる。需要が価格弾力的であれば、価格変動により需要が変動する割合が高いことを意味する。

　したがって、需要の価格弾力性が高い商品は、値上げすると商品が売れなくなってしまう恐れが強く、慎重な価格政策が必要となる。逆に需要の価格弾力性が低い商品は、価格を変えてもさほど需要量に変化が見られない。生活必需品がこれにあたると考えられる。

　冒頭のショートケースのなかで、日清食品の安藤宏基社長が、価格に敏感な層向けの商品、一般的な価格帯の商品、付加価値型の高価格帯の商品という3つに分けて考えているのは、まさに需要の価格弾力性によって商品を分け、それぞれに適した価格づけを行おうとしていることを示唆している。また、「なくては困る」というポジショニングを目指すのは、そのような商品は需要の価格弾力性が低く、値上げしても売上数量が減らない、つまり値上げが認められやすいということも、理由の1つであろう。

3　垂直的市場構造と価格

　われわれ最終消費者が財を購入するときに支払う価格は、その財の生産者が直接最終消費者に販売するのか、それとも小売業者を介して販売するのか、つまり垂直的市場構造のいかんによっても変わってくる。これは、二重のマージン（double marginalization）、あるいは逐次独占（successive monopoly）

と呼ばれる古典的な議論である[1]。

　小売業を介して財が売られる分散型構造の場合、小売業者が製品を 1 単位調達すると、メーカーの利潤が卸売価格とコストの差だけ増える。しかし、小売業者は、メーカーの利潤増のことを考慮せずに、自分の利潤を最大化することだけを考えて意思決定する。その結果、製品の調達が過小になってしまい、メーカーが直接消費者に販売する垂直的市場構造に比べて分散型構造のときには、小売価格は高くなり、メーカーと小売業者の利潤の合計は直販するメーカーの利潤よりも小さくなる。これは垂直的外部性と考えられ、この外部性をなくすために、メーカーは直販したり、希望小売価格を設定したりするインセンティブを持つと考えられるのである。

　いま、市場構造が垂直的である場合、つまりメーカーが直販している場合、小売価格を p^m とすると、需要量 q^m は、$(p-c)D(p)$ を最大にするような p^m によって定まる。ここで、c はメーカーのコストであり、$D(p)$ は、$q^m = D(p^m)$ で表される需要関数である。他方、分散型の市場構造、つまりメーカーが小売業者を介して消費者に財を販売する場合、小売業者は自分の利潤 $(p-p_w)D(p)$ を最大化する。p_w は、メーカーから小売業者への卸売価格である。

　議論を簡単にするために、$D(p) = 1-p$、$c < 1$ としよう。小売業者の利潤 (Π_r) は、$\Pi_r = (p-p_w)(1-p)$ なので、これを最大にする価格は、

$$p = \frac{1+p_w}{2}$$

であり、小売業者の利潤は、

$$\Pi_r = \left(\frac{1-p_w}{2}\right)^2$$

となる。上記の小売業者の利潤を最大にする価格 p を前提にすると、メーカーの利潤は、

1）これは、Spengler（1950）に依拠した、Tirole（1988）の第 4 章を参考にしている。

$$(p_w-c)D(p) = (p_w-c)(1-p) = (p_w-c)\left(\frac{1-p_w}{2}\right)$$

となり、これを最大にする卸売価格は、

$$p_w = \frac{1+c}{2}$$

であり、メーカーの利潤（Π_m）と小売業者の利潤（Π_r）はそれぞれ、

$$\Pi_m = \frac{(1-c)^2}{8}, \ \Pi_r = \frac{(1-c)^2}{16}$$

となる。よって、分散型構造のときのメーカーと小売業者の利潤の合計（Π^{ni}）は、

$$\Pi^{ni} = \frac{(1-c)^2}{8}+\frac{(1-c)^2}{16} = \frac{3(1-c)^2}{16}$$

となり、小売価格（p^{ni}）は、

$$p^{ni} = \frac{1+p_w}{2} = \frac{1+\dfrac{1+c}{2}}{2} = \frac{3+c}{4}$$

となる。他方、垂直的市場構造のときのメーカーの利潤（Π^i）は、$p^i = (1+c)/2$ のときに、

$$\Pi^i = (p-c)(1-p) = \left(\frac{1+c}{2}-c\right)\left(1-\frac{1+c}{2}\right) = \frac{(1-c)^2}{4}$$

となるので、$\Pi^i > \Pi^{ni}$ である。また、上述のように $c<1$ という条件のもとでは、

$$p^i = \frac{1+c}{2} < \frac{3+c}{4} = p^{ni}$$

となるので、$p^{ni} > p^i$ である。

　冒頭のショートケースで見たように、テスラは高価格であるが、それは高級 EV に特化しており、ブランドが確立していて人気があるからである。さらに、EV の普及を最重要と考えるマスク氏は、二重のマージンという垂直的外部性をなくして小売価格を抑えるために、直販を選んでいるのかもしれない。

4　2つの価格戦略

　古川（1993）の調査が見出したように、フルコスト原理にもとづく価格設定は、多くの企業によって採用される標準的な価格設定方法であろう。しかし、企業はある戦略的意図をもってフルコスト原理とは異なる価格設定を行うこともある。価格戦略には、大きく分けて、目先の利益を確保しようというどちらかといえば短期志向の戦略と、市場の成長や費用の低減を促し、短期的利益を犠牲にしてもいいから長期的利益を大きくしようとする長期志向の戦略とがある。

　前者の代表が、上澄み吸収価格（skimming pricing）と呼ばれるもので、価格を下げてもあまり市場が拡大しそうにないとき、コストのいかんにかかわらず、限られた市場の買い手が払ってくれるだけの価格をつけてしまおうとする価格設定である（図6-3参照）。かつて自動車が高価な商品であり、所得がある水準に達する人でないと車を購入しないときに、自動車業界はこの価格戦略をとってきたといわれている（田内 1983）。また、今日でも、企業が自社のブランドの認知を広めよう、ブランド力を維持しようとする際に、上澄み吸収価格をつけることが多いといわれている（上田 1999）。

　これに対して、長期志向の価格戦略としては、需要に影響を及ぼして市場の成長を促そうとする浸透価格（penetrate pricing）と、経験効果にもとづき費用を低減させようとする経験曲線プライシング（forward pricing）とがあげられる。浸透価格は前期までの経験が需要の増大をもたらす効果に着目するのに対し、経験曲線プライシングは前期までの経験が費用の低減をもたらす効果に着目する。

図6-3 上澄み吸収価格と経験曲線プライシング

上澄み吸収価格

経験曲線プライシング

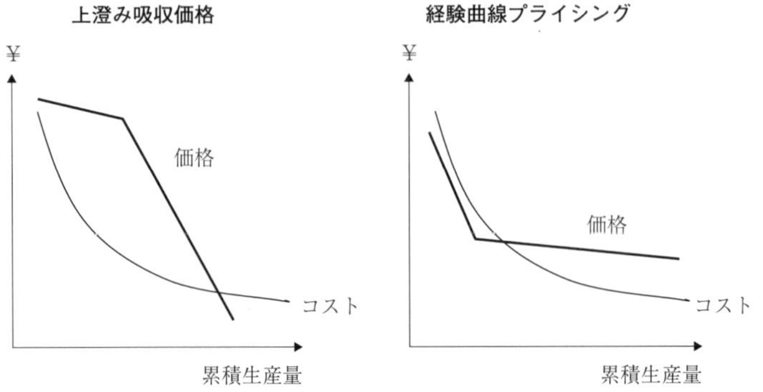

　つまり、いずれの価格戦略も、現在は多少犠牲を払っても、需要の増大や費用の低下の恩恵を将来享受しようという点が共通であり、同じようなモデルを用いて考えることができる。そこで、以下では1つの図を用いて、長期志向の価格戦略のエッセンスを確認しよう[2]。

　いま、経験効果のために第1期の生産量に応じて第2期の費用が低下するとき、企業が第1期、第2期の価格をどのように設定するかを考えてみよう。図6-4の左側には需要曲線が、右側には経験曲線が描かれている。経験曲線のy切片がcであるのは、初めて生産を行う第1期（の期首）には累積生産量が0なので、単位コストがcであることを意味している。

　まず、短期志向の価格戦略を採用する企業は、各期の利潤を大きくするように価格と生産量（$p_t{}^{**}, x_t{}^{**}$）を決めるとする（$t = 1, 2$）。第1期の単位コストcのもとでは、利潤を最大化する価格が$p_1{}^{**}$、生産量が$x_1{}^{**}$であるとする。このときの利潤は、左側の図の□$p_1{}^{**}ABc$で表される。第1期の生産量が$x_1{}^{**}$なので、右側の図より、第2期の単位コストは$c_1{}^{**}$に低下することがわかる。第2期の単位コストが$c_1{}^{**}$のとき、利潤を最大化する価格と生産量の組が、（$p_2{}^{**}, x_2{}^{**}$）であるとする。このときの利潤は、左側の図の□$p_2{}^{**}DE\,c_1{}^{**}$で表される。ゆえに、第1期、第2期の合計利潤は、

2）以下のモデルや補論のモデルにおいては、議論を簡単にするために、2期目の利潤の割引率を1とする。

図6-4　短期志向と長期志向の価格戦略

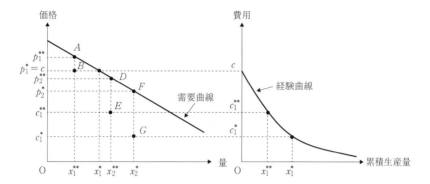

□$p_1{}^{**}ABc$＋□$p_2{}^{**}DE\,c_1{}^{**}$ となる。

　他方、長期志向の価格戦略を採用する企業は、各期の利潤ではなく、2期間の合計利潤を最大化しようとする。たとえば、左側の図には、第1期には単位費用と等しい $p_1{}^*$ という価格を設定する場合が描かれている。生産量は $x_1{}^*$ である。価格と単位費用が等しいので、先の短期志向の価格戦略をとる企業と比べて利潤は小さく、0である。ただし、生産量が多いので、2期目の単位コストは大幅に低下する。右側の図には、この企業の第2期の単位費用が $c_1{}^*$ になることが示されている。第2期の費用が低いので、この企業は、価格を $p_2{}^*$、生産量 $x_2{}^*$ をとることによって、□$p_2{}^*FGc_1{}^*$ という大きな利潤をあげられることが左側の図に描かれている。

　短期志向の価格戦略をとる企業に比べて、長期志向の価格戦略を採用する企業の第1期目の価格は低く、利潤は小さい。上記の場合には、利潤は0であった。しかし、1期目の価格が低いために、より多く生産し、経験曲線を早く滑り降り、2期目の単位コストが大幅に低下する。その結果、2期目に大きな利潤を獲得することができ、2期間の合計利潤は、短期志向の企業のそれよりも大きくなりうる。つまり、薄利多売を目的とした価格戦略を採用することによって、短期の利潤は犠牲にしても、長期的には大きな利潤を享受することができるのである。

5 　価格戦略と産業進化

　前節では、価格戦略の例として、短期志向の価格戦略と長期志向の価格戦略を概観した。前者の典型例が上澄み吸収価格であり、後者の例が経験曲線プライシングである。上澄み吸収価格を設定すると、企業は短期的には高い利潤を獲得することができると想定されている。しかし、製品導入初期に高い利潤が生じれば、新規参入が起こり、競争が激化するであろう。それに対して、経験曲線プライシングや、同様に低価格が設定される浸透価格がとられたときには、製品導入初期に企業が獲得する利潤は小さくなる。それゆえ、参入もあまり起こらず、競争も激化しないと考えられる。

　以上のような価格と産業進化の関係を実証分析したものとして、Redmond（1989）があげられる。Redmond（1989）は、パイオニア企業が浸透価格をつけた12製品と、上澄み吸収価格をつけた21製品カテゴリーについて、ライフサイクルの各段階における市場集中度を調べた（図6 - 5参照）。その結果、パイオニア企業が浸透価格をつける場合、市場集中度は製品ライフサイクルの成長段階を通じて、長期的な水準に向かって徐々に低下していく。それに対して、パイオニア企業が上澄み吸収価格をつける場合、市場集中度は製品のライフサイクルの成長段階を通じて、長期的水準以下に急速に落ち込み、その後成熟段階が開始されると、長期的水準に向かって上昇していく。つまり、市場の初期に企業がどのような価格を設定するかに応じて、新規参入や市場集中度が変わるのである。

　数年前までのデフレ経済のもとでは、多くの市場で低価格競争が頻発していた。ただし、そのなかには、単に消費者の財布の紐が固くなったために低い価格を設定したのではなく、長期的な利潤極大化を目指した戦略にもとづいて低価格を設定した場合もあるだろう。価格設定次第で、その後新規参入の程度が決まり、その市場の競争構造が決する面もある。したがって、企業は自社にとってどのような市場の競争構造が望ましいかを考慮して、価格を設定しなければならない。

　これまで、価格は簡単に変更できる、製品から価値を引き出すために価格を適切に設定することは容易であると考えてきた。しかし、多くの企業にと

図6-5　価格設定と産業進化

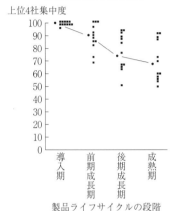

パイオニア企業が浸透価格をつけた
場合の市場集中度の推移

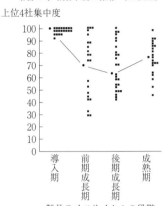

パイオニア企業が上澄み吸収価格をつけた
場合の市場集中度の推移（21製品）

■：観察された集中度
●：集中度の平均

注：Redmond（1989）、p.104の図を筆者が翻訳

って、価格設定は容易ではなく、価格設定能力を身につけているかどうかは
きわめて重要である[3]。その能力を身につけるために、人的資本、システム
資本、社会関係資本に投資している企業もあり、そのようにして価格設定能
力を身につけた企業は、他社から容易には模倣されない競争優位を確立する
ことができるといわれている（Dutta et al. 2002）。このように価格設定は、
企業にとってきわめて戦略的な意思決定なのである。

3）ここで価格設定能力とは、取引価格の内容を分析する力、他社の価格のデータを収
集・分析する力など、適切な価格を設定するために必要な能力のことである。もちろん
それ以外に、低価格戦略をとる企業にとっては、他社よりも低コストを達成できるよう
な能力が備わっていなければならない。そうでないと、他社に簡単に模倣されるし、利
益なき価格競争に陥ってしまうからである。これについては、淺羽・山田（2003）を参
照されたい。

補論4　経験曲線プライシングと浸透価格のモデル分析[4]

　本章で図を用いて行われた短期志向と長期志向の価格戦略の比較を、以下では簡単な数式モデルを用いて、より厳密に分析してみよう。短期志向の価格戦略とは、各期で利潤を最大にするような価格を設定する方法であり、長期志向の価格戦略とは、経験曲線プライシングと浸透価格である。

1．経験曲線プライシング

　経験曲線プライシングとは、経験効果が働く場合に、現在の利潤を最大にする水準よりも低い（ときにはコスト割れの）価格を設定することである。つまり、低価格を設定し、生産量を増やし、早く経験曲線を滑り降り、コストを引き下げ、将来に大きな利潤を享受しようとする価格戦略である。そこで、経験効果を組み入れて、企業が2期間にわたって生産量（価格）を決めるモデルを考えよう。

　x_t を t 期の生産量、z_t を t 期までの累積生産量（経験）とする。累積生産量が増加するにつれて単位当たり費用が低減する経験効果を考慮に入れて、t 期の企業の単位当たり費用を $cl(z_t)$ と表す。c は経験効果がないときの単位当たり費用である。$l(z_t)$ は経験効果を表す関数であり、

$$l(0) = 1, \, l'(z_t) = dl/dz_t < 0$$

であるとする。t 期の価格を p_t とすれば、この企業が直面する需要関数は、$p_t = h(x_t)$ で表され、2期間を通じて不変であるとする。

　この企業の2期間の利潤の合計（Π）は、

$$\Pi = \pi_1 + \pi_2 = p_1 x_1 - c x_1 + p_2 x_2 - c l(x_1) x_2$$

と表され、経験曲線プライシングをとろうとする企業は、これを最大にする

4）以下のモデルは、Spence（1981）のモデルを簡略化した青木・伊丹（1985）からとった。

ように x_1、x_2 を決める。Π を x_1、x_2 について偏微分して利潤最大化条件を求めると、

$$p_1(1-1/e) = c(1+l'(x_1)x_2)$$
$$p_2(1-1/e) = cl(x_1)$$

となる。ここで e は、需要の価格弾力性で1より大であるとする。この場合の最適価格と生産量を $p_t{}^*$、$x_t{}^*$ としよう。

　他方、経験曲線プライシングを採用しない短期志向の企業は、2期間の合計利潤ではなく、各期の利潤を最大化するように価格と生産量（$p_t{}^{**}, x_t{}^{**}$）を決めると考えよう。この場合は、

$$p_1{}^{**}(1-1/e) = c$$
$$p_2{}^{**}(1-1/e) = cl(x_1{}^{**})$$

となる。

　$p_t{}^*$ と $p_t{}^{**}$ とを比べると、$l' < 0$ より、$p_1{}^* < p_1{}^{**}$ であり、ゆえに $x_1{}^* > x_1{}^{**}$ である。したがって、$p_2{}^* < p_2{}^{**}$ となる。また、経験曲線プライシングを採用する企業の第1期、第2期のマージンはそれぞれ、

$$p_1{}^*-c = p_1{}^*(1/e)+cl'(x_1{}^*)x_2{}^*$$
$$p_2{}^*-cl(x_1{}^*) = p_2{}^*(1/e)$$

であるのに対し、短期志向の企業のマージンは、

$$p_1{}^{**}-c = p_1{}^{**}(1/e)$$
$$p_2{}^{**}-cl(x_1{}^{**}) = p_2{}^{**}(1/e)$$

となる。

　経験曲線プライシングを行う企業の第1期のマージンは、短期志向の企業の第1期のマージンよりも小さい。右辺の第2項は負の値なので、その大きさ次第でマージンが負の値をとる（コスト割れ）かもしれない。2期目のマージンも、短期志向の企業のそれよりは小さい。しかし、1期目の価格が低いために、生産量が増え、経験効果が大きくなり、2期目の単位当たり費用が低下する。ゆえに、第2期のマージンは1期目のそれよりは大きくなり、

利潤も増大する。その結果、２つの期間の利潤の合計は、短期志向の企業の
それよりも大きくなるのである。つまり、経験効果によるコスト低下が大き
ければ、薄利多売をもたらす経験曲線プライシングによって、短期の利潤は
犠牲にしても、長期的には大きな利潤を享受することができるのである。

２．浸透価格

　一方、浸透価格とは、市場がいったん立ち上がれば需要が大きくなるよう
な場合、現在の利潤を最大にするような価格よりも低い価格を設定して市場
を立ち上げ、浸透効果によって将来拡大する市場から大きな利潤を享受しよ
うとする価格戦略である。この価格戦略のエッセンスも、経験曲線プライシ
ングと同様の２期間モデルによって表すことができる。ただし、浸透価格の
場合は、累積生産量がコストを削減するのではなく、需要関数に影響を与え
る点が、経験曲線プライシングの場合と異なる。

　そこで、いま、需要関数が

$$p_t = m(z_t)h(x_t)$$

で表されるとする。p_t、x_t、z_t は、先のモデルと同じである。$h(x_t)$ は通常
の需要関数であり、$m(z_t)$ は累積生産量が現在の需要に影響を及ぼす浸透効
果を表しており、

$$m(0) = 1, m'(z_t) > 0$$

であるとする。企業の限界費用は、c で一定とする。

　このとき、企業の第１期、第２期の利潤の合計（Π）は

$$\begin{aligned} \Pi &= \pi_1 + \pi_2 = p_1 x_1 - c x_1 + p_2 x_2 - c x_2 \\ &= h(x_1)x_1 - c x_1 + m(x_1)h(x_2)x_2 - c x_2 \end{aligned}$$

となる。浸透価格を設定しようとする企業は、Π を最大にするように x_1、
x_2 を決める。したがって、利潤最大化条件は、

$$p_1(1-1/e) = c - m'(x_1)h(x_2)x_2$$
$$p_2(1-1/e) = c$$

となる。利潤最大化条件の最初の式の右辺は、浸透効果を考慮に入れた第1
期の生産量の真の限界費用である。これは、第1期の直接的な限界費用 c よ
り、$m'(x_1)h(x_2)x_2$ だけ小さくなっている。この条件を満たす価格と生産量
を、$p_t{}^*$, $x_t{}^*$ としよう。

　他方、浸透価格を設定しない短期志向の企業は、2期間の合計利潤ではな
く、各期の利潤を最大化するように価格と生産量（$p_t{}^{**}$, $x_t{}^{**}$）を決める。
この場合は、

$$p_1{}^{**}(1-1/e) = c = p_2{}^{**}(1-1/e)$$

である。

　$p_t{}^*$ と $p_t{}^{**}$ とを比べると、まず、$p_2{}^* = p_2{}^{**}$ である。さらに、$p_1{}^* < p_2{}^*$、
$p_1{}^{**} = p_2{}^{**}$ なので、$p_1{}^* < p_1{}^{**}$ である。また、浸透価格を採用する企業の
第1期、第2期のマージンはそれぞれ、

$$p_1{}^* - c = p_1{}^*(1/e) - m'(x_1{}^*)h(x_2{}^*)x_2{}^*$$
$$p_2{}^* - c = p_2{}^*(1/e)$$

であるのに対し、短期志向の企業のマージンは、

$$p_1{}^{**} - c = p_2{}^{**} - c = p_1{}^{**}(1/e) = p_2{}^{**}(1/e)$$

となる。

　浸透価格を設定する企業の第1期のマージンは、右辺第2項の分だけ短期
志向の企業の第1期のマージンよりも小さい。2期目のマージンは、短期志
向の企業のそれと同じである。ただし、1期目の価格が低いために、生産量
が増え、浸透効果が働き、2期目の需要量が大きくなるので、2期目の利潤
は大きくなる。その結果、2つの期間の利潤の合計は、短期志向の企業のそ
れよりも大きくなる。つまり、経験曲線プライシングの場合と同様に、浸透
効果による需要の増大が大きければ、薄利多売をもたらす浸透価格によって、
短期の利潤は犠牲にしても、長期的には大きな利潤を享受することができる
のである。

　本章の冒頭で示したテスラのケースでは、値上げは短期的な利潤最大化に
適った価格づけであろう。量産効果でコストが下がっているにもかかわらず

値上げをしているので、上澄み吸収価格とも考えられる。ゆえに、EV 市場の立ち上げを目指して、あるいは量産効果や経験効果でコストを早く低下させて長期的に儲けようと考えているマスク氏からすれば、イライラさせられる価格設定なのである。

第 7 章

差別化による競争

1 製品開発・広告による競争

　第5章において、競争の基本戦略には、大別してコスト・リーダーシップ戦略と差別化戦略があると述べた。第6章では、マーケティング・ミックスの4つのP（製品、価格、広告・販売促進、流通チャネル）のうち価格による競争について議論したが、価格（引き下げ）競争は基本的にはコスト・リーダーシップ戦略をとる企業が繰り広げる競争であろう。他社よりもコスト優位に立つ企業は、積極的に価格競争を仕掛けることができるし、価格戦略の1つである経験曲線プライシングは、企業のコストを引き下げることを狙いとしているからである。

　それに対して差別化戦略を追求する企業は、4つのPのなかで価格以外の手段で自社製品を他社のそれから差別化しようとする。第5章で指摘した差別化の方法のうち、製品の物理的特徴による差別化は「製品」を、イメージによる差別化は「広告・販売促進」を、それぞれ主な手段としていると考えられる。そこで本章では、製品開発や広告による競争について議論する。以下ではまず、ユニークな製品で好調な業績をあげている小林製薬の事例を紹介しよう。

ショートケース　　小林製薬の差別化戦略

　「あったらいいな」という消費者の声をカタチにし、ユニークでわかりやすいネーミングの商品で日用品・医薬品市場で独特の存在感を放つ小林製薬。小林忠兵衛が1886年に雑貨や化粧品の店を創業して以来、アイディア勝負の新商品を次々に世に送り出してきた。

　小林製薬には、「小さな池の大きな魚」戦略と「あったらいいな」開発という2つの戦略がある。前者は、大きな池には魚がたくさんいるが、多くの人が釣りに来るので競争が激しく、同じ売上高でも高い利益が得られない。そこで、小林製薬は、競合が少ない小さな池を狙う。そこで高いシェアを獲得し、高い利益を獲得することを目指す。つまりニッチ戦略である。

　後者は、人々が「あったらいいな」と思う商品のアイディアを生み、誰よりも先に新市場を見つける。次に製品開発、研究、生産準備などを並行して行い、アイディアをいち早く製品化し、市場に早期に参入する。その次に、お客様にそれがなにかひと目で伝わるように、わかりやすさに徹底的にこだわったネーミング、パッケージ、広告を展開する。圧倒的なテレビ広告や逐次的な販売促進によって、販売の山を作りながら新製品を育て市場への定着を図る。早期参入メリットを生かして市場での地位を確立し、トップシェアを維持する。つまり、差別化や先発の優位を狙った戦略である。

　ただし既存製品との差別化にとらわれすぎると、需要のないところに製品を投入してしまい、収益の足を引っ張ってしまう。小林製薬が、ニッチ戦略を追求しながらもそうした落とし穴にはまらないでいられるのは、消費者志向を徹底しているからである。たとえば、試験管を振ることもなければ顕微鏡も見ない、技術者約15人からなる特殊部隊が研究所内にはある。部隊のミッションは、消費者の生活や行動を観察し、消費者ニーズの変化を発見することである。実際の商品開発の過程でも、消費者志向は徹底している。社内外から寄せられる年2万件ものアイディアを製品に結びつける際、まず開発チームはこんな商品があったら購入するかどうかを消費者に尋ねる。アイディア段階のものを書き並べて消費者に見せ、具体的な商品プランを作っていくのである（図7-1参照）。

　小林製薬は、この2つの戦略をもとに順調に成長してきた。2018年12月

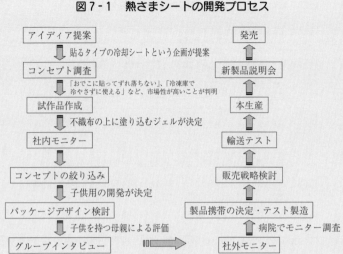

図 7 - 1　熱さまシートの開発プロセス

注：小林製薬株式会社社会社案内をもとに筆者が作成

は 2 期連続の営業最高益であった。ところが、2013年に社長に就任した小林章浩には、ある懸念があった。新商品のなかには、半年後に廃番になる製品も少なくなく、最初は当たるが息の長い商品が少なかったのである。小林製薬では、新製品の 4 年寄与率を KPI（Key Performance Indicator）としている。これは、全売上高に占める直近 4 年に発売した新製品の割合である。この比率は2012年から順調に伸び、2016年には22.8％にまで上昇したが、以降は低下を続け、2021年には11.2％にまで落ち込んでしまったのである（図 7 - 2 参照）。

　そこで、小林社長は、マーケティング部門だけではなく、経理や広報などの管理部門から工場、海外子会社まで、国内外のグループ社員全員がそれぞれの職場で新製品になりそうなネタを披露し、評価し合い、アイディア出しをする、「全社員アイデア大会」を行っている。この狙いは、なにかを提案しようと考える癖を社員につけることである。また、毎年、新製品のなかから期待が大きい 2 ～ 3 つを選び、プロモーションや広告費を重点的に配分し、売れる商品をしっかり育てることにした。

　さらに、既存製品を把握し直す作業もしている。現在、小林製薬には、約150のブランド、1000種類ほどの製品があるが、その商品の価値、購買層、

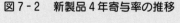

図7-2　新製品4年寄与率の推移

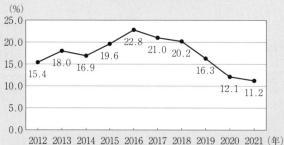

注：小林製薬の統合報告書をもとに筆者が作成。2012〜2015年は3月期
　　の数字。2016年以降は12月期の数字

購買動機などの洗い出しに日々取り組んでいる。市場の小さな動きや、今まで見落としていた消費者の声なき声を丁寧に拾うためには、自社製品をより深く知ることが欠かせないからである。

出典：「いまどきの最高益の秘密①小林製薬」、『日経ビジネス』2001年7月2日号、pp.51-53、「小林製薬「一発屋」で終わらない」『日経ビジネス』2018年9月3日号、pp.48-52、「新法則、こう使いこなす企業が今すべきこと」『日経ビジネス』2020年10月12日号、pp.36-37、小林製薬の公式サイトの企業情報の独自のビジネスモデル（https://www.kobayashi.co.jp/corporate/business_model/）、小林製薬の『統合報告書2021』をもとに筆者が作成

　このように小林製薬は、潜在的な消費者ニーズを満たすような新製品を開発して、独特の広告戦略で高収益を生み出してきた。典型的な差別化戦略である。しかし、それだけでは成長が続かなくなっている。そのため、新商品を徹底的に育てると同時に、既存製品を把握し直して新しい商品の打ち出し方を求めているのである。

2　新製品開発と知覚マップ

　小林製薬が行っているように、潜在的な消費者ニーズを掘り起こし、他社

図 7 - 3　　鎮痛剤の知覚マップ

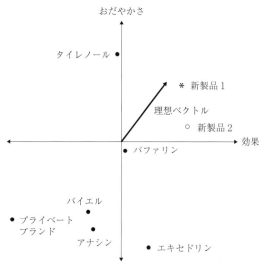

注：Urban et al.（1987）、邦訳、p.205より引用

　の製品が満たしていないニッチを見つけたり、他社製品とは差別化された製品を開発したりするためには、消費者が新製品をどのような次元で知覚しているのか、競合製品がその次元からなる空間のどこに位置しているのか、既存製品が満たしていなくて新製品が充足できるギャップ（空白部分）はどこなのかを知らなければならない。そのためにしばしば用いられる方法が、知覚マップ（perception map）である[1]。

　知覚マップを作成する方法は 2 種類ある。 1 つは、消費者にいくつかの製品属性について製品を評価してもらい、その情報を因子分析によっていくつかの次元に集約する方法である。もう 1 つは、いくつかの製品を 2 組ずつのペアにし、製品間の類似性や非類似性を判断してもらい、その情報をもとに多次元尺度法（MDS）によってマップを作成する方法である。

　図 7 - 3 には、鎮痛剤の知覚マップが描かれている。マップは、「効果」と

---

　1 ）以下の説明は、主に Urban et al.（1987）に拠っている。知覚マップの具体的な作成
　　方法については、これ以外に、片平（1987）を参照されたい。

「おだやかさ」の2つの次元によって構成されている。横軸は「効果」の軸である。鎮痛剤は、即効性、持続性があり、かつその効果が強力な場合に「効果的」であるとみなされる。縦軸は「おだやかさ」の軸である。胃を荒らさず、胸やけしない鎮痛剤は、「おだやか」であるとみなされる。エキセドリンは、もっとも効果的な鎮痛剤であると位置づけられているのに対し、タイレノールはもっともおだやかな鎮痛剤であるとみなされている。

　図7-3を見ると、「大変おだやかで大変効果がある」という象限と「効果は弱いが大変おだやかである」という象限に位置づけられる既存製品がないので、ここに新製品の機会があることがわかる。では、そのなかのどこに位置づけられるような新製品を開発するべきであろうか[2]。

　それを知るためには、消費者がどのような選好を有しているかを分析しなければならない。その分析結果が、理想ベクトルとして図7-3に描かれている。この理想ベクトルは、正の傾きを有しているので、消費者が「おだやかさ」と「効果」のいずれも重要であると考えていることがわかる。さらに、その傾きは45度よりも急であるため、「効果」よりも「おだやかさ」の方を重視していることがわかる。したがって、新製品1の方が新製品2よりもギャップをうまく埋めているので、新製品1を開発すべきと判断されるのである。

3　特性アプローチ

　先に見た知覚マップの背景には、Lancaster（1971, 1991）が提唱した、特性アプローチ（characteristics approach）と呼ばれる消費者モデルがある。特性アプローチとは、1つの財をさまざまな特性の組み合わせとして捉え、消費者の効用が財それ自体ではなく、財に内在している特性の量によって決まるという考え方である[3]。

　たとえば自動車が、居住性と運転性能という2つの特性の組み合わせから

2）もし重要であると考える次元について消費者がいくつかのグループに分かれる場合、ターゲット・グループをセグメンテーションし、グループごとに別の製品を開発するべきかもしれない。

図 7 - 4　水平的差別化と垂直的差別化

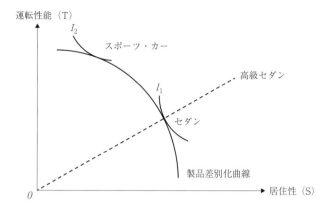

なるとしよう。生産量と総費用を一定としたときに、選択可能な特性の組み合わせの集合は製品差別化曲線と呼ばれる。この製品差別化曲線上に、セダン・タイプの車とスポーツ・カー・タイプの車がのっているとしよう。セダンは、居住性は高いが運転性能はそれほど高くないのに対し、スポーツ・カーは、運転性能は高いが居住性はよくない。よって、居住性と運転性能という 2 つの軸からなる特性空間のなかに 2 種類の車を位置づけると、図 7 - 4 のようになる。居住性を重視する消費者は、相対的に立っている無差別曲線 I_1 を有しており、セダンを好む。それに対して、運転性能を重視する消費者は、相対的に寝ている無差別曲線 I_2 を有しており、スポーツ・カーを選ぶ。

　ここで、セダンは居住性という特性を相対的に多く有しているのに対し、

3）製品が n 個、各製品が m 次元の特性をもつとすると、製品と特性との関係は m 行 n 列の消費技術行列（B）で規定される。m 次元特性ベクトルを z、n 次元製品ベクトルを x とすれば、$z = Bx$ と表すことができる。消費者の効用（u）は、z の関数なので、$u = u(z)$ と表される。消費者の予算を k、製品価格ベクトルを p とすれば、一般に消費者の行動は次のように定式化できる。

$$Max \quad u(z)$$
$$\text{s.t.} \quad z = Bx \quad \text{（消費技術）}$$
$$x \geqq 0$$
$$px \leqq k \quad \text{（予算制約）}$$

スポーツ・カーは運転性能という特性を相対的に多く有しているので、この 2 つの製品は水平的に差別化（horizontal differentiation）されているという。あるいは、どちらの製品の方がよいか消費者が合意できない場合、それらの製品は水平方向に差別化されているという（Saloner et al. 2001）。

　さらに、図 7 - 4 には、高級セダンがプロットされている。高級セダンは、他の 2 つの車よりも費用が高いので、同じ製品差別化曲線の上にはない。ただし、原点とセダンを結んだ直線上に位置しているので、居住性と運転性能という 2 つの特性の割合はセダンと同じで、それぞれの特性の量がセダンよりも大きい。つまり、高級セダンの方がセダンよりも品質が高いのである。このような場合、セダンと高級セダンは、垂直的に差別化（vertical differentiation）されているという。

　伝統的な需要理論は、典型的には、財を「自動車」、「食品」、「衣料」というように集計されたものとして扱う。それゆえ伝統的需要理論は、製品の多様性や細かな特性の違いが需要に及ぼす影響について扱うのに十分精巧な構造を有していない[4]。それに対して、製品に内在する特性の量に注目する特性アプローチは、製品の多様性や新製品を分析するのにふさわしい構造を有している。この理論にもとづけば、既存製品に関する消費者の行動を観察することによって、既存製品と同じ特性を有する新製品の需要を予測することが可能である。これが、知覚マップを作成し、開発すべき新製品の位置づけを示す手法につながることは明らかであろう。

4　広告の機能

　冒頭の事例で見たように、小林製薬は、特徴的な製品を開発するだけでなく、そのテレビ広告もユニークであった。広告それ自体は、物理的特徴について製品を差別化するわけではないが、物理的特徴について差別化された製

4）経済学においても、製品の多様性や差別化を扱うモデルがある。1 つは、Chemberlin（1933）に始まる独占的競争の理論である。これについては、Spence（1976）も参照されたい。このほか、特性アプローチにもとづく立地モデル（spatial model）があるが、これについては第 9 章で議論する。

品を広告することによって、どこが他社製品と違うのかを消費者に明確に認
知させることができる。また、広告は、イメージの点で製品を差別化するこ
とができる。それゆえ、差別化戦略を考えるうえで、広告は重要な手段なの
である[5]。

　そもそも広告には、2つの見方があると考えられている[6]。1つは好意的
見方で、広告は消費者に情報を提供し、合理的な選択を可能にさせるという
見方である。広告は、製品の存在を知らせ、価格を示し、小売店の場所を教
え、製品の品質を描写する。それによって、消費者の探索コストを削減し、
ブランド間の選択を助ける。

　それゆえ広告は、製品情報の欠如による製品の差別化をなくし、競争を促
進する。既存企業が広告によって市場を立ち上げれば、拡大した需要を手に
入れようとする新規参入を引き起こす。また、高品質の製品を提供する企業
は、広告を通じて自社製品の質を明らかにし、低品質製品の供給企業に対す
る優位性を明確にすることができる。ゆえに、高品質製品の生産が促される。
このような情報提供としての広告に適した媒体の典型例は、新聞である。

　もう1つは批判的見方で、広告は消費者を説得したり、信じ込ませたりす
る手段であるという見方である。広告は、実質的ではない製品差別化を創り
出すこともある。そのような広告は、競争を抑制したり、参入障壁を高めた
りすると考えられる。説得手段としての広告に適した媒体の例には、テレビ
があるといわれている。

　小林製薬の広告は、新しい製品や差別化製品のコンセプトや使い方を説明
するものであり、情報提供としての広告の側面が強い。それゆえ、いったん
成功して市場が拡大すると、後発企業が参入して競争が激化してしまう。そ
の競争に勝ち抜くには、さらなる製品差別化と広告が必要となる[7]。

　情報提供としての広告に適した媒体は、大量の情報を伝えることができる
新聞などの紙媒体であるが、小林製薬はテレビを媒体として用いている。そ
れは、独特のネーミングなどによって伝えるべき情報を圧縮しているからで
あり、簡潔な情報で新しい製品の使い方を説明するには、テレビという媒体

5）たとえば、産業の製品差別の程度を表す変数として、産業組織論の実証分析では、そ
　の産業の売上高広告費比率が用いられる。
6）広告の2つの見方については、Tirole（1988）の第7章に拠っている。

を通じて視覚に訴えた方が効果的であると考えられているからであろう。

　また、広告が競争に対してもつ重要な影響の１つに、広告が規模の経済を生み出すということがある。広告費は固定費なので、製品が大量に売れれば売れるほど、製品１単位あたりにのせる広告費を広く薄くすることができ、単位当たりコストが低下する。したがって、大量の広告を打つことによって販売量が拡大すれば、それにともなって単位当たりコストが下がる。その結果、低価格で製品を提供し、さらに販売量を拡大するという循環を働かせることができる。

　この好循環を働かせている典型例が、マクドナルドであろう（淺羽・山田 2003）。あるいはビールのような業界では、製品を市場に認知させるためには、売上規模に関係なく、一定の広告支出が必要であるといわれている。このような場合、売上規模が大きい企業ほど、売上高広告費比率が低下するので、コスト優位に立つことができる（淺羽 1995）[8]。つまり、広告とは、差別化戦略を追求する企業だけでなく、コスト・リーダーシップ戦略を追求する企業にとっても、重要な競争手段になりうるのである。

5　広告費の決定

　広告の内容や媒体の選択は、企業がその広告によってどちらの見方に立った効果を狙っているのか、あるいはどのような財・サービスについての広告なのかに依存するであろう。それでは、広告費の水準はどのように決定され

7）1988年に小林製薬が国内で初めて商品化した、おりもの専用シート「サラサーティ」は、発売初年度に約７億円を売り上げ、立ち上がりは上々だったが、すぐにユニ・チャーム、P&G、花王といった大手メーカーが追随し、価格競争が勃発した。そのため小林製薬は、広告を続行するとともに、表面シートを天然素材にしてかぶれにくさを訴えた「サラサーティコットン100」を発売し、トップシェアに返り咲いた。これについても、冒頭の事例と同じ、『日経ビジネス』2001年７月２日号、pp.51-53を参照されたい。

8）個別製品ではなく企業そのものに対するブランド（コーポレート・ブランド）を確立している場合や、第３章で議論した、１つのブランドのもとに複数の製品を展開する「ブランドの傘」という戦略をとる場合、範囲の経済が働く。ゆえに、個別の製品の売上ではなく、企業規模、もしくは同じブランドのもとに展開される製品の数が増えるほど、広告費の負担が低下し、コスト・リーダーシップ戦略の源泉になりうる。

るべきであろうか。これについても、広告効果の測定など、マーケティングの領域で積極的に研究されている[9]。以下では、もっとも基本的なルールを確認しよう[10]。

　まず、企業が供給する製品に対する需要が価格と広告費の関数であるとしよう。すなわち、製品の価格を p、広告費を a、需要量を x とすれば、

$$x = f(p, a)$$
$$\frac{\partial f}{\partial p} < 0, \ \ \frac{\partial f}{\partial a} > 0$$

が成り立っているとする。製品の生産費用が $C(x)$ で表されるとすれば、企業の利潤（π）は、

$$\pi = px - C(x) - a$$

で表され、企業は π を最大にするように p と a を決める。そのためには、π を p と a それぞれで偏微分して 0 と等しいとおいた 2 つの式、

$$\frac{\partial \pi}{\partial p} = x + p\frac{\partial x}{\partial p} - \frac{dC}{dx}\frac{dx}{dp} = 0 \tag{1}$$

$$\frac{\partial \pi}{\partial a} = p\frac{\partial x}{\partial a} - \frac{dC}{dx}\frac{dx}{da} - 1 = 0 \tag{2}$$

を同時に満たす p と a を求めればよい。需要の価格弾力性を e、需要の広告費弾力性を α とすれば、(1)式は、

$$p\left(1 - \frac{1}{e}\right) = \frac{dC}{dx}$$

と変形され、さらに、

---

9) 広告効果の測定に関しては、たとえば片平（1987）を参照されたい。
10) 以下の議論は、Dorfman and Steiner（1954）にもとづいた青木・伊丹（1985）に拠っている。

$$px = e\left(px - \frac{dC}{dx}x\right)$$

と書き換えることができる。(2)式は、a をかけて整理すると、

$$a = \alpha\left(px - \frac{dC}{dx}x\right)$$

と変形される。したがって、この変形された2つの式から、

$$\frac{a}{px} = \frac{\alpha}{e}$$

が得られる。つまり、最適な売上高広告費比率は、需要の広告費弾力性と需要の価格弾力性の比に等しいのである。これは、需要の広告費弾力性が高いと考えられる化粧品のような産業では売上高広告費比率が高く、需要の広告費弾力性が低いと考えられる鉄鋼や化学などの素材産業では売上高広告費比率が低いという事実と一致するのである。

6 市場・企業特性と広告

　上記の議論から、製品差別化戦略をとる企業が行う製品開発や広告には、経済学における理論が重要な役割を果たしていることがわかる。製品開発の意思決定においては、新しい消費者モデルが背景にある。広告の機能や広告支出の意思決定についても、古くから経済学の領域で研究されている。

　ただし、「第Ⅱ部のポイント」で議論したように、経済学では個々の企業の異質性には十分な注意が向けられない。差別化戦略を含む企業の競争戦略は、各企業の置かれた状況、すなわちその企業の市場ポジションや経営資源の量に大きく依存するであろう。たとえば、ビールやたばこのメーカーは、広告に多大な支出を行っている。しかし、これらの産業において、市場全体の需要の広告費弾力性はそれほど高くないという指摘もある（Png 1998）。これは、個々の企業が自社製品を他社製品から差別化し、顧客をひきつける

ために広告をするので、個々の企業が直面する需要の広告費弾力性が市場全体のそれよりも高くなるからである。つまり、個々の企業の具体的な戦略策定を検討する場合には、企業の特異性を考慮に入れなければならないのである。

第 **III** 部

戦略的行動

　第4章から第7章までの4つの章からなる第Ⅱ部では、企業の競争戦略について議論した。第5章では、企業がどのようにして顧客に大きな価値をもたらすことができるかについて、価値マップを用いて解説した。しかし、企業が持続的な競争優位を確立しようとするのであれば、それだけでは不十分である。競争優位を確立するためには、他社と比べて自社の方が顧客に大きな価値をもたらさなければならない。あるいは、自社の戦略に対して他社がどのように反応するかということまで考慮に入れなければならない。

　競争戦略が功を奏して高い経営成果がもたらされたとしよう。高い経営成果は、自社の競争戦略が成功をもたらしたことを他社に伝え、他社の反撃を促す。ゆえに、獲得した競争優位を持続させるためには、他社の反撃を見越して、それが有効にならないような競争戦略をとっておかなければならない。また、他社の行動に影響を及ぼすことによって、自社にとって都合のよい競争環境を生み出すような行動（戦略的行動）をとることができればさらに望ましい。すなわち、他社との相互作用を考慮に入れて、競争戦略を構想しなければならないのである。

第Ⅲ部のポイント

　構造・行動・成果パラダイムにもとづく伝統的産業組織論に対する反省から生まれた「新しい産業組織論」では、企業間の相互作用を考慮に入れた戦略的行動が精力的に研究された[i]。伝統的産業組織論では、市場構造は与件であると考えられていたが、ある時点の市場構造は、一方ではその産業に固有の特徴（基礎的条件）に依存するが、他方で過去に各企業がとった行動の結果生じるものでもある。もちろん伝統的産業組織論でも、行動や成果から構造へのフィードバック・ループは考えられているが、それが直接分析の俎上に載せられていたとはいいがたい。とすれば、市場構造を与件と考えるのではなく、個々の企業の行動やその産業の歴史に注目し、ある市場構造が現れるまでの過程、つまり個々の企業の間の相互作用をダイナミックに分析する意義は大きい（Kreps and Spence 1985）。そこで、1980年前後から、ゲーム理論を援用したダイナミックなモデル分析を中心とする研究が盛んに行われ、「新しい産業組織論」が生まれたのである。

　このような伝統的産業組織論に対する反省にもとづいて生まれた「新しい産業組織論」は、多様な研究から構成されるが、その個々の研究の間には次のような3つの共通した特徴があるように思われる。1つは、ライバル企業の反応

を考慮に入れ、ライバル企業に影響を及ぼすような自社の行動を分析するということである（Comanor and Frech 1984）。2つ目は、既存企業と（潜在的）競争者との間に存在するなんらかの非対称性に注目するということである（Salop 1979；Geroski and Jacquemin 1984）。3つ目は、ライバル企業に影響を及ぼすために、当該企業が行う短期的な最適条件を逸脱したなんらかの資源のコミットメントに注目するということである（Caves 1984）。

このようなプロセスを経て「新しい産業組織論」が発展してきたために、第Ⅲ部に収められている第8章から第10章までの3つの章は、「新しい産業組織論」の成果にかなりの程度依拠している。第8章では、参入阻止価格について検討される。参入阻止価格は、古くから産業組織論の研究者によって分析されてきた。参入阻止価格の理論では、既存企業の参入阻止の脅しを参入企業が信じ続けると想定されている。しかし、企業間の相互作用を厳密に検討すると、参入阻止の脅しが空脅しと考えられてしまうという問題が指摘されている。さらに、既存企業がどのようなコミットメントを行うと、脅しに信頼性を付与することができるのかということも議論される。

第9章では、価格以外の手段による参入阻止が検討される。まず、広告による参入阻止の可能性が議論される。参入障壁について厳密に分析し、サンク・コストとしての広告費が参入障壁になりうることが示される。つぎに、立地モデルを用いて、製品空間を覆いつくすように製品を増殖することによって、新規参入の余地をなくしてしまう戦略が検討される。

第10章では、より一般的に、競争優位の持続可能性について検討する。競争優位が持続可能なためには、なんらかの理由で模倣が妨げられるか、あるいは先発の優位性が働くこと必要であることが提示される。また、逆に後発企業や下位企業の優位性が持続するメカニズムについても議論される。

注

[i] 「新しい産業組織論」の代表的教科書は、Tirole（1988）である。

144

参入阻止の戦略①

価 格

1 戦略的行動としての参入阻止価格

　「第Ⅲ部のポイント」で、戦略的行動とは、他社の行動に影響を及ぼして、自社にとって都合のよい競争環境を生み出すような行動であると述べた。自社にとってもっとも都合のよい競争環境の１つは、自社が市場を独占している状態であろう。したがって、自社が独占している市場に参入を企てている企業の参入を阻止するような戦略は、潜在的な参入企業との相互作用を考慮した、優れた戦略の１つの例となるであろう。

　新規参入の可能性に関しては、構造的な参入障壁以外にも、以前より参入阻止価格について検討されてきた。そこで今回は、価格を手段とした企業の参入阻止戦略について議論する。まず、以下では、設備投資や価格引き下げなどいくつかの行動によって長年の間マグネシウム市場を独占してきたDow Chemical の事例を記述してみよう。

ショートケース　　**Dow Chemical によるマグネシウム市場の独占**

　アメリカのマグネシウム産業は、需要が大きく変動し、新規参入が何度となく企図された。しかし、20世紀初頭以来1970年代半ばまで、Dow Chemical Company（以下、Dow）によって市場が支配されてきた（図8-1参照）。マグネシウムは、爆弾や照明弾の材料だったので、各国は第二

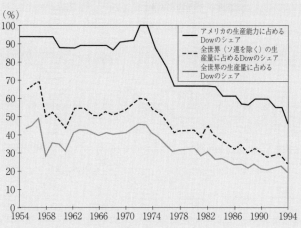

図8-1　マグネシウム市場における Dow のシェア

注：Liebeman（1998）、p.70の図を筆者が翻訳

次大戦が始まるとその生産能力を増強した。アメリカでも、1940年に Dow がミッドランド工場の能力を倍増し、さらにフリーポートに新工場を建てた。政府も15の工場を建設した。

　戦後、アメリカのマグネシウム生産量は、1943年の18万4000トンから1946年の5300トンに激減したので、1945年までに政府所有の工場はすべて閉鎖された。Dow もミッドランド工場を閉鎖したので、フリーポート工場がアメリカにおける唯一のマグネシウム工場となった。アメリカのマグネシウム生産量は、1946年の5300トンから1950年の１万5700トンへ徐々に回復していったが、依然としてフリーポート工場の１万8000トンの生産能力を下回っていた。

　朝鮮戦争が勃発すると、一時的に需要が増大し、いくつかの工場が再開された。しかし、1953年以降需要が再び減少に転ずると、ヴェラスコ工場と Nelco Metals が操業する工場を除き、すべての政府所有の工場が再び閉鎖された。

　政府所有工場のうちヴェラスコ工場は、当時もっとも効率的な工場であった。Dow はその工場を借り、フリーポート工場とともにフル操業し、６万トンもの在庫を蓄積した。それは、アメリカの年間消費量の1.5倍に

図8-2　アメリカのマグネシウム産業（生産能力、生産量、
　　　　輸出量、戦略的在庫）

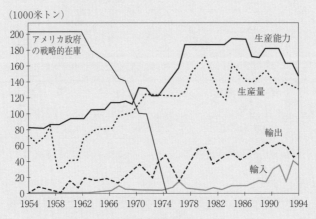

注：Liebeman（1998）、p.73の図を筆者が翻訳

　のぼった。Dow は、自社の在庫に加えて、アメリカ政府が将来に備えて蓄積した「戦略的在庫」も考慮しなければならなかった。政府の在庫は、20万6000トンにものぼり、目標レベルの２倍に達していた（図8-2参照）。ヴェラスコ工場は1957年にオークションにかけられたが、唯一名乗りをあげた Dow は、政府の投資額をはるかに下回る金額で工場を取得した。その後 Dow は、４年間ヴェラスコ工場を閉鎖した。

　軍需以外に、自動車部品がマグネシウムにとって大きな潜在的市場であると考えられていたので、The Heavy Aluminum Company、Standard Magnesium and Chemical Corporation、The National Lead Company といった企業が、1960年代にマグネシウム生産への参入意図を表した。また、世界最大のマグネシウムの消費者であり、第二次大戦前には重要なマグネシウム生産者の１つであった Alcoa は、潜在的な参入者であると広く考えられていた。

　これに対して Dow は、大手顧客であるアルミニウム合金産業に対して、マグネシウムの価格を引き下げた。また Dow は、効率性向上によって生産能力を徐々に拡大し、1966年には会社全体の生産能力が10万トンから12万トンに増大するであろうと発表した。Dow は、この拡張がその時点の

需要を満たすために必要であったわけではないと述べた。さらに、Dow
は新工場の建設計画も明らかにした[a]。

　これらの Dow の行動は、アメリカにおけるマグネシウム産業への他社
の大規模参入を妨げた。先に参入意図を表明していた企業は、参入を思い
とどまった。Alamet と Nelco Metal の既存の小規模工場は、1960年代後
半に閉鎖された。したがって、1970年代前半には、Dow は再びアメリカ
における唯一のマグネシウム生産者になった。

　しかし、Dow がアメリカ市場を独占すると状況は一変した。1970年、
マグネシウムは政府の戦略物資のリストからはずされ、戦略的在庫は売り
に出された。さらに、輸入マグネシウムに対する関税が引き下げられた。
1972年までにゆっくりと需要が増大したため、Dow の余剰生産能力は解
消されていった。その結果、1973年には、Alcoa が年間生産能力4万トン
のマグネシウム工場建設を表明し、1976年に工場をオープンした。Norsk
Hydro は、1980年代後半に、カナダに大規模工場を建設した。関税が引き
下げられたので、マグネシウム市場は基本的にグローバルとなった。それ
でも Dow は世界最大のマグネシウム生産者であったが、そのシェアは低
下した。

注：a）Dow は、1970年までにこの工場の15％を完成させたが、その後は建設を中
　　断し、結局他の用途に転用された。
出典：Lieberman（1998）を筆者が要約しながら翻訳して作成

　上の記述から明らかなように、1960年代にいくつかの企業がアメリカのマ
グネシウム市場へ参入を企てたが、結局は大規模な参入が起こらなかった。
つまり、Dow は参入阻止に成功したと考えられるのである。そこで、以下
では、Dow のどのような行動が参入阻止を成功させたと考えられるかを、
産業組織論における参入阻止価格の理論やその他の研究成果を関連づけな
がら検討する。

2　参入阻止価格の理論

　既存企業による参入阻止行動は、参入阻止価格（limit pricing）の理論として古くから研究されてきた（Bain 1949, 1968；Sylos-Labini 1962）。その概略を、簡単な2期間モデルを用いて考えてみよう。さまざまなケースの利潤（Π）を想定するが、その添え字 m は独占（monopoly）、d は複占（duopoly）、l は参入阻止価格（limit price）、c は競争（competition）をそれぞれ表している。

　第1期には市場に企業1しか存在しないが、企業2が第2期にその市場への参入を計画しているとする。もし参入の脅威がなければ、両期間とも企業1は独占価格をつけて、独占利潤（Π_m）を獲得する。しかし、2期目に参入が起これば、クールノー競争の結果（参入は許容され）、Π_m よりははるかに小さい Π_d の利潤しかあげられない（企業2の利潤も Π_d である）ので、企業1の2期間の合計利潤は $\Pi_m + \Pi_d$ となる[1]。

　そこで企業1は、1期目に参入阻止価格を設定し、参入を阻止しようとする。参入阻止価格は、参入が起きなければ正の利潤（Π_l）をあげることができるが、参入が起きれば激しい競争に陥り、いずれの企業も正の利潤をあげられないほど低い価格である。そのときの利潤を $\Pi_c(<0)$ とする。つまり、参入阻止価格は、「その価格では参入してきても正の利潤をあげることができないので参入をあきらめろ」という脅しなのである。企業2は、その脅しを信用して参入をあきらめる。その結果、企業1は1期目には Π_l の利潤しかあげられないが、2期目には参入を阻止できるので、独占価格をつけて Π_m の利潤をあげる。ゆえに、企業1の2期間の合計利潤は $\Pi_l + \Pi_m$ となる。

　もし価格は低いが市場を独占しているときの利潤 Π_l がクールノー競争のもとでの利潤 Π_d より大きければ、1期目に参入阻止価格を設定するときの2期間の合計利潤（$\Pi_l + \Pi_m$）は、1期目に参入阻止価格を設定しないとき

1）以下、議論を簡単にするために、2期目の利潤の現在価値をもとめるための割引率の影響を無視する。

の2期間の合計利潤（$\Pi_m + \Pi_d$）よりも大きいので、企業1は参入阻止価格を設定することが合理的となる。

　先に記述したマグネシウム産業の事例では、Dow が行ったアルミニウム合金産業の大手需要家に対する価格引き下げが参入阻止価格にあたると考えられるであろう。この差別価格は、参入を阻止するためには十分大きな需要を対象としているが、価格引き下げによる Dow の収入減を最低限に食い止めることが可能であった。さらに、アルミニウム・メーカー自体がマグネシウム産業への潜在的な参入者だったので、Dow の差別的な価格引き下げは彼らの参入を阻止するためにきわめて有効だったのである。

3　参入阻止価格の理論に対する批判

　Dow のケースを考えあわせると、参入阻止価格の理論は有効であるように思える。しかし、これに対しては、以下のような批判がなされている[2]。参入阻止価格の理論では、1期目に参入阻止価格を設定した企業1は、2期目に実際に参入が起こったときにも阻止価格を設定し続ける、と企業2が信じる（つまり脅しを信じる）ことが想定されている。しかし、実際に参入が起こると、企業1は阻止価格を設定し続けて競争をするか、価格を引き上げて参入を許容するかを選択することができる。

　この状況をゲームの展開型で表したものが、図8-3である。各枝の下の括弧のなかには、左に各ケースで企業1が獲得する利潤、右に企業2が獲得する利潤がそれぞれ示されている。参入阻止価格の理論が想定しているように、企業1が2期目も阻止価格をとり続けると企業2が信じるということは、ケース⑥が考慮されていないことを意味する。しかし、企業2が実際に参入すれば、企業1が参入を許容するか競争するかという選択以下の部分だけが意味のあるゲームである。これを部分ゲーム（subgame）という。部分ゲームでは、損失を被る（Π_c）よりは Π_d の方が望ましいので、企業1にとっては競争せずに参入を許容することが合理的となる。とすれば、企業2は、参

2）この批判については、奥野・鈴村（1988）、Besanko et al.（2000）を参照されたい。

図8-3　参入阻止価格の理論の展開型

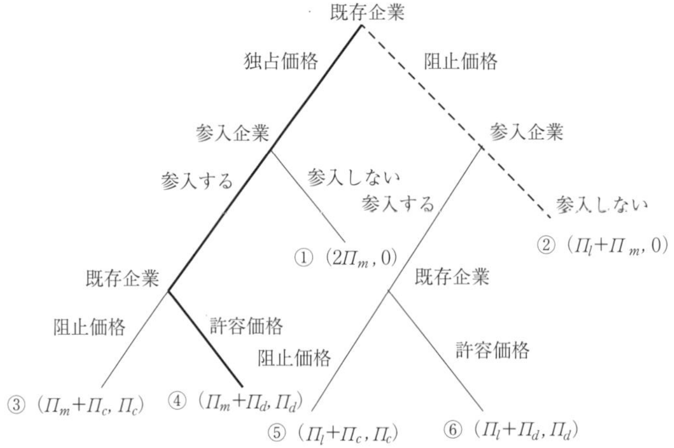

注：本文の議論より、$\Pi_m > \Pi_l > \Pi_d > 0 > \Pi_c$という関係を想定

入すればΠ_dの利潤を獲得できるのに対し、参入しなければ利潤は0なので、参入することを選択する。

　つまり、企業2は企業1の脅しは空脅しであることを見破り、参入する。その結果、企業1は参入を許容する。ケース⑤ではなくケース⑥が部分ゲームの均衡なのである。ゆえに既存企業は、参入阻止価格をつけても参入を阻止することはできないので、1期目に独占価格をつけるかもしれない。この場合、2期目には参入が起こるが、その下の部分ゲームでは、$\pi_c < \pi_d$なので、既存企業は参入を許容する（ケース④）。ケース⑥の合計利潤（$\pi_l + \pi_d$）はケース④のときの合計利潤（$\Pi_m + \Pi_d$）より小さいので、ケース④が部分ゲーム完全均衡となるのである。

　それでは、なぜDowは価格引き下げを行ったのであろうか。Milgrom and Roberts（1982）は、参入阻止価格が合理的行動である理由を不確実性にもとめた。参入企業は、既存企業のコストがわからないので、既存企業が設定する価格からそのコストを推し量る。もし既存企業のコストが高ければ、参入後の価格はそれほど低いはずがなく、十分な利潤をあげることができるので参入する。しかし、もし既存企業のコストが低ければ、参入後の価格が低いので、参入を思いとどまるであろう。それゆえ既存企業は、参入企業に

自社が低コストであると伝えるためのシグナルとして、独占価格よりも低い価格を設定することが合理的となり得るのである。

　もちろん既存企業のコストが高い場合でも、戦略的に行動する既存企業は、低価格を設定し、参入企業に自分が低コストであると信じ込ませようとするかもしれない。したがって、本当に低コストの既存企業は、高コスト企業には合理的ではないような十分低い価格をつけて、参入を阻止しなければならない。いかなる場合にシグナルとしての参入阻止価格が合理的行動であるかはいくつかの条件に依存するが、既存企業のコスト水準について不確実性が存在する場合には、参入阻止価格が設定されうるのである。

4　余剰生産能力と参入阻止

　既存企業が参入を阻止しようと脅しをかけてくるのに対し、参入企業がその脅しを信じて参入を思いとどまるもう1つの可能性は、既存企業が余剰生産能力を有し、それゆえ脅しが空脅しではなく信頼に足る脅しとなる場合である[3]。

　次のような2期間モデルを考えよう。ある市場を独占している企業1と、その市場への参入を企てている企業2が存在する。企業1は、第1期のはじめにある生産能力を有する工場を建設することができ、第2期のはじめにも工場の増設ができる。それに対して企業2は、参入を計画している第2期になって初めて工場を建設することができる。なお、想定される利潤（π）の添え字の2は新規参入企業（企業2）を表し、＊は既存企業が余剰生産能力を有する場合を表す。

　企業1は、参入してきても、価格競争を仕掛けて正の利潤があがらないようにするという脅しをかけて参入を阻止しようとする（このときの企業2の利潤は $\pi_{c2} < 0$）。その際企業1は、市場を独占している第1期には、独占企業の利潤最大化の条件を満たすような量を生産するのに十分なだけの生産能

3）余剰能力を抱える企業による参入阻止については、たとえば Spence（1977）、Dixit（1980）を参照されたい。

図8-4　コミットメントをともなう参入阻止

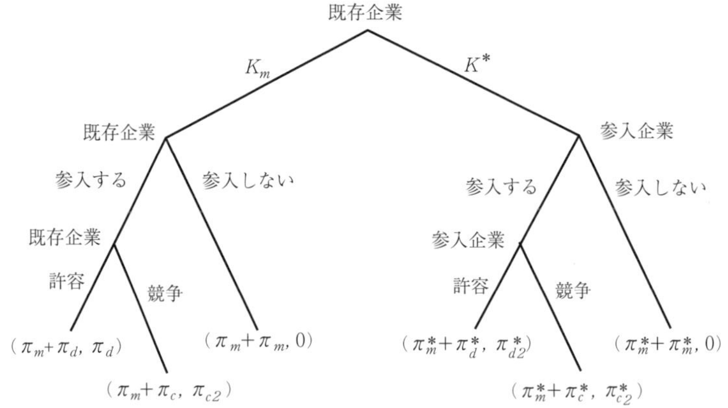

既存企業

K_m　　　　K^*

既存企業　　　　　　　　参入企業

参入する　　参入しない　　　　参入する　　参入しない

既存企業　　　　　　　　参入企業

許容　　競争　　　　　　許容　　競争

$(\pi_m+\pi_d,\ \pi_d)$　　　　$(\pi_m+\pi_m,\ 0)$　　　$(\pi_m^*+\pi_d^*,\ \pi_{d2}^*)$　　　$(\pi_m^*+\pi_m^*,\ 0)$

$(\pi_m+\pi_c,\ \pi_{c2})$　　　　　　　$(\pi_m^*+\pi_c^*,\ \pi_{c2}^*)$

注：本文の議論より、$\pi_m > \pi_m^* > \pi_c^* > \pi_d^* > 0 > \pi_{c2}(=\pi_c)$という関係を想定

力（K_m）を有する工場を作り、第2期に工場を増設して参入を阻止することができるだけの生産能力（K^*）には足りない分を付け加えることができる。ただし、これでは、先に述べたように、参入を企てている企業2は、空脅しであると考えて市場に参入してしまう。なぜなら、実際に参入が起これば、（工場を増設して）競争するよりも（工場を増設せずに）参入を許容する方が企業1は高い利潤をあげることができるからである。

　ところが、もし第1期に企業1が、K_mを超える生産能力（たとえばK^*）を有する工場を建設してしまうと事情は変わる。その建設費用は、第2段階でなにをしようと支払わなければならないサンク・コストとなり、企業1の第2段階での費用構造を変化させるからである[4]。その結果、図8-4に表されるゲームの展開型に示されているような利潤の関係が成立しうる。

　第1期にK^*の生産能力を有する工場を建設すると、K_mを超える生産能力は余剰なので、企業1の利潤（π_m^*）は独占企業の利潤最大化行動の結果得られる水準（π_m）よりも低くならざるをえない（$\pi_m^* < \pi_m$）。一方、第2

4）サンク・コスト（埋没費用）とは、事業を行うためにすでに支払ってしまい、事業をやめても戻ってこない費用のことである。

期に企業2が実際に市場に参入した場合、企業1は生産量を拡大して価格競争を仕掛けるか、参入を許容するかを選択する。前者の場合の企業1の利潤を $\pi_c{}^*$、後者の場合のそれを $\pi_d{}^*$ としよう。企業1はすでに価格競争のために必要な生産能力を有しているので、$\pi_c{}^*$ は第1期に K_m の生産能力しか持たずに第2期に増設をして競争する場合の利潤（π_c）に比べて大きくなり、$\pi_d{}^*$ よりも大きくなりうる。

　その結果、参入が起こった場合、第1期と第2期の企業1の利潤の合計は、参入を許容する場合（$\pi_m{}^* + \pi_d{}^*$）よりも、価格競争を仕掛ける場合（$\pi_m{}^* + \pi_c{}^*$）の方が大きくなりうる。このような場合、企業1は、第2期に実際に参入が起これば、競争を仕掛けることが合理的な意思決定となる。とすれば、企業2は、参入しても損失（$\pi_{c2}{}^*$）を被るので、参入しない。ゆえに、企業1が $\pi_m{}^* + \pi_m{}^*$ という利潤を獲得するということが、企業1が余剰能力を持つ部分ゲームの均衡解となる。そして、第1期に K_m の生産能力しか持たず、第2期に参入が起きてそれを許容せざるをえない場合の企業1の利潤（$\pi_m + \pi_d$）よりも、$\pi_m{}^* + \pi_m{}^*$ の方が大きければ、第1期にあえて K_m を超える余剰能力を抱えることが企業1にとって合理的な選択となるのである。

　先に記述したマグネシウム産業の場合、Dow はフリーポート工場とヴェラスコ工場を有していた。Dow は、ヴェラスコ工場をオークションによって政府から買い取った後、一時的に閉鎖した。また、1960年代半ば、効率性向上によって生産能力を徐々に拡大し、会社全体の生産能力を2万トンに増大させた。さらに Dow は、建設を中断して結局他の用途に転用したが、マグネシウムの新工場の建設を始めた。「この拡張がその時点の需要を満たすために必要であったわけではない」と Dow が述べているように、Dow は明らかに余剰能力を抱えていたのである。

　また、余剰の生産能力を抱えていただけでなく、Dow は大量の在庫を抱えていた[5]。したがって、即座に供給量を低コストで増やすことができたはずである。さらに、政府が抱えていた大量の戦略的在庫の存在が、Dow が価格を引き下げ続けることを信頼に足るものにしたと考えられる。もし

5）余剰の生産能力と同じように、在庫が参入阻止の脅しに信頼性を与えることについては、Ware（1985）を参照されたい。

Dow が価格を引き上げれば、政府は在庫を放出するので、Dow は低価格を維持せざるを得なかったからである。つまり、余剰の生産能力や大量の在庫を抱えていたため、Dow の参入阻止は信頼に足る脅し（credible threat）となり、潜在的参入企業は参入を思いとどまったと考えられるのである。

　前節で議論したように、余剰能力を抱えると、既存企業の脅しが信頼され、参入は阻止される。既存企業の脅しが信頼に足るものになったのは、第 1 期に余剰能力を有する工場を建設してしまうという非可逆的投資というコミットメントによって、ゲームの構造が変わったからである。

　非可逆的投資というコミットメントは、文字通り後戻りできないので、既存企業の不退転の決意を表す[6]。それゆえ、そのコミットメントが潜在的参入企業の意思決定に影響を及ぼし、自社に有利になるような行動をとらせ、自社に都合のよい競争環境を作り出したのである。したがって、この非可逆的投資をともなう参入阻止行動は戦略的行動の典型例なのである。

6）コミットメントの重要性については、Ghemawat（1991a）や Dixit and Nalebuff（1991）でさまざまな例とともに議論されている。

参入阻止の戦略②

広告と製品増殖

1 価格以外の手段による参入阻止

　前章では、他社に影響を及ぼして、自社にとって都合のよい競争環境を生み出すような行動（戦略的行動）の例として、価格を手段とした参入阻止戦略について議論した。ただし、参入阻止を目的とした戦略的行動の競争手段は価格だけではない。

　Smiley（1980）は、294の主要企業の製品マネジャーに質問票を送り、さまざまな参入阻止の方法が、それぞれどれくらい頻繁にとられるかを尋ねた。その結果、新製品市場では78％の回答者が「時々」よりは高い頻度で広告を参入阻止の手段として講じると答え、既存製品市場では、80％の回答者が製品増殖（product proliferation）を、79％の回答者が広告を、それぞれ参入阻止のために用いると答えていることがわかった（表9‐1参照）。

　そこで、以下では、広告や製品増殖によって参入を阻止する行動について議論しよう。まず、そのような行動を説明するときに必ずといっていいほど例示される、アメリカの朝食シリアル市場の事例を記述しよう。

表9-1　参入阻止戦略の採用頻度

（単位：%）

	新製品市場				
	5 （頻繁）	4	3 （時々）	2	1 （皆無）
余剰生産能力	6	16	20	22	36
広　告	32	30	16	17	5
研究開発戦略	31	25	15	12	17
手ごわいという評判	10	17	27	24	23
参入を妨げる価格戦略	2	4	17	34	44
参入率を低下させる価格戦略	3	8	21	33	35
ラーニング・バイ・ドゥーイング	9	17	29	27	18

（単位：%）

	既存製品市場				
	5 （頻繁）	4	3 （時々）	2	1 （皆無）
余剰生産能力	7	14	17	32	30
広　告	24	28	26	14	7
研究開発戦略	11	20	16	31	23
手ごわいという評判	8	19	22	31	21
参入を妨げる価格戦略	7	15	21	32	25
参入率を低下させる価格戦略	6	14	21	32	27
製品増殖	26	31	22	14	6
利益の秘匿	31	28	20	10	12

注：Smiley（1988）、p.172の表を筆者が翻訳・改変

ショートケース　アメリカの朝食シリアル市場

　朝食シリアル産業は、19世紀末に産声を上げた。1890年代にジョージ・ケロッグに率いられて、さくさくとしたシリアルが古い伝統のある温かいオートミールに挑戦した。1905年までには、コーンフレークが市場に導入され、それ以来この産業は安定した成長を遂げてきた。

　当初この市場は、クエーカー・オーツ、ポスト（後のゼネラル・フーズの一部）、ケロッグといった企業によって占められており、後にゼネラル・ミルズが加わった。1950年代から1980年代にかけて、ケロッグはおよそ45％のシェアを占めていた。ゼネラル・ミルズが20％、ゼネラル・フーズが15％のシェアをそれぞれ握っていた。

表9-2　朝食シリアルのブランド数

年	新ブランド導入数	6大企業の総ブランド数	個別企業の総ブランド数					
			ケロッグ	ゼネラル・ミルズ	ゼネラル・フーズ	クエイカー	ナビスコ	ラルストン
1950		26	9	3	6	3	2	3
	7							
1955		33	12	4	8	3	2	4
	14							
1960		44	15	8	9	3	5	4
	13							
1965		55	18	11	12	4	4	4
	28							
1970		69	20	15	12	10	6	6
	22							
1973		80	20	19	15	11	7	8

注：Scherer（1982），p.199の表を筆者が翻訳

表9-3　朝食シリアルの売上と市場集中度

年	数量（100万ポンド）	金額（100万ドル）	上位4社集中度
1937	na	na	84%
1939	576.5	67.1	na
1947	713.1	148.1	88%
1954	926.1	246.0	na
1958	1043.6	341.1	91%
1967	1600.2	616.4	89%
1972	na	na	89%
1977	1910.5	1477.4	85%

注：Scherer（1982），p.193, p.195の表を筆者が翻訳

　1950年から1973年までの間に、84の新ブランドが発売された（表9-2参照）。ケロッグは、24の新ブランドを発売し、ゼネラル・ミルズは34、ゼネラル・フーズは21の新ブランドを発売した。ただし、これらの新ブランドのほとんどは、2％以上のシェアをあげることができなかった。

　何十年もの間、上位4社の集中度は80％から90％の範囲で推移していた（表9-3参照）。その間、上位4社は高い利益率を享受しつづけていた。投資収益率は平均20％の水準であった。にもかかわらず、新規参入はそれほど頻繁には起こらず、起こったとしても小規模にとどまっていた。唯一例外的に新規参入が成功したのは、1970年代の初期に起こった自然シリア

ルへの参入である。1970年に、ペット、ピルズベリー、コルゲートが自然シリアルを発売して参入し、ペットのハートランド・シリアルは、1974年には約 2 ％のシェアを獲得した。ただし、この成功も、すぐに既存の大企業の追随を招いた。

　既存企業が超過利潤をあげていたにもかかわらず参入が起きなかったのは、生産面のコストや技術に関する参入障壁があったからではない。朝食シリアル産業の生産における規模の経済は限られており、工場の最小最適規模は、シェア 5 ％程度で達成できた。つまり、ケロッグやその他の既存企業は、極端に大きなシェアを有していたことになる。他方、朝食シリアル市場に新製品を導入する際には、巨額な広告支出が必要であった。ゆえに、ケロッグなどの大規模な既存企業は、売上高に対する広告費の比率が低いために、支配的シェアを維持できたのかもしれない。

出典：Schmalensee（1978）、Waldman and Jensen（1998）を筆者が翻訳・要約して作成

2　サンク・コストとしての広告と参入阻止

　上記の朝食シリアル産業の事例にあるように、広告費は固定費なので、規模の経済が働き、供給量が増大するにしたがって平均費用は低下する。たとえば、1958年から1972年までの15年間の売上高広告費比率を計算すると、シェアのもっとも大きなケロッグが14.06％であるのに対し、ゼネラル・ミルズが18.31％、ゼネラル・フーズが16.50％である。もしシェアの大小にかかわらず一定の広告費を投入しないと市場に生き残れないとすれば、上位 3 社よりはるかにシェアの小さな新規参入企業の売上高広告費比率は、上位企業に比べて格段に大きくなるはずである。つまり、大規模な既存企業は、小規模な新規参入企業よりもコスト優位にある。ゆえに、このコスト格差がBain（1956）の意味で障壁となり、参入が難しくなったと考えられるのである。

　これに対して Stigler（1968）は、参入障壁を、当該市場に新規に参入し

ようとする企業は負わなければならないが、既存企業には生じない費用に限定した。とすれば、規模の経済によるコスト格差は、Stigler の意味での参入障壁にはあたらない。なぜなら、広告比率の高い市場では、小規模の参入は非効率であるが、新規参入者も既存企業と同様に大規模に参入すれば、同じように多額の広告費を支出しても両社の間にコスト格差は生じないからである。もちろん、大規模な参入は、既存企業から報復的な反応を引き起こす恐れがあるが、コスト条件が同じであれば、それは空脅しであり、信頼に足るものではない。

　ただし、新規参入に対して既存企業が広告を拡大することはよく見られる反応である。既存企業が広告を拡大すれば、新規参入企業も追随せざるをえない。ここで重要なのは、その結果市場全体の広告量は増加するが、各企業の広告シェアは一定に保たれるために、各企業の収入を増加させることはなく、コストだけが増大してしまうということである。新規参入企業は相対的に資金的余裕がないことが多い。したがって、短期的に収入は伸びずにコストだけが増大してしまう。つまり、新規参入に対して既存企業が広告を拡大するのは、新規参入企業が生き延びることができないということを狙ってとられる戦略なのである[1]。

　また、広告は信用や評判といった無形の資産を形成する。この資産は、退出の際の転売がきわめて限定されるので、サンク・コストである。ゆえに、すでに広告費がサンク・コストになっている既存企業は、新規参入企業とは異なるコスト条件を有することになり、既存企業の報復は信頼に足るものになりやすい。つまり、広告比率の高い市場の方が、既存企業が参入阻止できる確率が高いと考えられるのである。

　サンク・コストとしての広告が参入障壁になることを示唆する実証研究はいくつかある。たとえば Kessides（1986）は、アメリカの206の産業について、その参入を分析した。その結果、広告支出が必要な場合、その支出は参入が失敗したときには回収できないので、参入がためらわれる。つまり、広告というサンク・コストは参入障壁となることを明らかにした。また、Sutton

---

1）これは、ライバルのコストを増大させる戦略の一例である。これについては、Salop and Scheffman（1983）を参照されたい。

（1991）は、広告や R&D といった内生的サンク・コストが存在しない産業
では、市場が成長するにつれて市場集中度は下がり続けるのに対し、内生的
サンク・コストが存在する産業では、市場が成長しても市場集中度には下限
が存在することを示した。

　ただし、広告と競争については、正反対の関係も主張されている。第7章
で述べたように、広告には2つの機能がある。1つは、消費者に情報を提供
し、合理的な選択を可能にさせるという機能であり、もう1つは、消費者を
説得して製品を購入させるという機能である。このうち前者の機能に着目す
れば、広告は代替的な製品の存在やその価格−品質特性の情報を提供するこ
とによって、消費者の探索コストを低減させ、既存製品に対する消費者の愛
着や慣性を減少させる。したがって、広告比率の高い産業においては、新規
参入の成功確率が高まるので、広告はかえって参入を促すのではないかと主
張されるのである。

　先に紹介した Kessides（1986）の研究では、サンク・コストとなる広告が
参入障壁となる効果とともに、広告が重要な役割を果たす産業では、新規企
業は参入の成功確率が高いと認識するので、参入が促進されるという効果も
報告されている。Kessides（1986）は、実証結果を総合すると、参入を促進
する効果が参入を妨げる効果を上回り、広告が市場支配力を高めるのではな
く、競争を促進すると結論づけている。

3　立地モデル

　広告が参入を促進してしまう、少なくとも阻止できるかどうかわからない
とすれば、朝食シリアル市場で参入があまり起きなかったのはなぜだろうか。
Schmalensee（1978）は、既存企業が企業名ではなく製品（ブランド）ごと
に広告を行った1970年代初頭に実際に参入が起こったことを考えると、広告
が有効な参入障壁ではなかったのではないかと考えた。そして、むしろこの
市場における頻繁な新製品導入（製品増殖）に注目した。すなわち、既存企
業が多様な新製品を頻繁に発売することによって製品市場を先占めし、新規
企業に参入の余地を与えなかったのではないかと考えたのである。そこで、

以下ではまず、製品増殖による参入阻止を説明するために必要な立地モデルを解説し、次節でそのモデルを用いて参入阻止行動を説明する。

　立地モデルは店舗などの立地を考えるモデルである。しかし、第 7 章で述べたように、製品の特性空間を考え、ある特徴をもった製品を特性空間のなかの位置で表せば、立地モデルを製品差別化やポジショニングの分析に用いることができる。たとえば、シリアルの各製品が、甘さという軸の $[0, 1]$ の線分上に位置づけられるとしよう。ケロッグの製品でいえば、子供向けに甘くした Froot Loops がもっとも甘い極に、それほど甘くない Frosted Flakes がその隣に、そしてまったく甘くない Corn Flakes が反対の極に、それぞれ位置づけられるのである。

　さらに、立地モデルでは、消費者について次のような仮定がおかれる。

①消費者は、その嗜好あるいは製品特性についてのなんらかの指標（ここでは甘さ）を示した $[0, 1]$ の線分上に一様に分布している。
②消費者の余剰は、各自の好みに合致した理想的な製品と実際に購入する製品の位置の差 1 単位当たり一定率 t で減少する。すなわち、y に位置する消費者が x に位置する製品を価格 p で購入する場合、その消費者の余剰（u）は、以下の式で表される。

$$u = s - p - t|y - x|$$
s：製品 1 単位を消費することから得られる便益

③消費者は、$u > 0$ ならば製品を購入し、$u = 0$ ならば製品を購入するかしないかは無差別であり、$u < 0$ ならば製品を購入しない。
④消費者は、自分の余剰がもっとも大きくなるような製品を 1 単位だけ購入する。

　図 9-1 には、ケロッグの上記 3 つの製品について、仮想的なポジショニングが描かれている。当初、Corn Flakes と Frosted Flakes のみが市場に供給されていたとしよう。0 から B までの範囲に位置する消費者は、Corn Flakes を購入すれば非負の余剰が得られるので、Corn Flakes を購入する。また、C から F までの範囲に位置する消費者は、同様の理由で、Frosted Flakes を購入する。ただし、得られる余剰の大きさは各消費者の位置によっ

図9-1　立地モデル

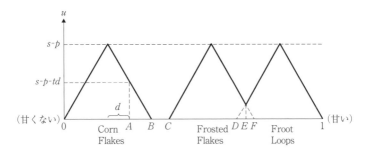

て異なる。たとえば A に位置するような消費者にとっては、Corn Flakes は理想的な製品と d だけ乖離しているので、得られる余剰は $s-p-td$ となる。

　ここで、カラフルでより甘さを強調した Froot Loops が導入されたとしよう。E から F までの範囲に位置する消費者は、Frosted Flakes を購入しても正の余剰を得ることができるが、Froot Loops を購入した方が大きな余剰を得ることができる。ゆえに、Frosted Flakes ではなく Froot Loops を購入する。したがって、C から E までの範囲に位置する消費者は Frosted Flakes を購入し、E から 1 までの範囲に位置する消費者は Froot Loops を購入することになる。

　ここで興味深いのは、Froot Loops の参入は、隣接する Frosted Flakes の需要を減らすが、隣接しない Corn Flakes の需要には影響を及ぼさないということである。これは、立地モデルでは、競争が局地化されていることによる。

4　製品増殖

　Schmalensee（1978）は、上記の立地モデルを以下のように利用して、製品増殖が新規参入を阻止することを示した。いま、ある製品を生産・販売するための長期の総費用が、

$$C(q) = F + vq \tag{1}$$

図9-2　円環市場の立地モデル

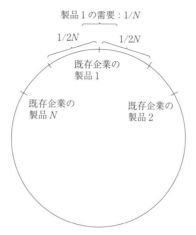

製品1の需要：1/N

1/2N　1/2N

既存企業の
製品1

既存企業の
製品N

既存企業の
製品2

で表されるとしよう。F はその製品のための広告費や研究開発費といった固定費、v は変動費、q は当該製品の供給量である。

　前節の立地モデルでは、製品特性や消費者の好みを直線上に表していたが、線分の端の扱いが複雑になるので、議論を簡単にするために、以下で消費者は、円周が1の円の周りに一様に分布しているとする（図9-2参照）。もし N 個の製品が円周上に均等に分布し、同一価格（p）をつけているとすれば、各製品間の間隔は $1/N$ となり、各製品は両側から $1/(2N)$、合計 $1/N$ のずつ需要を獲得することになる[2]。このような状態において、各製品の需要は、

$$q(p, N) = a(p)b(N) = 1/N \qquad (2)$$

と表されるとしよう。ここで、$a'(p) < 0$、$b'(N) < 0$ である。

　(1)で与えられるような費用条件で、v よりも大きな p のもとでは、ある製品が獲得する利潤は、

$$\pi(p, N) = (p-v)a(p)b(N) - F \qquad (3)$$

2）実際朝食シリアル市場では、一時期を除き、ケロッグのプライス・リーダーシップのために、価格はきわめて安定的であった（Thomas 1996）。

で表される。いま、p を固定したとき、$\pi(p, N^*) = 0$ となるような N^* を考えよう。つまり、$N < N^*$ である限り、すべての既存製品は正の利潤をあげることができるのである。

　さて、この市場に新規参入が起こったとしよう。参入企業は、隣接するどれか 2 つの既存製品の間のどこかに位置する製品を発売して参入することができるが、最適なのは 2 つの既存製品の中間である。この場合、この新規製品は、その両側からそれぞれ $1/(4N)$、合計 $1/2N$ の需要を獲得できる。(2)式より $1/(2N) = q(p, 2N) = a(p)b(2N)$ が得られるので、(3) 式より、新規製品の利潤は、$\pi(p, 2N)$ となる。つまり、$2N < N^*$ であれば、参入企業は正の利潤をあげることができるのである。言い換えれば、$N^*/2 < N < N^*$ であれば、既存製品は正の利潤をあげることができるが、参入企業は損失を被ってしまう。つまり、既存企業がこの条件を満たす数まで製品を増殖してしまえば、参入を阻止することができるのである。

5　製品増殖による市場の先占め

　上の議論から、新製品を次々に導入して新規参入の余地をなくしてしまえば、参入を阻止できることがわかる。では、既存企業は、新規参入を企てている企業に先駆けて、製品増殖を行う方が合理的なのだろうか。

　いま、$[0, 1]$ の線分上に消費者が密度 1 で一様に分布している市場を考えよう。時点 0 では、既存企業が地点 0 に位置する製品で市場を独占しているが、時点 T で需要（消費者の分布の密度）が 2 倍になることが予想されるので、いつかの時点で既存企業もしくは新規企業のどちらか一方が地点 1 に位置する製品を市場に出すと考えられる。ただし、いずれの企業も新製品を発売するためには、参入費用を払わなければならない。

　いずれの企業も、実際に需要が 2 倍になる前に参入すると予想される。当初は損失を負っても、その損失を補うだけの利潤を需要が増大する時点 T 以降に獲得できるからである。ただし、参入時点が早いほど、参入後に獲得する利潤の割引現在価値は減少する。そこで、自社が地点 1 の製品を出した場合の利潤の現在価値を $L_i(t)$、他社が地点 1 の製品を出した場合のそれを

図 9 - 3　新製品導入のインセンティブ比較

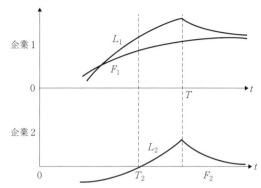

注：Tirole（1988），p.348の図を筆者が翻訳

$F_i(t)$ としよう（$i=1$ が既存企業、$i=2$ が新規企業、t は参入時点）。ここで、新規企業が先に新製品を出したときの利潤の割引現在価値が、参入費用を考慮に入れて 0 となるような参入時点を T_2 としよう（$L_2(T_2)=0$）。他方、新規企業が先に新製品を出さないということは、市場に参入しないということなので、$F_2(t)=0$ である。

　既存企業についても、先に新製品を出して市場を独占する場合の利潤の現在価値 $L_1(t)$、他社に先に新製品を出されて複占状態になってしまう場合の利潤の現在価値 $F_1(t)$ をそれぞれ考えることができる。ただし、既存企業は地点 0 の製品を出しているので、相手に先に新製品を出されてしまっても、$F_1(t)$ は 0 ではない。ここで、$L_1(t)-F_1(t)$ は、既存企業が先に新製品を出すインセンティブを表している。もしこれが正であれば、相手よりも先に新製品を出すことが望ましいのである。

　ところで、消費者の分布の密度が 1 のとき、既存企業が地点 0 と 1 の両方に製品を出して市場を独占する場合の利潤を Π_m、既存企業が地点 0 の製品、新規企業が地点 1 の製品をそれぞれ供給する複占の場合に各企業があげる利潤を Π_d としたときに、$\Pi_m > 2\Pi_d$ という関係が成立するとしよう。つまり、市場に参入している企業の利潤の合計は、競争状態よりも独占状態の方が大きいという仮定である。この条件のもとでは、新規企業の利潤の現在価値が

0 となる $(L_2(T_2) = 0)$ ような時点 T_2 より前で、$L_1(t) - F_1(t) > 0$ が成立し
うる。この場合、先に新製品を出し（製品増殖を行い）、市場を先占めし、
参入を阻止することが既存企業にとって望ましいことになるのである（図
9 - 3 参照）[3]。

6　その後の展開

　Schmalensee（1978）の朝食シリアル市場の研究の後、製品増殖による市
場の先占めは、参入阻止行動として戦略論のテキストにおいてもしばしば取
り上げられるようになり、朝食シリアル市場以外にも、既存企業が次々と製
品を発売する一方で、新規参入が起きない事例が示唆されるようになった[4]。
ただし、製品増殖が参入阻止の決定的要因であるための条件、すなわち規模
の経済が働かない、価格競争がないといった条件がそろっている事例は必ず
しも多くなく、依然として朝食シリアル市場がもっとも当てはまる事例のよ
うである。
　その後は、いくつかの研究の発展もみられる。たとえば Thomas（1996）は、
やはり朝食シリアル市場を分析し、既存企業のブランド拡張による製品増殖
と市場の先占めについて研究した。既存企業は、過去の広告によってブラン
ドを確立しているので、そのブランドを拡張する場合、まったく新しいブラ
ンドを付けた新製品を出すよりも低コストで新製品を発売することができる。
たとえば、Raisin Nut Bran という製品でブランドを確立したゼネラル・ミ
ルズは、ブランド拡張である Total Raisin Bran をまったく新しいブランドを
つけるよりも低コストで発売することができるのである。
　一方、新しくブランドを認知してもらわなければならない新規企業は、新

---

3 ）この議論の数学的展開については、Fudenberg and Tirole（1986）、Tirole（1988）を
　参照されたい。
4 ）たとえば、Waldman and Jensen（1998）は、地域特性に応じた多様な新製品を発売
　して成功している缶入りスープのキャンベルの例をあげている。キャンベルについては、
　"Marketing's New Look: Campbell Leads a Revolution in the Way Consumer Products Are
　Sold," Business Week, January 26, 1978, pp.48-53を参照されたい。

製品を出すのにより多くのコストがかかる。ゆえに、新規企業が需要の拡大を予想してからでないと参入が引き合わないのに対し、既存企業は、需要の拡大が予想される前からブランド拡張によって新製品を発売しても、正の利潤をあげることができる。その結果、既存企業が製品増殖によって市場を先占めできるのである。これは、広告のサンク・コストの効果と、製品増殖の効果を組み合わせたものと考えることができる。

　他方、Judd（1985）は、一定以上の退出費用がかからなければ、前節で議論した製品増殖による市場の先占め、および参入阻止は信頼に足るものではないと主張した。[0, 1] の線分で表される市場の例に戻ってみよう（図9-1参照）。

　もし既存企業が新規企業よりも先に地点1の製品を出したにもかかわらず、新規企業が後から地点1の製品を出して参入してきたとしよう。この場合、両社の地点1の製品は差別化されていないので激しい価格競争が起こる。地点1の製品価格が下がると、その製品から得られる利潤が減少するだけではなく、低価格の地点1の製品が既存企業のもう一方の製品の需要を食い、既存企業が地点0の製品から得られる利潤も小さくしてしまう。新規企業は地点0の製品を有していないので影響はないが、既存企業にとって地点0の製品は収益の柱の1つなので、その影響は甚大である。そのため既存企業は、地点1の製品から撤退してそこでの価格競争を回避し、地点0の製品の需要を維持する方が得策となる場合がある。

　したがって、地点1からの撤退に費用がかからなければ、たとえ既存企業が先に地点1の製品を出していたとしても、新規企業が追随してくれば、退出してしまう。つまり、退出費用が十分大きくなければ、製品増殖によって市場を先占めし、参入を阻止しようという行動は、信頼に足るものではないのである。

　このJuddの議論を応用して、淺羽（1995）は、確立した強力なブランドを有する既存企業が存在する市場で、下位企業や新規企業がどのような新製品を発売すれば、既存企業の反撃をかわして優位性を維持できるかについて、日本のビール市場を例に検討した。その結果、既存企業の強力なブランドと中程度に代替的であるような位置にある新製品を出すことができれば、その新製品は生き残ることができることが示された。

　これに対する直感的な説明は以下のようなものである。下位企業が既存企業の収益源である既存製品と中程度に代替的な新製品を導入して参入すると、もちろん既存企業は同じ位置の新製品を出して下位企業に対抗することはできるが、それによって競争が激化し、新製品の価格が下がったり消費者の認知が高まったりすると、収益源である既存製品の需要が食われてしまう。ゆえに、既存企業は早晩その新製品から撤退せざるをえないのである。

　このように、競争戦略の研究のなかで、製品増殖や立地モデルを用いた分析は、いろいろな方向に発展しているのである。

第 **10** 章

競争優位の持続可能性

1 持続可能な競争優位

　競争戦略を扱った第Ⅱ部では、第5章で競争の基本戦略にコスト・リーダーシップと差別化の2つがあると述べ、第6章、第7章ではそれぞれ価格戦略と製品差別化戦略について議論した。他社に比べて高い業績をあげている企業は、各章で例示された、あるいはそれ以外のなんらかの戦略が功を奏して、大きな競争優位を確立していると考えられる。

　ただし、「競争優位の大きさだけに関心を払うのは、フットボールの試合で片方のチームの得点だけを聞いて、どちらのチームが勝ったかを決めるようなものである（Weigelt and MacMillan 1988、筆者訳）」。ある企業が高い業績をあげた場合、好業績すなわち高い利益率、マーケットシェアの増大、急速な成長自体が、「その企業の戦略が成功している」ことのシグナルとなる。当然、ライバル企業は好業績をあげた企業の戦略に注目し、それを模倣したり、それに対抗したりするであろう。

　ある研究によれば、ある企業が開発した新製品の70％について、ライバル企業は1年以内に詳細な情報を手に入れることができる。しかも、平均すると、模倣はイノベーションよりも1/3のコストしかからず、3倍速くできる（Mansfield 1985；Mansfield et al. 1981）。あるいは、価格競争よりも、価格以外の手段による競争の方が、ライバル企業の対抗行動が起きにくいと考えられがちである。しかし、ライバル企業もマーケティング・ミックスを調整

して激しく対抗するかもしれない。たとえば広告競争に関する実証研究は、ある企業が広告投資を増やすと、ライバル企業も投資を増やして対抗するため、お互いの行動の効果が帳消しになってしまうことを示している（Met-wally 1975）。

　つまり、ライバル企業の模倣や対抗行動が起きれば、競争が激化し、いったん獲得した差別的な競争優位は消滅してしまうかもしれない。ゆえに、ライバル企業の合理的な意思決定にもとづく反撃を明示的に考慮に入れたうえで、競争優位がどの程度持続可能かを議論することが重要なのである（Kreps and Spence 1985；Ghemawat 1986）。そこで本章では、競争優位の持続可能性について議論する。以下ではまず、長期間競争優位を持続し、好業績をあげ続けている山崎製パンの事例を記述してみよう。

ショートケース　山崎製パンの競争優位

　国内のパン市場は、生産量で見ると1990年代後半から120万トン前後で推移しており横ばい、出荷額で見ると約１兆2000億円で推移していたが、2011年以降増加し始め、2019年には１兆6000億円を超えた。この国内市場で、２位以下を引き離し、圧倒的存在となっているのが、山崎製パン（以下、山パン）である。市場シェアで見ると、2010年代は、敷島製パンやフジパンが10％未満であるのに対し、山パンは一貫して30％前後を占めている。

　山パンは、自社が保有するトラックで全国の小売店を回ってパンを運んでいる。通常のコンビニの配送は、複数のメーカーの商品を載せて１つのチェーンだけを回るが、山パンのトラックは、自社製品を載せて、各コンビニ・チェーンを回る。現在は、他社製品も載せていたり、外部の物流業者へ一部の配送を委託したりしているが、開発から物流までを一貫して行うことで付加価値を獲得することができると考えているので、基本的に物流を流通側に任せることはしない。

　また、セブン-イレブンに屈しなかった唯一のメーカーと呼ばれるように、プライベート・ブランド（PB）の商品の供給をセブン-イレブンから何度も要請されたが、山パンはイトーヨーカ堂グループとの巨額の取引を失っても、その要請を断り続けた。「ヤマザキ」の名を冠したナショナルブランドを販売の中心に置いていたからである。今でこそ、セブン＆ア

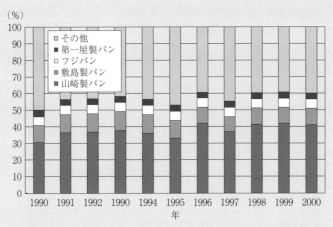

図10-1　製パン企業のマーケットシェアの推移

注：矢野経済研究所『日本マーケットシェア事典』のデータをもとに筆者が作成

イ・ホールディングスのPBであるセブンプレミアムに協力してはいるが、これは山パンの方がPB分野に侵攻していったと解釈すべきであろう。

　このように他の製パン会社とは異なる経営を貫いているが、この特異な経営ができるのは、山パンが圧倒的な市場地位を築いたからである。実は、山パンの市場シェアは、1990年の30.6％から、10年間伸び続け、1999年には41.9％にまで増えている（図10-1）。つまり、現在の山パンの圧倒的な市場地位は、1990年代に山パンがとってきた競争戦略が功を奏したからといえる。そこで、以下では、1990年代にどのような戦略、行動がとられていたかを見てみよう。

　まず、生産拠点の作り方に独自の理屈がある。1948年の創業以来、山パンは積極的に生産拠点を全国に展開していった。1991年には北海道の中堅パンメーカーを買収し、唯一全国にパンを配送できる生産体制を作り上げた。1993年末で、全国の工場は25、販売店は７万3000店となった。それに対して、敷島製パンは８工場、２万5500の販売店、第一屋製パンは８工場、１万6600の販売店に過ぎない。

　山パンが工場を展開するときには、創業時からのやり方を踏襲している。山パンの空白地域があると、まずそこに営業所を造る。その営業所は、配送の中継地点であると同時に、その地域で集中的な営業活動を展開する。

　その結果、地域の年商が100億円を確保できる目処がついた段階で、営業所を工場に変える。パンは作り溜めがきかないので、一定規模の売上の裏付けがあって初めて新工場建設に着手すべきという判断なのである。そのため、新工場の稼働率が計画を上回ることはあっても、下回ることはまずないといわれている。

　販売店にすれば、メーカーが工場を近くに建ててくれれば、より新鮮なパンが配送されるので、うれしい限りである。山パンは工場直販体制を採っているので、工場完成後に1店当たりの取引を増やしたり、販売店数をさらに増やしたりすれば、トラックの配送効率が大幅に上がる。一定地域を集中的に開拓する、いわゆるドミナント戦略を徹底することで、1日2回、場合によっては3回の配送を実現できる。その結果、店頭には新鮮なパンが並び、販売店の売上はさらに拡大する。山パンにとっても販売量増加で、工場の稼働率がさらに高まるという好循環が生まれるのである。

　山パンの菓子パン、和洋菓子の生産ラインの稼働率は110〜200％の間で変動しているが、食パンに限っては200％超である。菓子パンは単価こそ高いものの、製造に人手がかかり、生産性が良くないため、食パンよりも利益率が悪い。これに対して、食パンは生産の大半が自動化された装置産業である。ゆえに、年間生産能力50億円を超える設備を持った工場で量産効果を追求すれば、食パンはきわめて高い利益率を実現できるという。そのため山パンでは、稼働率が二百数十パーセントに達しない限り、設備の増設はしないとされている。

　以上のようなことから生まれるコスト競争力は、商品の質の向上にも貢献している。パンの販売店の関係者は皆、希望小売価格が同じ商品であれば、山パンの商品がもっとも重量があると証言する。食パン1斤にしても、あんパンのあんでも、どれをとっても山パンの内容量がもっとも多いという。山パンは、スケールメリットと高い生産性を背景に、商品一つひとつの競争力を強めているのである。

出典：「山崎製パン　一定地域を集中開拓　効率配送でシェア拡大」『日経ビジネス』
　　　（1994年3月21日号、pp. 38-41）、「企業を数字で読む　第8回山崎製パン」『週
　　　刊ダイヤモンド』（1994年7月9日、pp. 94-95.）、「異端の経営・山崎製パン
　　　止まらぬ成長デフレに屈せず」『日経ビジネス』（2010年3月22日号、pp.44-
　　　53）、矢野経済研究所『日本マーケットシェア事典』（各年度版）をもとに筆
　　　者が作成

2 模倣困難性

　上記の事例を見ると、1990年代、山パンが圧倒的な市場地位を築くことができたのは、食パンでは高い稼働率の維持による規模の経済を働かせたコスト低下、ドミナント戦略による配送コストの削減といったコスト・リーダーシップ戦略が効果的だったから、菓子パンでは高頻度の配送、製品の品質向上による差別化戦略が功を奏したからといえるであろう。

　ただし、山パンがこのような強みを有していることを、ライバル企業は百も承知であろう。また、山パンが進出した地域には、十分大きな需要があることも明らかである。したがって、ライバル企業が山パンと同程度の工場を建設し、配送網を整備すれば、山パンと同程度のコスト水準、配送頻度を達成することができ、山パンの強みは中立化してしまうはずである。つまり、競争の基本戦略が成功したという説明は、ライバル企業の反撃を考慮に入れた議論ではない。ライバル企業が追随・模倣を行わなかったのはなぜかを説明しなければならない。

　山パンの場合、その理由は、地域的な規模の経済と市場の先占め（preemption）から生じる模倣困難性にもとめられる。いまある地域のパンに対する需要が、図10-2にあるような需要曲線で表されるとしよう。この市場で、工場を建設したり、配送網を整備したりするためには、FC の固定費がかかるとしよう。このとき、山パンが価格 p で q だけ供給すると、平均可変費用は AVC、平均固定費用は FC を q で除した「q のときの平均固定費用（AFC）」となり、平均費用は AVC と「q のときの AFC」の和となる。その結果、山パンは図に示されているだけの利潤を獲得することができる。

　しかし、いかに山パンが大きな利潤をあげているからといって、山パン以外の企業が同様の費用条件をもつ工場を建設してこの市場に参入しても、利潤をあげることができない場合がある。いま、山パン以外の企業が参入して同様に価格 p でパンを販売するとしよう。すると、q だけ需要があるので、山パンと参入企業がその需要を折半し、それぞれ $q/2$ だけ供給することになるとしよう。この場合、どちらの企業にとっても、平均可変費用は AVC である。他方、固定費用は FC なので、平均固定費用は図に示されているよう

図10‐2　地域的な規模の経済と市場の先占め

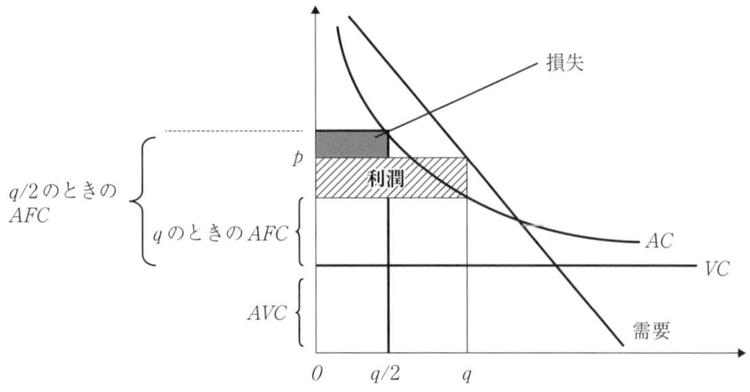

に、FC を $q/2$ で除した値の「$q/2$ のときの AFC」となる。ゆえに平均費用は AVC と「$q/2$ のときの AFC」の和となり、価格 p を上回ってしまう。したがって、参入企業は（もちろん山パンも）正の利潤をあげることができない。ゆえに、山パンが先に参入して高い利潤をあげている地域の市場でも、山パンに次ぐ参入が起こらないと考えることができるのである。

　もちろん山パン以外の企業も、このような地域的な市場に山パンよりも先に工場を建設して参入すれば、正の利潤をあげることができる。しかし、山パンがこのような地域的な市場を先に見つけ出し、先に工場を建設してしまう場合が多い。市場にとって最初の企業であれば正の利潤をあげることができるとわかっていても、山パンに後れを取った他の企業は追随できない。これが、地域的な規模の経済と市場の先占めから生じる模倣困難性である[1]。

　地域的な規模の経済と市場の先占め以外にも、ライバル企業の模倣を困難にするさまざまなメカニズムが指摘されている[2]。1つ目は、法的な制限である。たとえば、特許、著作権、商標や、免許、認可、営業権の割り当てなどを通じた政府による参入制限は、ライバル企業の模倣を困難にさせる[3]。

1）この模倣困難性を利用することできわめて高い業績をあげ続けていた古典的な典型例は、アメリカのディスカウント小売業であるウォルマートである。これについては、Ortega（1998）を参照されたい。

2）以下のまとめは、Besanko et al.（2000）を参考にした。

　２つ目は、投入物や顧客への優れたアクセスである。特殊な原材料や優れた人材が希少であれば、それを獲得できた企業は獲得できなかった企業に比べて、コストや差別化の点で優位に立ち、それを持続させることができる。同様に、優れた流通チャネルや有力な出店候補地は限られているので、そこをおさえた企業は競争優位を持続できる。たとえば、日本のソフトドリンク市場では、コカ・コーラが圧倒的なシェアを占めている。その１つの原因は、コカ・コーラがソフトドリンクの主要な販路である自販機にとっての好立地をいち早くおさえてしまったからと考えられている。

　３つ目に、模倣に対する無形の障壁があげられる。無形の障壁としては、因果の曖昧さ、歴史的状況への依存、社会的複雑性の３つが指摘される。因果の曖昧さとは、ある企業が競争優位を確立している原因がよくわからないために、模倣できないということである（Rumelt 1984；Reed and DeFillipi 1990）。典型的には、企業の差別的能力が暗黙知を含む場合がこれに当たるであろう。また、企業の差別的能力が、その企業の歴史や複雑な社会的プロセスにもとづいている場合、他社がそれと同等の能力を身につけることは難しい。

　たとえばトヨタの強みの１つは、部品メーカーとの協力関係であるといわれるが、それはトヨタと系列部品メーカーとの歴史的付き合いや、属人的な関係による信頼関係にもとづくものかもしれない。この場合、ライバル企業がトヨタの強みの源泉を頭で理解していても、同等の協力関係、信頼関係を築くことは難しいし、時間がかかる。

　模倣困難性の最後のメカニズムとして、戦略のフィットがあげられる（Porter 1996）。競合他社に比してなんらかの優れた価値を生み出している企業は、さまざまな活動がその価値創造に向かって相互に強化し合うような一貫したシステムを形成していることが多い。

　たとえばイタリアンのファミリー・レストランのサイゼリヤは、図10‐3に表されているように、さまざまな工夫を凝らしてコストを削減し、低価格

　３）ただし、これらの法的制限は、売買可能かもしれない。たとえばタクシーの免許証が再販売可能で、最初は自治体から購入されなければならないとしよう。もし最初の取得が市場価格で行われれば、最初の取得者は超過利潤をあげることはできなくなる。これについては、Demsetz（1982）が参考になる。

図10‐3　サイゼリヤの工夫の関連図

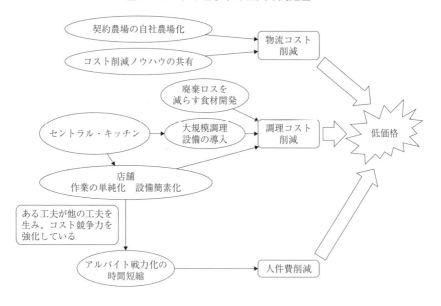

という魅力を生み出している[4]。コスト削減による低価格には、ノウハウの共有や契約農場の実質自社農場化による物流コストの削減、機会ロスと廃棄ロスの両方を減らすための究極のトマトの開発による調理コストの削減が効いているが、図の下半分に描かれていることが特に大事である。

　カミッサリー（セントラルキッチン）は、大規模調理設備の導入によって規模の経済を働かせ、調理コストの削減をもたらしている。また、セントラルキッチンの導入によって、店舗では料理を温めるだけとなり、作業の単純化、設備の簡素化をもたらし、店舗の運営コスト、設備投資を削減させている。さらに、作業の単純化は、店舗におけるアルバイトを戦力化するための教育時間を短縮させるので、人件費の削減につながる。つまり、ある強みを生む工夫が他の強みを生み出し、コスト競争力を積み重ねているのである。さまざまな活動が相互に強化し合うことによって、魅力を実現しているとい

4）「サイゼリヤ　不況外食業界で"ひとり勝ち"　超低価格を実現するコスト構造」『週刊ダイヤモンド』、2009年10月24日号、pp.144-149.

ってもよい。

　したがって、他社がその企業と同等の価値を生み出すためには、さまざまな活動のシステム全体を模倣、調整しなければならない。システム全体の模倣が成功する確率は、システムを構成する活動の数が増えるにしたがって低下する。つまり、価値を生み出すそれぞれの活動は明らかであり、一つひとつを模倣することは難しくはないが、戦略にフィットしたシステム全体を模倣することはきわめて難しいのである。

3　先発優位性

　企業の競争優位が持続するのは、模倣が困難な場合だけではない。模倣は可能だが、ライバル企業が模倣しているうちに当該企業がさらに強みを強化するために、結局ライバル企業が追いつくことができない場合もある（図10‒4参照）。このようにして競争優位が持続するいくつかのメカニズムを、Besanko et al.（2000）は先発の優位性という名称をつけてまとめ、模倣困難性と分けて考えている[5]。以下では、それを参考に、先発優位性に関わるいくつかのメカニズムを指摘する。

　まず、もっとも典型的な先発優位性のメカニズムは、第6章で価格戦略について議論したときに触れた経験効果であろう。累積生産量が倍加するごとに一定の割合でコストが低下するという経験効果が働く場合、より多くの経験を先に積んだ企業の方がコスト優位にある。もちろんライバル企業も、同程度の経験を積めばそのコスト水準に到達することができる。しかし、そのときには先発企業はさらに経験を積み、より低いコスト水準に到達しているのである。

　市場に先に参入することによって得られる経験は、コスト優位をもたらすだけではない。利用者の生の声を吸い上げ、先に製品の改良や高度化を進め

5）このように模倣困難性と先発優位性とを分けて考えることに対しては、必ずしも合意が得られているわけではない。たとえば先発優位性に関する優れたレビュー論文であるLieberman and Montgomery（1988）では、投入物や立地の先占めといった、前節の模倣困難性の議論で指摘されたメカニズムも、先発優位性として捉えられている。

図10-4　2つの持続可能な競争優位

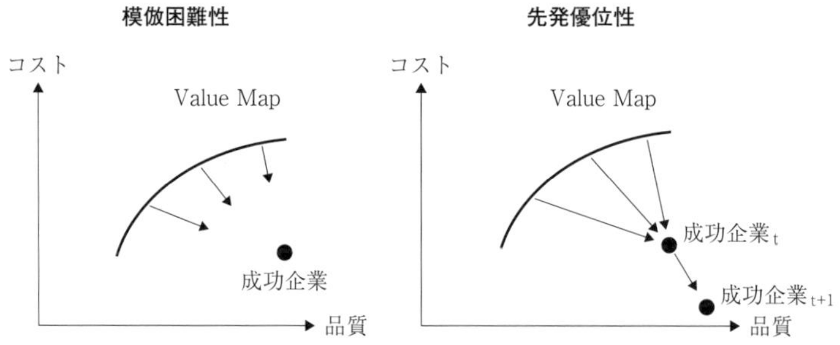

模倣困難性

コスト

Value Map

成功企業

品質

先発優位性

コスト

Value Map

成功企業$_t$

成功企業$_{t+1}$

品質

　ることができ、優位性を確立する場合もある。たとえばシャンプードレッサー市場に早期に参入したTOTOは、利用者の生の声を早期に聞き、「デリシアシリーズ」、「スタンダードシリーズ」、「クリアシリーズ」、「クリア2シリーズ」などを矢継ぎ早に導入し、デザインや洗面ボウルを改良して、製品の完成度を高めたといわれている[6]。

　2つ目は、不確実性のもとでの買い手の選択にかかわるメカニズムである。製品を購入して使用するまでは、その品質を評価できない経験財の場合、最初に購入した製品に満足した消費者は、そのブランドを買い続ける傾向にある。今使っているブランドに満足しているなら、今よりも満足が得られないという危険をおかしてまで、他のブランドにスイッチしたくないからである。

　いったん企業が高品質であるという評判を確立すれば、新規顧客の獲得に際しても有利となる。多くの顧客が満足するにしたがって評判がますます高まる。その結果、後発企業が先発企業に追いつくことが困難になるのである（Schmalensee 1982）。最高品質であるという評判を販売店に植えつけた山パンは、このメカニズムによっても、競争優位を持続することができているのであろう。

　もちろん後発企業も広告などによって評判を確立しようとするが、先発ブランドは高い評判を確立しやすいといわれることがある。それは、ある製品において最初に使用されたブランドが、消費者の選好形成に影響を及ぼすか

6）このTOTOの事例は、恩蔵（1995）よりとった。

らである。消費者は、必ずしもある製品の明確な理想像を事前に有している
わけではなく、最初に試したブランドの属性がその製品の理想であると思い
込む傾向がある（Carpenter and Nakamoto 1989）。

　たとえばビール市場において、戦後すぐのキリンラガービールや、ドライ
戦争のときのアサヒのスーパードライがそれぞれの製品カテゴリーで「本
物」と認識されたことは、先発ブランドが消費者の選好形成に重要な影響を
及ぼした例といえるかもしれない（淺羽 1995）。もし参入順序が消費者の選
好に異なる影響を及ぼすのであれば、後発企業が先発ブランドの優位性を覆
すのは容易ではない。

　3つ目の先発優位性のメカニズムは、ネットワーク外部性である。これは、
ユーザー数が多いほど、その製品から得られる便益が増大するという性質で
ある（淺羽 1995）。この性質が働く市場では、初期にライバル企業よりも多
くの顧客を獲得した企業が優位性を確立するので、その企業がますます多く
の顧客を獲得するようになる。これについては、第12章、第13章で詳しく議
論する。

　4つ目のメカニズムは、買い手のスイッチング・コストである。買い手に
なんらかのスイッチング・コストが生じる場合、既存製品と同程度の品質の
製品を供給する新規企業は、価格引き下げなど追加的な努力をしないと、既
存企業の製品を使っている顧客に新規企業の製品へスイッチしてもらうこと
はできない。今使っている製品を使い続ける限りコストがかからないが、製
品をスイッチする際にはコストがかかるからである。ゆえに、先発企業に優
位性が生まれる。これについても、第12章で詳しく議論する。

4　後発優位性と Judo Economics

　以上の4つが、先発優位性のメカニズムである。このメカニズムがあれば、
先発企業に持続可能な競争優位がもたらされる。ただし、常に先発企業が優
位に立てるわけではなく、ときには後発企業に優位性が生じることもある。
たとえば Lieberman and Montgomery（1988）は、研究開発、顧客教育、イ
ンフラストラクチャーの開発といった、先発企業が行うさまざまな投資に、

後発企業がフリーライドできるかもしれないと指摘している。このほかにも、技術や顧客ニーズが変化した際、既存企業よりも新規企業の方が変化に適切に対応でき、とりわけ既存企業に慣性が働く場合には、競争優位の逆転が生じるかもしれないと主張している。

　さらに、持続可能な競争優位は、先発企業や大規模企業だけが享受できるものではなく、後発企業や小規模企業も獲得することができる場合がある。小規模な新規企業が既存企業よりも低い価格設定を行って市場に参入してきたとき、強固な財務体質を有する大規模な既存企業にとって、価格を下げて参入企業を市場から追い出すことは容易かもしれない。しかし、参入企業がそれほど大きな脅威でなければ、既存企業にとっては価格を下げて自らの利益率を低下させるよりも、多少のシェアをあきらめる方が合理的な行動となりうる。

　たとえば1992年に運航を開始したキーウィ航空は、1日につきせいぜい4回しか飛行せず、多くとも市場全体の10%のシェアしか獲得しないと明言していた。それゆえ、競合する大規模な既存企業であるデルタ航空から、報復を受けずに済んでいた（Brandenberger and Nalebuff 1996）。既存企業の攻撃的な報復を引き起こさないように、新規企業が自発的に供給能力を小規模に維持し、拡大の意図がないことを既存企業に信じてもらうことがこの戦略を成功させる鍵である。Gelman and Salop（1983）は、この戦略を、柔よく剛を制す柔道にたとえて、judo economics と呼んだ。

　この judo economics の議論を進めたのが、Yoffie and Cusumano（1999）である。彼らは、小規模企業による競争行動でも、既存の大企業が対抗措置をとらないようなインセンティブを用意すれば、生き残ったり、競争優位を獲得したりすることが可能になると考え、そのような行動を judo strategy と呼んだ。

　彼らは、ブラウザでマイクロソフトに挑んだネットスケープの事例にもとづき、judo strategy の3要素として、迅速な動き、柔軟性、レバレッジを指摘した。このなかでレバレッジとは、大企業の影響力や強さを逆手に取るというものである。ネットスケープの場合、逆手に取るマイクロソフトの強みは、膨大な OS の顧客ベースである。マイクロソフトは、それを維持するために OS を頻繁にアップグレードしていたが、その結果、マイクロソフトの

ブラウザであるインターネット・エクスプローラー（IE）の最新版は、最新のOS上でしか動かなかった。そのためネットスケープは、すべてのバージョンのウィンドウズ系PCに対応する唯一のブラウザという地位を得ることができたのである。

　また、前章の終わりに触れた、アサヒビールのスーパードライも、この戦略を使っていたと考えられるかもしれない（淺羽 1995）。強大なラガー・ビールを有するキリンビールにとって、ラガー・ビールと密接な代替関係にあるドライ・ビールは、追随するとラガー・セグメントを縮小させてしまう製品である。ゆえに、キリンビールにすれば下位企業であるアサヒビールが出したスーパードライに追随することは容易で、追い抜くこともできたかもしれないが、ラガー・ビール・セグメントの縮小を恐れて反撃しなかった。その結果、スーパードライは、ドライ・セグメントのチャンピオンとして生き残ったのである。

5 　相互作用を考慮した競争戦略

　本章で議論した模倣困難性、先発優位性のメカニズムを有する戦略は、ライバル企業の反撃を考慮に入れても競争優位が持続する戦略であった。また、judo economics、judo strategy は、巨大なライバル企業にとって反撃しない方が合理的であると思わせるような小規模企業の戦略であった。

　これらの戦略は、ある企業の動きとそれに対するライバル企業の反撃という一連の競争プロセスを考慮に入れている。この一連の競争プロセスは、ある企業とそのライバル企業の間の相互作用に他ならない。その意味で、本章で議論した戦略は、企業間の相互作用を考慮に入れた競争戦略なのである。

　ゲーム理論は企業間の相互作用を明示的に分析するのに適しているので、本章で議論したような企業間の相互作用を考慮に入れた競争戦略は、ゲーム理論を応用した「新しい産業組織論」で研究成果が蓄積されている。

第 **IV** 部

経営戦略における
その他の重要トピックス

184

　これまで本書は、第Ⅰ部で企業戦略、第Ⅱ部で競争戦略、第Ⅲ部で戦略的行動について議論してきた。これらは、従来の多くの経営戦略のテキストでも解説されてきた内容である。もちろん本書は、経済学的な見方、経済学との関連を重視するというスタンスをとっているので、各章の議論は類書のそれとはかなり異なるところもある。しかし、扱われているトピックスは、きわめて標準的である。

　他方、企業を取り巻く環境や企業が直面している経営課題は、時代とともに変わっていく。経営戦略論、あるいは経営学は現実の企業の動きに密着しているので、当然研究の対象となるトピックスや研究方法も変わらざるをえない。そのなかで現在重要性がきわめて高くなっている経営課題は、一つひとつを個別に取り上げて議論すべきものであろう。しかし、従来の経営戦略のテキストでは、十分には検討されてこなかったものがある。そこで第Ⅳ部では、これまでの章でカバーできなかったトピックスを4つ取り上げる。

　第11章では、イノベーションの問題を取り上げる。もちろんイノベーションは、Schumpeter（1934）以来、経済発展の原動力として重要視されてきた。個別企業にとっても、競争優位の源泉として、あるいは競争上の地位を変化させ

第Ⅳ部のポイント

る契機として、従来から重要な経営現象と認識されてきた。今日の日本においては、イノベーションの創出こそが喫緊の課題である。しかし、今日ではますます技術が複雑になり、変化が激しくなってきたために、イノベーション・マネジメントの難しさも増大している。また、それにともなって、あるイノベーションをきっかけに、それまで確固とした市場地位を築いていたリーダー企業が、下位企業や新規企業に逆転されるという現象も頻繁に見られるようになった。

　そこで第11章では、イノベーション・マネジメントを考える上で前提となりうるイノベーションの本質について議論する。さらに、上位企業対下位企業、既存企業対新規企業といった企業の市場地位が、イノベーション活動とどのような関係にあるのかについても、イノベーション活動に対するインセンティブの観点から検討する。

　第12章では、業界標準が企業間競争にもたらす影響や、業界標準を確立するための企業行動について議論する。昨今、コンピュータなどの情報機器産業、

オーディオ・ビジュアル製品のような電機産業、通信などのネットワーク産業において、業界標準の重要性が認識されている。それは、「標準（スタンダード）」を冠したタイトルの書物が数多く出版されていることもからもうかがえる[i]。

　上であげた産業を観察していると、従来の競争戦略の原則が当てはまらないことが多い。第Ⅲ部までの競争戦略の議論を振り返ると、低価格・高品質の製品を、なるべく早期に市場に導入し、競合他社からの模倣を防ぐことが、競争優位を確立・持続するための原則であるといえるであろう。しかし、上記の産業では、顧客・加入者の数（インストールド・ベース）、あるいは業界標準であるか否かが、価格や品質よりも製品の魅力を左右する。また、自社製品を業界標準にするために、他社と歩調をあわせたり、協力したりすることが重要である。ただし、協力するとはいえ、競合他社とは競争関係にあることには変わりがない。したがって、このような産業で競争に勝ち残るためには、競争と協力を巧みに組み合わせることが必要となる。第12章では、このような業界の競争の特徴を明らかにし、企業に課せられる戦略課題を検討する。

　第13章では、最近、経済のなかで大きな影響力を有しているプラットフォームについて議論する。アメリカの GAFAM（Google、Apple、Facebook（現 Meta）、Amazon、Microsoft）や中国の BAT（Baidu、Alibaba、Tencent）だけでなく、Uber や Airbnb やそれ以外のもっと小規模なものまで含めて、プラットフォームはわれわれの生活のさまざまな分野で不可欠になっている。

　そこで第13章では、通常の財・サービスとは異なるプラットフォームの本質的特徴、プラットフォームが立ち上がる際に直面する課題、プラットフォーム間の競争などについて議論する。最後に、プラットフォームと競争政策や規制について、問題を提起する。

　これまでの経営戦略研究は、大きく2つの考え方に分かれる。1つは、ポジショニング・スクールと呼ばれる考え方で、企業が持続的な競争優位を獲得できるか否かが事業分野の選択やポジショニングによって決まるという考え方である。もう1つは、資源にもとづく企業観（リソース・ベースト・ビュー）と呼ばれる考え方で、持続的な競争優位の大小は各企業が保有する内部資源によって決まるという考え方である。本書のこれまでの議論には、随所にリソース・ベースト・ビューにもとづく研究成果が含められているが、どちらかといえばポジショニング・スクールに属するものが多かった。第Ⅱ部、第Ⅲ部はと

くにそうである。

　そこで第14章では、リソース・ベースト・ビューそのものを取り上げ、その考え方のエッセンスを解説する。ポジショニング・スクールの代表的研究者である M. E. Porter が産業組織論に依拠した戦略論を展開しているためか、これまでポジショニング・スクールと経済学との関連は強く意識されてきたが、リソース・ベースト・ビューも経済学と密接な関係を有していることが議論される。

注

i たとえば、日本語の文献に限っても、淺羽（1995）、山田（1997）、新宅他（2000）、土井（2001）などがあげられる。

第11章

イノベーションと競争

1 ハイパーコンペティション

　第10章では、ライバル企業の反撃の可能性を考慮に入れても持続する競争優位について議論した。ところが D'Aveni（1994）や McGrath（2013）によれば、現代の企業間競争は、企業間の相互作用が速く激しいために、優位性の持続期間が短くなっているという。価格低下や品質向上が急激である。プロダクトライフサイクルは短く、技術革新のスピードは速い。情報技術の進展や規制緩和によって参入障壁は低下している。提携などを通じて中小企業も大企業に伍していくことができるからである。D'Aveni（1994）は、このような特徴を有する現代の企業間競争をハイパーコンペティションと呼び、このような競争環境のもとでは、競争優位の持続可能性を議論するよりも、現状を打破し、次から次に新たな優位性を生み出していくことの方が重要であると主張した。

　現状の破壊、新たな優位性の創造は、まさしくイノベーションにほかならない。つまり、既存企業は、次々とイノベーションを起こすことによって、その市場地位を維持すべきだというのが D'Aveni（1994）らの主張である。ところが、他のいくつかの研究は、既存のリーダー企業が技術革新に乗り遅れ、衰退してしまう事例を報告している（Henderson and Clark 1990；Ghemawat 1991b；淺羽 1995；Christensen 1997；堀川 2003）。そこで本章は、イノベーションについて、とりわけそれが企業間競争に及ぼすインパクトに

焦点を当てながら議論する。以下ではまず、技術革新によってグローバル・トップ企業が破綻してしまった、コダックの事例を略述しよう。

ショートケース　コダックの破綻

　「写真フィルムの巨人」と呼ばれ、写真フィルムの世界市場を制覇してきたイーストマン・コダック社が、2012年1月、米連邦破産法11条（日本の民事再生法に相当）の適用を申請した。1880年に創業した名門企業の破綻は、デジタル化の波に乗り遅れたことだけが原因ではない。

　ニューヨーク州北西部ロチェスター市は、コダックの企業城下町である。1980年代には6万人以上がコダックで働いており、誰もがコダックの社員になることを望んでいた。やりがいのある仕事と高い給与、手厚い福利厚生が手に入ったからである。

　こんな状況が変わり始めたのは、1980年代の半ば頃だった。1984年のロサンゼルス五輪で、富士フイルムが公式スポンサーになった。それを機に、富士フイルムはアメリカでの写真フィルムのシェアを徐々に拡大していった。1988年には、ソニーがデジカメの原点となる「マビカ」を発売した。コダックは世界初のデジカメを1975年に発明しながら、商品化では日本勢に先行を許してしまったのである。

　コダック創業者のジョージ・イーストマンと発明王トーマス・エジソンが並んで写っている写真は、コダックにとって大切な1枚である。エジソンが映画撮影用カメラを開発する際には、コダックが技術面で大きく貢献したからである。そのエジソンは、1878年にGE（General Electric Company）を設立した。GEの祖業はエジソンが発明した白熱電球だが、現在、GEの売上高に占める白熱電球の比率はほとんど0である。ジャック・ウェルチがCEOの時代がもっともドラスティックであったが、GEが常に事業ポートフォリオの改革を行ってきた結果である。

　それに対してコダックは、フィルム事業が創業から100年以上経っても主力のままであった。ハーバード・ビジネススクールのクレイトン・クリステンセン教授は、高収益をたたき出している既存のビジネスモデルをくつがえすような創造的破壊は、そのビジネスを開拓し巨大になった大手企業にはできないという「イノベーターのジレンマ」を指摘した。コダック

も、「成功の復讐」の犠牲になったのである。

　コダックの破綻は、日本企業にとっても無縁ではない。急成長してきた韓国や中国のライバルとの競争で、技術や知的財産を守るだけでは日本企業は生き延びられない。日本企業のなかから、コダックの二の舞になってしまう企業が出てしまうかもしれないのである。

出典：「コダック　変われなかった100年企業」『日経産業新聞』2012年1月20日付をもとに筆者が作成

2　イノベーションの本質とインプット

　イノベーションとはさまざまな種類の新結合であり、技術革新と同義ではない[1]。しかし、技術革新はイノベーションのなかの1つの重要なタイプなので、以下でイノベーションというときには技術革新を念頭に置くことにする。

　イノベーションには3つの本質があるといわれている[2]。1つ目の本質は、イノベーションが情報をインプットとし、情報をアウトプットする経済活動だということである。2つ目の本質は、イノベーションが新しいことを試みること、すなわち実験だということである。実験なので、資源を投入しても技術開発が成功するかどうかわからないし、生み出された製品が市場で受け入れられるかどうかもわからないという不確実性がある。それゆえ、イノベーションはリスクの大きな行動なのである。3つ目の本質は、イノベーションが現状の創造的破壊だということである。

　この3つの本質に対応して、イノベーションには3つの特有のインプットが必要であるといわれる。情報がイノベーションのインプットでありアウト

1）本来イノベーションは、技術革新だけではない。Schumpeter（1934）によれば、イノベーションとは新結合であり、新製品の開発、新しい生産方法の導入、新しい販路の開拓、原材料やエネルギーの新たな供給源の発見、産業組織の再編成（独占的地位の形成や既存独占体の打破）の5つがあるとされる。
2）以下の議論は、主に青木・伊丹（1985）にもとづいている。

プットであるという１つ目の本質からは、情報がイノベーションに特有のインプットであることは自明であろう。イノベーションの２つ目の本質、すなわちイノベーションが実験であり、リスクが大きいということからは、２つ目の特有なインプットとして、このリスクを負うための危険資本があげられる。３つ目の本質である現状の創造的破壊からは、企業者精神がイノベーションにとって必要なインプットであることが導き出される。企業者精神とは、目利きの速さ（alertness）であり、リスクを恐れず行動する能力である（Kirzner 1973；Schumpeter 1934）。

3　イノベーションと企業規模

　それでは、この３つの本質と３つのインプットを有するイノベーションは、どのような企業によって主に担われるのであろうか。企業規模とイノベーションとの関係については、対立する２つの仮説が提示されている[3]。

　１つは、シュンペーター仮説と呼ばれるもので、イノベーション活動においては大企業に優位性があるという考え方である。たとえば Galbraith（1956）は、現代の技術開発には、高度の科学的知識、複合的な技術蓄積、大規模な研究開発設備が必須なので、大規模投資が行われるため、規模の経済が働くと考えた。また、技術開発はリスクが大きいので、そのリスクに耐えうるだけの財務基盤が必要であると考えた。ゆえに、大企業の方がイノベーション活動を有利に進めることができると主張したのである。

　それに対して、大企業ではイノベーションが起きにくいという主張もある。大企業では、既存事業を効率よく行うために、階層的でルールの定まった官僚制的管理組織がとられる傾向にある。ところが、しばしば官僚制の逆機能として指摘されるように、このような組織では変化に対して抵抗が生まれがちである。また、大企業はすでに経済的余裕を享受しているので、挑戦意欲がかき消されてしまう。つまり、大企業では、変化を見出したり、新しいことに挑戦したりするような企業者精神が抑圧されてしまうのである。

3）以下の議論は、植草（1982）にもとづいている。

図11‐1　イノベーションの本質、インプット、企業規模との関係

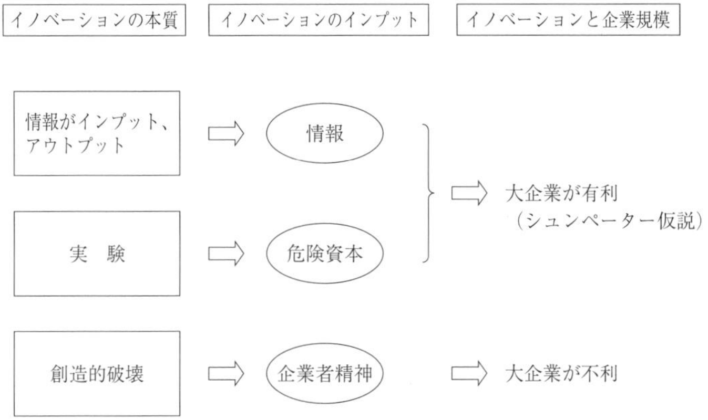

| イノベーションの本質 | イノベーションのインプット | イノベーションと企業規模 |

```
┌─────────────┐          ╭──────╮
│情報がインプット、│ ⇒       │ 情報 │ ─╮
│アウトプット   │          ╰──────╯  │
└─────────────┘                    │  ⇒  大企業が有利
                                    ├      （シュンペーター仮説）
┌─────────────┐          ╭──────╮  │
│   実　　験   │ ⇒       │危険資本│ ─╯
└─────────────┘          ╰──────╯

┌─────────────┐          ╭──────╮
│  創造的破壊  │ ⇒       │企業者精神│  ⇒  大企業が不利
└─────────────┘          ╰──────╯
```

　つまり、３つのインプットのうち、情報と危険資本に着目すると、それを相対的に豊富に有する大企業の方が優位であるという仮説が導かれるのに対し、企業者精神を重視すると、それが抑圧されている大企業よりも中小企業の方が優位であるという仮説が導かれるのである（図11‐1参照）。

　この２つの仮説のいずれが正しいかについて、実証分析の結果は必ずしもはっきりしない。アメリカのデータでは、ある企業規模までは、研究開発努力や成果は規模の拡大とともに比例的に、あるいはそれ以上に増大する。しかし、ある売上高のレベルで屈折点があり、その屈折点を過ぎると、研究開発努力は規模に比例しては行われず、研究成果はさらに落ちるという結果が得られている（Scherer and Ross 1990）。また日本のデータでも同様の結果が得られている。ただし、植草（1982）は、研究開発集約度に応じて、サンプルの産業を「革新的産業」、「標準的産業」、「停滞的産業」に分けて分析すると、「標準的産業」と「停滞的産業」では全体と同じパターンが観察されるが、「革新的産業」においては大規模企業ほどより積極的な研究開発努力を注ぐことが観察されるので、２つの仮説のいずれが正しいかは、産業特性を考慮して論じなければならないと主張している。

4　イノベーションと市場地位

　冒頭の事例にあったコダックのように、ある製品・事業で成功し、巨大企業に成長した既存企業が、新技術についていけずに衰退してしまうとき、それは大企業病で企業者精神が欠如したからだといわれる。あるいは、「成功の復讐」の犠牲となり、自ら変革することができなかったからだとも主張される。これらは、まとめていえば、既存大企業が環境変化に対応できない劣った企業、あるいは変革すべきときに変革しない非合理的な意思決定をする企業であるという主張になる。

　もちろんそれが否めない面もあるが、逆に合理的であるからこそ、既存企業がイノベーション競争に遅れてしまうという面もあるかもしれない。既存企業と新規企業、リーダー企業と下位企業とでは、いずれがイノベーション競争をリードすることができるのであろうか。以下では、企業の市場地位とイノベーションとの関係について考えてみよう。

　企業の市場地位とイノベーションについても、相反する2つの考え方が提唱されている。1つは、既存企業やリーダー企業がイノベーション競争で有利な立場にいると考える研究である。その一例として、Gilbert and Newberry（1982）のモデルを考えよう[4]。このモデルは、A、Bの2つの企業が、コスト削減的なプロセス・イノベーションをめぐる競争をしており、技術開発には不確実性が存在せず、開発投資の量に応じて開発までに必要な時間が決まると仮定されている。つまりこのモデルは、開発時期について両社が投資額を通じて競り（bid）を行っていると考えられるので、研究開発のビディング・モデルと呼ばれる。

　今、企業Aが企業Bよりも、現在の生産技術において優位性を有しているとしよう。もし企業Aだけがイノベーションに成功すれば、企業Bに対する優位性が増大し、市場はより独占的になるために、両企業の利潤総額は大きくなると考えられる。他方、もし企業Bだけがイノベーションに成功すれば、

4）以下は、Gilbert and Newberry（1982）のモデルについての奥野（1985）の解説を参考にした。

市場はより競争的になるので、両企業の利潤総額は小さくなると考えられる。すなわち、$(W(A), L(B))$ を、企業Aだけがイノベーションに成功したときの勝者Aと敗者Bのそれぞれの利益、$(W(B), L(A))$ を、企業Bだけがイノベーションに成功したときの勝者Bと敗者Aのそれぞれの利益を表すとすれば、先の仮定は、$W(A)+L(B) > L(A)+W(B)$ が成り立っていることを意味する。

　企業Aが企業Bよりも先に研究開発を行うことによって得られる機会利得は $W(A)-L(A)$ であり、企業Bが企業Aより先に研究開発を行うことによって得られる機会利得は $W(B)-L(B)$ である。もし先の仮定が成り立てば、前者が後者を上回るので、現在の生産技術において優位性を有する企業が研究開発において先行すると考えられるのである[5]。

　それに対して、たとえば淺羽（1995）は、以下のような2段階モデルを考えて、既存のリーダー企業がイノベーションに遅れることを示した。今、現世代の製品（以下製品1）について市場を独占している企業Aと、この市場に新規参入しようとしている企業Bが、次世代製品（以下製品2）の開発・供給をめぐって競争しているとする。各世代の製品の単位あたりコストは、企業間に差がなく一定であるが、製品1では、既存のリーダー企業である企業Aにインストールド・ベースや顧客の信頼・評判などから生じる優位性があり、価格に差がなければ企業Aが市場を独占できるとする。製品2は、製品1よりも機能は優れているが、コストは高い。製品1と製品2に対する評価は消費者によって異なるが、両製品の価格差が縮まれば、製品1から製品2へ需要がある程度シフトする。

　第1段階（開発競争段階）では、両社が研究開発費を投入して製品開発を行う。開発が成功するかどうかは不確実であるが、研究開発費が増えるほど開発の成功確率は高まるので、各企業は期待利得が最大になるように研究開発費を決める。次に第2段階（市場競争段階）では、各企業はどの世代の製品を供給するかを決め、自社の利潤を最大にするように価格を設定する。もちろん開発に失敗した企業は、製品2を供給することはできないので、製品1だけを供給することになる。

5）Besanko et al.（2000）は、この効果を、効率性の効果（efficiency effect）と呼んでいる。

　まず、市場競争段階から考えてみよう。この段階では、各企業がどの製品を供給するかによって、4つのケースに分かれる。両社が製品1しか供給しないケースIでは、両社とも単位あたりコストに等しい水準まで価格を下げることができるが、優位性がある企業Aは、単位あたりコストまで価格を引き下げなくても市場を独占し、正の利潤 Π_1 をあげることができる。他方、企業Bの利潤は0となる。

　企業Aが製品1、2を供給し、企業Bが製品1のみを供給するケースIIでは、ケースIと同様に企業Bは需要を獲得することはできず、その利潤は0となる。他方、企業Aが獲得する利潤は、独占的に供給される製品2が存在する場合に製品1から得られる利潤（$\Pi_1{}^*$）と、そのときに製品2から得られる利潤（Π_2）の合計となる。ここで、製品2が製品1の需要を食うため、$\Pi_1{}^*$ は Π_1 より小さいと考えられる。

　両社とも2つの製品を供給するケースIIIでは、製品2については両社の製品に差がないので、両社とも単位あたりコストまで価格を下げる。製品1は企業Aによって独占されるので、企業Bの利潤は0となるが、企業Aは製品1から正の利潤（$\Pi_1{}^{**}$）を獲得する。ただし、製品2の価格が競争によって下がるので、需要が製品1から製品2へシフトし、$\Pi_1{}^{**}$ は $\Pi_1{}^*$ よりも小さくなる。

　最後に、企業Aが製品1を供給し、企業Bが2つの製品を供給するケースIVでは、企業Aが製品1を独占し、企業Bが製品2を独占する。企業Aの利潤は、独占的に供給される製品2が存在するときに製品1から得られる利潤（$\Pi_1{}^*$）であり、企業Bの利潤は製品2から得られる利潤（Π_2）である。

　図11-2には、4つのケースそれぞれについて各企業の利得が示されたペイオフ・マトリックスが描かれている。企業Bにとっては、企業Aが製品2を供給する場合には、自分が製品2を供給するかしないかは無差別であるが、企業Aが製品2を供給しないのであれば、自分は製品2を供給した方が望ましい。このような場合を、企業Bにとっては「製品2を供給する」は「製品2を供給しない」を弱支配するという[6]。もし、企業Bが製品2を供給するのであれば、$\Pi_1{}^* > \Pi_1{}^{**}$ なので、企業Aは製品2を供給しない方が望まし

---

[6]　弱支配については、たとえばRasmusen（1989）を参照されたい。

図11-2　市場競争段階のペイオフ・マトリックス

企業B

製品2を供給する　　製品2を供給しない

	製品2を供給する	製品2を供給しない
製品2を供給する	ケースⅢ $\Pi_1^{**}, 0$	ケースⅡ $\Pi_1^* + \Pi_2, 0$
製品2を供給しない	ケースⅣ Π_1^*, Π_2	ケースⅠ $\Pi_1, 0$

企業A（左側：製品2を供給する／製品2を供給しない）

注：淺羽（1995）、p.179の図を筆者が改変。各セル内の値は、企業A
の利得、企業Bの利得を表す

い。つまり、市場競争の段階では、企業Bは製品2の開発に成功すれば必ず
それを供給するが、企業Aはたとえ開発に成功しても、企業Bが開発に成功
すれば供給しないことになる。一方、企業Bが製品2を供給しなければ、企
業Aは製品2の開発に成功すれば、それを供給すると想定する。つまり、
$\Pi_1^* + \Pi_2$ は Π_1 より大きいとする。

　それでは、次に開発競争段階について考えよう。今、企業 i が開発に成功
する確率を P_i とし、それが企業 i の研究開発投資額（K_i）に依存するとし
よう（$i = A, B$）。ただし、$P_i(0) = 0$、$P_i(\infty) = 1$ であり、すべての $K_i > 0$
について、$P_i'(K_i) > 0$、$P_i''(K_i) < 0$ であるとする。

　企業Aの期待利得（V_A）は、

$$V_A(K_A, K_B)$$
$$= P_A[(1-P_B)(\Pi_1^* + \Pi_2) + P_B\Pi_1^*]$$
$$+ (1-P_A)[(1-P_B)\Pi_1 + P_B\Pi_1^*] - K_A$$

となる。すなわち、自分が開発に成功し相手が失敗したとき（ケースⅡ）、
自分も相手も成功したとき（この場合、企業Bが製品2を供給するのでケー
スⅢとはならず、企業Aは製品2を供給しないケースⅣ）、自分も相手も失
敗したとき（ケースⅠ）、自分は失敗したが相手が成功したとき（ケースⅣ）

の各々の場合に得られる利得の期待値の和である。同様に企業Bの期待利得
（V_B）は、

$$V_B(K_A, K_B)$$
$$= P_B[(1-P_A)\Pi_2+P_A\Pi_2]+(1-P_B)[(1-P_A)\times0+P_A\times0]-K_B$$
$$= P_B[(1-P_A)\Pi_2+P_A\Pi_2]-K$$

となる。すなわち、自分が開発に成功し相手が失敗したとき（ケースIV）、
自分も相手も成功したとき（この場合、企業Bが製品2を供給するので企業
Aは製品2を供給しないケースIV）、自分も相手も失敗したとき（ケースI）、
自分は失敗したが相手が成功したとき（ケースII）の各々の場合に得られる
利得の期待値の和である。それぞれの企業が、相手の投資額を所与として自
社の期待利得が最大になるように投資額を決定すれば、

$$\partial V_A(K_A, K_B)/\partial K_A = P_A'[(1-P_B)(\Pi_1^*+\Pi_2-\Pi_1)]-1 = 0 \qquad (1)$$
$$\partial V_B(K_A, K_B)/\partial K_B = P_B'\Pi_2-1 = 0 \qquad (2)$$

が満たされる。(1)、(2)式は、それぞれ相手企業の投資額に対する最適反応
を示す反応関数である。ただし、企業Bの反応関数は、企業Aの投資額に拠
らず一定である。

　また、各式の右辺第1項は、各企業の研究開発に対する限界インセンティ
ブを表している。企業Aの限界インセンティブは、自分だけが開発に成功し
たときの利得と両社が失敗したときの利得の差が大きいほど大きくなる。企
業Bの限界インセンティブは、自分だけが開発に成功したときの利得が大き
いほど大きくなる。

　このようなゲームのナッシュ均衡は、この2つの式を同時に満たす（K_A^*,
K_B^*）の組である。(1)、(2)式より、

$$P_A' = 1/[(1-P_B)(\Pi_1^*+\Pi_2-\Pi_1)]$$
$$P_B' = 1/\Pi_2$$
$$P_B'-P_A' = \frac{(1-P_B)(\Pi_1^*-\Pi_1)-P_B\Pi_2}{\Pi_2(1-P_B)(\Pi_1^*+\Pi_2-\Pi_1)} < 0$$

となるので、$P_B' < P_A'$、$K_B^* > K_A^*$という関係を得る。したがって、企業

Bの方が、開発投資額が大きいために、開発に成功する確率も高くなると考えられるのである[7]。

5　イノベーターのジレンマ

　前節では、既存のリーダー企業と新規企業のいずれがイノベーション競争に優位であるかが議論された。その議論では、イノベーションに対する各企業のインセンティブの点から分析が行われたが、最近の研究には、過去の成功が開発の方向性の変化を見失わせてしまうために、既存企業がイノベーションに遅れてしまうという点を強調するものが多い。

　冒頭の事例や本章の議論のなかでもたびたび登場した、「イノベーターのジレンマ」もその1つである。Christensen（1997）は、ハードディスク・ドライブの産業の研究から、以下のようなリーダー企業が技術転換に失敗する過程を見出した。イノベーションには持続的イノベーションと破壊的イノベーションがあり、それぞれ既存のリーダー企業に対して異なる影響を有している。既存のリーダー企業は、現在の顧客の要求に敏感であり、それをより満たすような技術革新（持続的イノベーション）競争には最大限の努力を投入する。しかし、現在の顧客を満足させることを最重要に考えるがゆえに、既存のリーダー企業は、周辺的な顧客の要求を満たすような技術革新（破壊的イノベーション）の重要性を見落としてしまう。その結果、もし既存顧客が衰退し、周辺的な顧客が中心になったら、既存のリーダー企業はその顧客の変化に対応できずに衰退してしまう。

　ただし、リーダー企業は愚かだから失敗したのではなく、既存の顧客をめぐる競争を勝ち抜くために一生懸命努力したがゆえに、技術変化に対応できなかったのである。もし既存のリーダー企業が破壊的イノベーションにも対応しようとしていたら、既存の顧客をめぐる競争で淘汰されていたかもしれ

7）Besanko et al.（2000）は、この効果を、取替効果（replacement effect）と呼んでいる。彼らは、既存企業がイノベーションに遅れるもう1つの原因として、既存企業が現技術に対して行った投資はサンク・コストとなっているので、新規企業に比べて新技術の採択基準が厳しくなるというサンク・コストの効果（sunk cost effect）を指摘している。

ない。ゆえに、このようなリーダー企業の失敗をイノベーターの「ジレンマ」と呼んだのである[8]。

　伊神（2018）は、イノベーターのジレンマが経済学的にはどのように説明されるのかを整理し、実際にハードディスク・ドライブ産業のデータを分析し、いかなる説明が妥当するのかを検証しようとした。伊神は、イノベーターのジレンマが、以下の2つの効果のどちらかもしくは両方で説明されると考えた。1つは、置換効果、あるいは共食いと呼ばれる効果である。新技術が起こると、現技術にもとづく製品を有する既存企業は、新規製品が既存製品の売上を奪うことを経験する。他方、新規企業は失う既存製品を持っていないので、新規製品の売上が純増となる。ゆえに、新規企業の方が、イノベーションを起こすインセンティブが大きくなる。

　もう1つは、抜け駆けと呼ばれる効果である。既存企業は、新技術を開発（買占め）すれば、市場を独占し続けることができるのに対し、新規企業は、新技術を開発しても、それによって既存製品を駆逐し、市場を独占できなければ、せいぜい既存企業と市場を分けあうだけである。ゆえに、既存企業の方がイノベーションを起こすインセンティブが大きくなる。

　前節で略述したモデルのうち、既存企業の方がイノベーション競争をリードするという最初のモデルは、抜け駆けを示したモデルであり、新規企業の方がイノベーション競争をリードするという2つ目のモデルは、「製品2が製品1の需要を食う」という表現があることからもわかるように、置換効果（共食い）を示したモデルであると考えることができる。

　さらに伊神（2018）は、インセンティブではなく、能力格差についても言及している。イノベーションには、企業者精神が不可欠だが、それを豊富に有しているのは新規企業である。他方、イノベーションには組織力、研究開発力（資金力）が不可欠だが、それを豊富に有しているのは既存大企業である。これは、第3節の議論、あるいは第4節の冒頭の、環境適応力、自己変革力の点で既存企業は劣っているという主張に相当する。あるいは本節の最

8）また堀川（2003）は、半導体製造装置の1つであるCMP装置産業で既存企業が技術変化に遅れてしまった事例を分析した。その結果、既存企業は、計測・評価技術が提示する開発課題を追求して既存の技術を進歩させてきたがゆえに、その計測・評価技術が評価しない新たな基準が導入されるような技術変化を見逃してしまったと主張した。

初にあるように、過去の成功が開発の方向性の変化を見失わせてしまうという問題と符合する。

　おそらく、イノベーション競争には、イノベーションに対する各々の企業のインセンティブと、開発の方向性（の変化）に対する感受性の両方が影響を及ぼすのであろう。ゆえに、この両方の視点を考慮したイノベーション・マネジメントが必要なのである。

第**12**章

業界標準と競争

1 競争と協力

第Ⅱ部の競争戦略、第Ⅲ部の戦略的行動のなかで議論されてきた、企業が自社の競争優位を確立・持続するためにとるべき方法をまとめると、低価格あるいは高品質の製品を供給し、開発した製品はなるべく早く市場に導入して先発の優位性を享受し、他社の模倣を防いで市場地位を防衛するということになるであろう。ある特徴を有する産業では、この方法が競争優位を確立するために、もっとも重要であるとは限らない。その産業とは、しかし、異なる製品の間に互換性があるか、どの規格が事実上の業界標準（デファクト・スタンダード）となっているか、公的な機関で定められた業界標準（デジュリ・スタンダード）があるかといったことが企業間競争にきわめて重要な影響を及ぼすような産業である。

このような産業では、価格が安い、もしくは品質が高い製品が必ずしもトップシェアを獲得するとは限らない。また、先に製品を開発した企業がその製品の発売を見合わせ、発売時期について他社と歩調を合わせることもある。さらに、模倣を防ぐどころか、自社が開発した技術や規格を積極的に他社に採用してもらい、あえて真似してもらうこともある。すなわち企業は、排他的な競争を行うだけではなく、他社と協力するのである。

このような行動がとられるのは、後で詳しく述べるように、市場にネットワーク外部性と呼ばれる性質が働くために、製品間の互換性や業界標準のあ

りようが重要となるからである。そこで、以下ではまず、この性質が働く製品の例として、携帯電話の OS であるアンドロイドの事例を簡潔に記しておこう。

ショートケース　アンドロイドの囲い込み戦略

　2007年11月5日、グーグルは携帯電話に使われる基本ソフト（OS）やネット閲覧、メールなど必要なソフトウェア群「アンドロイド」を端末メーカーなどに無償で提供すると発表した。

　アンドロイドの原型を開発したベンチャー企業のアンドロイド社は、2005年にグーグルに買収された。アンドロイド社を創業し、売却先のグーグルでモバイル・プラットフォーム部門を率いるアンディー・ルービルは、1社が独り占めできないことがアンドロイドの最大の特徴であると述べる。アンドロイドは、誰もが無料で利用でき、ソフトの改良も自由で、世界中のプログラマーが、アンドロイド向けに新たなソフト機能を開発できるからである。

　携帯メーカーは、アンドロイドを自社端末に無料で組み込むことができる。マイクロソフトなどソフト大手に払っていた OS 利用料などがかからないので、携帯の開発コストが下がる。

　ただし、このアンドロイドの無償提供の裏には、グーグルの囲い込み戦略が見え隠れする。グーグルは、メールサービスの G メール、カレンダー機能のグーグル・カレンダー、動画配信サービスのユーチューブの視聴機能など、パソコンで高シェアを持つネットサービスへの入り口となるソフトをアンドロイドに組み込む。さらに、パソコン向けに作られたウェブサイトの多くは携帯画面に正しく表示されないことが多いが、アンドロイドの高性能ネット閲覧ソフトを使えば全サイトが閲覧できるようになる。

　つまり、携帯のパソコン化がグーグルのアンドロイド無償提供の狙いである。アンドロイドを突破口に、規格が乱立している携帯向けネットサービスを、自社のパソコン向けサービスに統合し、独り勝ち状態が続くネット広告につなげる戦略なのである[a]。

　日本市場でも、2008年後半になると、携帯電話の基本ソフト（OS）の陣営作りが活発化してきた。米マイクロソフトは、携帯向け OS「ウィンド

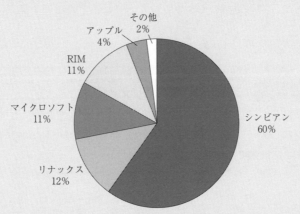

図12-1　携帯用OSの世界シェア（2007年4月-2008年3月）

注：「携帯OS、日本で覇権争い」『日経産業新聞』2008年11月21日付より引用

ウズ・モバイル」上で動くソフトの開発者団体を設立した。ノキア傘下のシンビアン陣営には、ソフトバンクモバイルなどが加わった（図12-1）。

　シンビアンは携帯専用OSで十年以上の実績があるが、グーグルがアンドロイドを無償公開したことに対抗して、より多くの通信会社や端末メーカーを自陣営に引き込むためにプログラムを公開した。オープン化への戦略転換である。開発費を抑えながら高機能化を進めなければならない携帯会社や端末メーカーにとって、どの陣営に加わるかは、競争の行方を左右する最重要の意思決定になる。

注：a）そもそもグーグルをネット広告で優位に立たせたのはネット検索であるが、最近そのネット検索において、グーグルの地位を脅かす新しい動きが起こっている。マイクロソフトは、投資先のオープンAIが開発したChatGPTを応用し、自社の検索エンジン「Bing」にネット検索をすると人間が書くような文章で回答する機能を組み込むと発表したのである。これによって、キーワードにもとづいて関連するウェブサイトの一覧が表示される現在の検索よりも、質問に適した回答まで素早く到達することができる。もちろんグーグルも対話型AIの開発を進めており、マイクロソフトに対抗するとみられている。たとえば、「AI、対話型検索で身近に」『日本経済新聞』2023年2月9日付を参照されたい。

出典：「グーグル、ソフト無償提供―「携帯パソコン」化の野望」『日経産業新聞』、2007年11月7日付、「携帯ソフト共通化狙う」『日経産業新聞』、2007年12月7日付、「携帯OS、日本で覇権争い」『日経産業新聞』、2008年11月21日月付をもとに筆者が作成

2　ネットワーク外部性

　先の事例にあるように、われわれは携帯電話によって、電話通信をするだけでなく、携帯端末というハード（やそれが採用する基本ソフト（OS））とさまざまなアプリを組み合わせることで、多種多様なサービスを享受することができる。携帯電話は、パソコンやタブレットといったコンピュータ機器、DVD や CD といった AV 機器と同様、ハード（や OS）とアプリケーション・ソフトやコンテンツとを組み合わせて使用する財である。このように、補完的な関係にある複数の財・サービス（ハードとソフト、OS とアプリなど）を組み合わせて使用する財はシステム財と呼ばれる。システム財の市場は、ネットワーク外部性と呼ばれる性質が働く典型的な市場である。

　ネットワーク外部性とは、（予想される）ネットワークのサイズ（加入者数、ユーザー数、マーケットシェアなど）の増大につれて、ネットワーク（財・サービス）から得られる便益が増大するという性質である（Rofles 1974；Oren and Smith 1981；Katz and Shapiro 1985）。この性質は、そもそも通信ネットワークの研究から考え出された。通信ネットワークの加入者は、そのネットワークを介して通信できる相手を意味する。通信ネットワークから得られる便益は誰かと通信することなので、加入者が増えれば通信ネットワークから得られる便益が増大することになる。このように、ネットワークのサイズ（加入者数）が直接的に便益を増大させる効果を、ネットワーク外部性の直接的効果と呼ぶ。

　携帯電話のユーザーも、日本でいえば NTT ドコモ、au、ソフトバンクなどのいずれかの通信会社と契約する。通信会社はより多くのユーザーを獲得するために激しい競争を繰り広げている。しかし、ソフトバンクと契約している人が NTT ドコモの契約者とも通話できるので、ネットワーク外部性の直接的効果はそれほど強くない。

　直接的効果に対して、ハード（や OS）のユーザー数の増大が、補完財であるソフトの多様性や価格低下を促すことによって、システム財の便益を増大させる効果を、間接的効果と呼ぶ。独立のソフトハウスにとっては、多くのユーザーを抱えて大量に売れる可能性が高いハード（や OS）向けにソフ

トを作った方がよい。ゆえに、多くのユーザーすなわち潜在的な顧客を抱え
ているハード（やOS）は、多くのソフトハウスを引きつけ、ソフトがたく
さん作られるようになる。また、ソフトの開発・生産には規模の経済が働く
ので、ユーザー数の多いハード（やOS）向けのソフトは、それが大量に生
産・販売されるのでコストが下がる。その結果、価格も引き下げられるかも
しれない。このように、補完財の多様性増加、価格低下によって、ネットワ
ーク外部性の間接的効果が働くのである。

　ネットワーク外部性が働く場合、消費者は他の消費者の行動を予測する必
要がある。他の多くの消費者と異なる製品を購入すると、通信相手の数や補
完財の多様性が限定され、ネットワーク外部性を享受できなくなるからであ
る。早期に（時点 t で）、あるネットワーク（あるいは製品や規格）N が一
定のユーザー（n）を獲得したとしよう。後で別のネットワークが参入する
かもしれないが、時点 t では、潜在的な参入者のユーザー数は0なので、ネ
ットワーク N に加入する方がネットワーク外部性を享受できる。したがっ
て、N に加入している人が他のネットワークに乗り換えることは起きない
だろうし、時点 t 以降に現れる新規ユーザーもすべて N に加入する確率が
高くなる。そうすると、早期にリードしたネットワークが独り勝ちする。つ
まり、ネットワーク外部性が強く働く市場では、「勝者総取り（winner takes
all）」になりやすいと考えられるのである[1]。

　他方、ネットワーク外部性が働くために他者の行動を予測しなければなら
ない場合、消費者や企業は、いわゆるニワトリと卵問題（チキン・エッグ・
パラドックス）に直面する[2]。消費者はインストールド・ベースの小さい財
を購入しようとはしないし、消費者が購入しないためにその製品のインスト
ールド・ベースは小さいままになってしまう。ゆえに企業は、均衡下で維持
可能な最低限のネットワーク・サイズ、すなわちクリティカル・マス（cri-

1）ネットワーク外部性が強く働く市場では、先発の優位が大きく、初期にリードした企
　業が独り勝ちすると考えられるが、実際には先発企業が市場を支配するケースは多くな
　いし、技術の選択は、歴史的な偶然の出来事に左右されるなど複雑で、容易には予測で
　きないといわれている。これについては Schilling（2002）を、経路依存性については
　Arthur（1989）を参照されたい。
2）ニワトリと卵問題については、第13章でも議論される。

tical mass）をなんとかして達成し、自社の製品を業界標準にしなければならない。業界標準が確立しないと、「チキン・エッグ・パラドックス」に陥り、市場が立ち上がらないからである。

消費者が製品の普及に対して悲観的予想を形成したために、市場が立ち上がらなかった古典的な事例として、4チャンネル・ステレオがあげられる（Postrel 1990）。4チャンネル・ステレオは、1970年代初めに登場し、CBSがマトリックス方式、RCAがディスクリート方式というそれぞれ異なる方式を提唱した。当初4チャンネル・ステレオは、臨場感が向上するために普及すると見られていたが、実際にはどちらの方式もほとんど普及しなかった。

その原因は次のように考えられている。まず、CBSとRCAが対立し、お互いに自分の方式が優れ、相手の方式が劣っていると中傷しあった。それを見た販売店は、どちらを売ればよいか迷い、模様眺めを決め込んだ。アーティストは、新方式を採用するために新しい知識を習得する必要性を感じなかったし、プロデューサーは時間と費用がかさむ新方式を望まなかった。つまり、利害関係者が全体的に悲観的な予想を形成したために、いずれの方式も業界標準にならず、市場が立ち上がらなかったのである。

また、旧製品から新製品への転換の際にも同様の問題が生じうる。消費者全員が新製品に乗り換えればその方が全員にとって望ましいにもかかわらず、旧製品に固執してしまうことを、excess inertia と呼ぶ（Farrell and Saloner 1985, 1986a）[3]。excess inertia の典型例としてあげられる事例は、QWERTY方式のキーボードである（David 1985）[4]。多くのキーボードは、左上からQWERTYという順でキーが並んでいる。本来この配列は、手動タイプライターのキーが絡んで動かなくなることを防ぐために、わざとタイピング速度が遅くなるように工夫された配列である。電子タイプライターになってキーが絡む心配がなくなれば、この配列はむしろ非効率である。にもかかわらず、この配列は今でも主流なのである。

企業は、単独で業界標準を確立できればそれに越したことはないが、それが不可能なときには市場そのものが立ち上がらない危険に直面する。ゆえに、

3）逆に、新製品に乗り換えない方がよいにもかかわらず、新製品への乗り換えが進んでしまうことは、excess momentum と呼ばれる（Farrell and Saloner 1985, 1986a）。
4）ただしこの事例については、別の解釈もされている（Liebowitz and Margolils 1990）。

その危険を回避するために、他社の力を借りて業界標準を確立しようとする。その結果、次節で見るような、ライバル企業との競争と協力が絡み合った複雑な企業間関係が生じるのである。

3　オープン戦略とクローズド戦略

　ネットワーク外部性が働く市場で業界標準を確立するために企業のとる戦略は、2つに大別できる。他社の追随を防ぎながら単独で自社製品を業界標準にしようとするクローズド戦略と、自社規格を公開して他社にそれを採用してもらい、他社と協力しながら自社製品およびそれと互換性のある製品を業界標準にしようとするオープン戦略である。冒頭の事例に登場するグーグルは、アンドロイドでまさしくオープン戦略をとったのに対し、iPhone を擁するアップルは、伝統的にクローズド戦略をとってきたと見られている。

　クローズド戦略にもとづく企業行動は、これまでの競争戦略論で論じられてきたそれと大差はない。他社との競争に勝ち抜くために、なるべく早期に、より高い品質・機能の製品をより低価格で供給する。略奪的価格引き下げ（predatory pricing）やプレ・アナウンスメントを行って、他社に顧客が流れるのを防ぐ（Farrell and Saloner 1986a）。また、知的所有権を盾に模倣を防いだり、他社が追随できないように頻繁な技術変更を行ったりする企業もある[5]。

　たとえば長年コンピュータ業界において支配的地位を占めてきた IBM は、産業初期にクローズド戦略のさまざまな施策を打ったといわれている。1960

---

[5]　クローズド戦略は高い専有可能性を保証するが、同時に競争政策上の問題が生じることがある。典型的な事例が、マイクロソフトの反トラスト法裁判である。1999年11月に米連邦地裁は、マイクロソフトが OS 市場を独占し、さまざまな形で独占力を濫用して競争を阻害したと指摘した。この判断に対しては、依然としてさまざまな意見があるが、クローズド戦略をとる企業にとって、あるいはネットワーク外部性が働く市場の競争政策を考えるうえで、これは十分考慮すべきケースである。これについては、柴田（2000）、もしくは淺羽（1998b）を参照されたい。また、ネットワーク外部性を活用して成長するプラットフォームに対する規制の問題については、本書第13章の第5節でも触れられている。

年代に発売されたメインフレームのシステム360シリーズにおいては、コスト以下の価格を設定する略奪的価格引下げをしたといわれている。また、360/90は、まだ計画段階にあるときに宣伝・紹介されたが、実際には引渡しが遅れ、しかも早々に生産が打ち切られた。そのためこの新製品の告知は、顧客が他社製品にスイッチするのを避けるために行われたプレ・アナウンスメントであるといわれている（Fisher et al. 1983；Sobel 1981）。

　クローズド戦略によって、自社単独で業界標準を確立できればよいが、そうならない場合も少なくない。ある企業が新製品を開発したとしよう。この企業は、独占状態を維持しながら、自社単独でクリティカル・マスを超える量を供給すると消費者に宣言するだろう。しかし消費者は、独占企業には常に自分たちの予想を下回る量を供給するインセンティブがあることを知っているため、独占企業の前述の宣言を信用しない。その結果、消費者が悲観的な予想を形成し、ネットワーク・サイズがクリティカル・マスに達しなくなる。

　このような場合に独占企業は、新製品の仕様を公開して他社の模倣、市場参入を促す。消費者は市場が競争的であるほど供給量が多くなることを知っているため、楽観的な予想を形成するからである。換言すれば、開発企業が参入を促すことがコミットメントとなり、宣言に信頼性（credibility）が付与される（Economides 1996）。ゆえに、開発企業は市場を独占することを諦めてオープン戦略をとるのである。冒頭の事例で示されていたように、グーグルがアンドロイドを無償公開したのも、それに対抗するためにシンビアンがプログラムを公開したのも、採用を促すためのオープン戦略であると考えられる。

　消費者に楽観的な予想を形成してもらうためには、他社の参入を促す以外にもさまざまなコミットメントがとられる。たとえば、かつてカラオケで一世を風靡したビデオディスクの場合、ファミリー作りに出遅れたパイオニアは、ディスクを安定的に供給できるように生産設備に投資したり、他社へのOEM供給が可能なように生産能力を増強したり、R&D投資をして次々にビデオディスクプレーヤーの新製品を開発したりした（淺羽1995）。これらもコミットメントの例であり、他社に光学式の採用を促した。一般的には、リスクが高く、だれも手をつけたがらないが、市場の成長にとってボトルネ

ックになりそうな部分に投資することが、楽観的予想を生むコミットメントになるのである。

4　それぞれの戦略のジレンマ

　たしかに、ネットワーク外部性が働く市場では、しばしばオープン戦略が採用され、そのおかげで製品が普及する例が見られる。しかしオープン戦略をとって市場が立ち上がったからといって、すべての企業が成功をおさめることができるとは限らない。たとえば、規格争いの古典的事例である家庭用VTRでは、ソニーのベータ方式を駆逐したVHS方式の開発メーカーであるビクターは、「VHSメーカーが増えた結果、身内同士で値段の叩き合いをやり、今日の繁忙貧乏を招いた」と嘆いている[6]。つまり、オープン戦略によって参入を促すと、ネットワーク外部性のおかげで市場が拡大するが、同時に競争も激化してしまうのである[7]。

　以上で議論されてきた2つのタイプの戦略に内在する問題点は、図12-2に示されている。各四角柱は市場が生み出す利潤の大きさを表しており、色の濃い部分は当該企業が専有できる大きさを表している。一般にある企業が専有できる利潤は、市場のパイの大きさと、専有可能性（あるいは競争）の程度の関数である。市場のパイの大きさは企業のとる戦略のオープンの程度が高いほど大きいと考えられる。オープンの程度が高いということは、参入企業が多く、競争が激しいことを意味するので、激しい競争が市場を成長させるからである。また、先に述べたように、オープン戦略がとられると、消費者が楽観的予想を形成して市場が立ち上がるからでもある。他方、専有可能性の程度は、オープンの程度が高く参入企業が多いほど小さくなる。

　したがって、企業は次のようなジレンマに直面することになる。クローズ

6）『日経ビジネス』1988年12月5日。
7）互換性が価格競争を激化させるかどうかについては議論がある。Farrell and Saloner（1986b）は、互換性を維持されるときには、異なる企業の製品間に本質的な差別化が行われないため、価格競争が激しくなると主張する。他方、Matutes and Regibeau（1988）は、互換性が価格競争を阻害すると主張している。

図12－2　オープンの程度と専有可能性

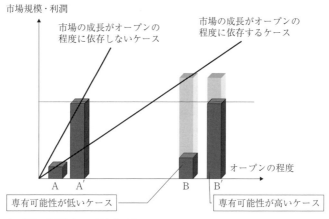

注：淺羽（1998a）、p.46より引用

ド戦略をとれば、専有可能性は高くなるが、市場が大きくならないので、獲得する利潤は小さくなるかもしれない（ケースA）。他方、オープン戦略をとれば、市場は拡大するかもしれないが、当該企業が専有できる程度は低いので、獲得する利潤は小さくなってしまうかもしれない（ケースB）。したがって、クローズド戦略をとりながら、なんらかの方法で市場を拡大させる（ケースA′）か、オープン戦略をとりながら、専有可能性を高めるなんらかの手段を講じる（ケースB′）必要がある。

　クローズド戦略をとりながらも市場が拡大するのは、当該製品がクリティカル・マスを超えることが、消費者の間で合意されている場合であろう。当該製品の魅力が卓越している場合には、合意が形成されやすい。また、それを供給する企業のマーケティング努力次第で、合意を形成することも可能かもしれない。

　他方、市場のパイを拡大するためにオープン戦略をとりつつ、専有利潤を確保する方法もいくつか考えられる。オープン戦略を採用した企業は、規格を外れることはできないので技術的な製品差別化は難しいが、マーケティング力などによって製品市場で支配的地位を維持することができれば、拡大したパイの大きな部分を獲得することができるであろう。

　また、当該製品市場で優位に立てなくとも、利潤を専有することはできる。

製品仕様や技術を公開する代わりに多額のライセンス収入を獲得するという方法である。たとえば CD では、ソニーやフィリップスが多額の特許料収入を得ていたといわれている。また、家庭用 VTR 市場の激しい競争を嘆いていた前述のビクターも、巨額の特許料収入を VHS のファミリー企業から獲得していた。

　さらに、システム財の場合、組み合わせて使用する一方の財（たとえばハード）ではオープン戦略によって競争状態を作るが、もう一方の財（たとえばソフト）を独占的に供給することによって、利潤を専有する場合もある。競争によって前者の市場が成長すれば、後者に対する需要が増大し、それを独占的に供給するので、大きな利潤を獲得できるのである（柴田 1992；山田 1993）。このやり方がうまくいくかどうかは、各財の需要の価格弾力性、多様性に対する消費者の要求の強さ、市場の参入障壁（たとえば固定費の大きさ）などが関係するであろう（Deruelle et al. 1996）

　最後に指摘したやり方の古典的事例は、ジレットの髭剃りと替刃による戦略で、tying strategy と呼ばれる（Scherer 1992）。たとえば先に例示したパイオニアは、光学式ビデオディスク・プレーヤーの供給メーカーを増やして業界標準を確立するとともに、ディスクの供給をほぼ独占して成功をおさめてきた（淺羽 1995）。冒頭の事例でも、グーグルの狙いは、アンドロイド携帯が普及すれば、携帯のパソコン化が進み、携帯向けネットサービスをパソコン向けネットサービスに統合することができ、自社が独り勝ちであるネット広告につなげて収益をあげることだと書かれていた。これらは tying strategy の一種だと解釈できる。

5　戦略の決定要因

　先に見たように、企業は専有可能な利潤がもっとも大きくなるように、戦略のオープンの程度を決めることが原則であるが、より具体的には、次のようないくつかの要因に応じて、クローズド戦略とオープン戦略が使い分けられると考えられる。

　戦略の決定要因の 1 つは、他社に対する自社の相対的能力であろう（淺羽

1995)。ライバル企業との間に大きな技術ギャップがあれば、自社製品と競合する製品が現れる可能性が低かったり、その登場までに時間がかかったりするであろう。また、強力な販売力やブランドを有していれば、自社単独でクリティカル・マスを超えることも不可能ではない。このような場合に企業は、クローズド戦略を選択すると予想される。これは、支配的企業ほど互換性に消極的であるという指摘（Gabel 1991）や、IBM がメインフレームではクローズド戦略をとりパソコンではオープン戦略を採用したことと整合的である。

　2つ目の戦略決定要因は市場の消費特性である。たとえば消費者によって好みが異なり、多様なニーズが見られる市場を考えよう。この場合、ネットワーク外部性が働いても、競合する製品がそれぞれ別の消費者の嗜好を満たすような特徴を有していれば、複数の非互換製品の存在が許容されるかもしれない（Katz and Shapiro 1994）[8]。このような場合、企業はそれぞれクローズド戦略を追求できるであろう[9]。

　最後の決定要因は市場の競争特性である。クローズド戦略をとる複数の企業が争い、勝者と敗者が決したとしよう。それぞれのペイオフに極端な差がある場合、敗者になったときのリスクを恐れて、企業は事前に協議をして業界標準を決めるなど、オープン戦略を選ぶであろう。また、激しい競争に陥りがちな市場では、クローズド戦略をとって競争すると業界全体の利益が減少するために、企業はオープン戦略を採用する傾向が強いかもしれない（Besen and Farrell 1994）。

　図12-3には、以上の3つの要因が各軸に表されている。この図で望ましい戦略は、当該企業を取り巻く状況が原点に近い場合にはクローズド戦略であり、原点から離れている場合にはオープン戦略となる。両者の中間の場合には、企業はなんらかの方法でオープンとクローズドの組み合わせからなる戦略をとることが望ましいと考えられる。

8）ただし、その多様な嗜好が基幹製品と補完財との組み合わせで満たされるものではなく、基幹製品それ自体が多様でなければ対応できないことが必要である。

9）これは、本書第13章の第4節で議論されるように、特殊なニーズを持ったユーザーが存在するとプラットフォーム間の差別化の程度が高くなり、プラットフォームの独り勝ちが阻害されるという指摘と類似している。

図12-3　戦略の決定要因

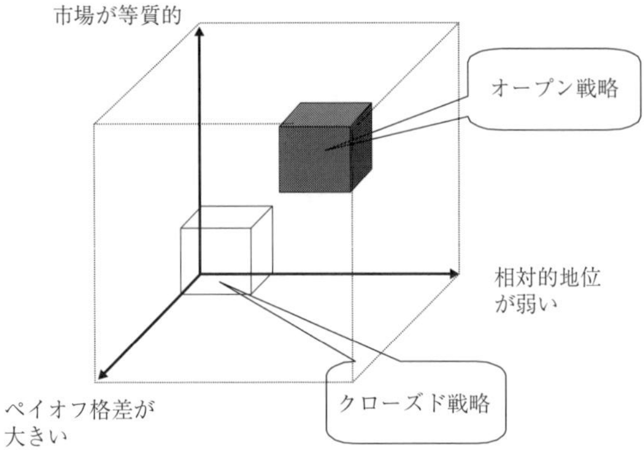

注：淺羽（1998a）、p.48より引用

　ネットワーク外部性が働く市場では、企業間の競争と協力の複雑な相互作用が見られる。企業は、単独で自社規格を業界標準にしようとするか、ライバル企業に規格を公開し、協力して業界標準を確立しようとするかを選択しなければならない。最近では、製品を発売する前に統一規格を作ろうとする動きが目立つが、必ずしもうまくいっているとはいえない。たとえば家庭用ゲーム機やメモリーカードなどで、これまでも互換性のない複数規格が業界標準をめぐる争いをしてきた[10]。

　規格間競争が、消費者に混乱をもたらし、必ず敗者を生み出すにもかかわらず繰り返されるのは、業界標準をめぐる企業の戦略が、きわめて複雑な意思決定だからであろう。企業は、クローズド戦略とオープン戦略の問題、自社の相対的市場地位、消費者の嗜好を考慮に入れ、ライバル企業の動向を予想しながら、意思決定していかなければならないのである。

---

10)　「"規格戦争"敗者のその後」『週刊ダイヤモンド』2002年10月16日号、pp.152-161。

第**13**章

プラットフォームと競争

1　端末かプラットフォームか

　2020年5月、GAFAM の時価総額が、東証一部上場の全企業の時価総額の合計を超えたことが報道された。周知の通り、グーグル、アマゾン、フェイスブック（メタ）、アップル、マイクロソフトの5つのアメリカ企業である。中国で GAFA と並び称されるのが、BAT（バイドゥ、アリババ、テンセント）である。さらに、生活に浸透して急成長を遂げた新興企業として、Uber やAirbnb などが思いつく。これらの企業には、買い手と売り手、ハードウェアのユーザーとアプリケーション・ソフトの開発者、運転手と乗客、旅行者と住宅の所有者といった異なるグループの人々を結びつける場を提供しているという共通点がある。つまり、プラットフォームを作っているのである。

　これらの企業のなかには優れた製品やサービスを提供しているものもあるが、むしろその成功要因は、異なるグループをうまくマッチングさせる仕組みを作ったことであろう。最近は、上記以外の企業でも、プラットフォームの意味をよく理解したうえでビジネスを展開して成功した企業が注目されている。そこで本章では、プラットフォーム・ビジネスの戦略について議論する。以下ではまず、優れた製品を提供することで市場を制覇した企業が、プラットフォームをうまく構築した新規参入企業に敗れてしまった携帯電話（スマートフォン）市場における競争の推移を記述しよう。

ショートケース　スマートフォン市場における競争の推移

　今日、スマートフォンは、われわれの生活になくてはならないものになった。世界的に大量に導入されたのは2005年だといわれており、それを実現したのはノキアであった。日本でも、2005年にノキアが10万円を切る端末を発売したことで、スマートフォンを導入する法人が急増した。2000年代半ばには、世界のスマートフォンの累計販売台数が5000万台を超え、2006年には1億台を突破すると見込まれていた。

　米国市場では、金融機関や官公庁で、RIM（リサーチ・イン・モーション、現ブラックベリー）社のブラックベリーが普及していた。パソコンと同じ配列のキーボードで手を使って入力するスタイルと、セキュリティ水準の高さが人気の理由であった。2007年のOSの世界シェアは、ノキアが採用しているシンビアンが60％、リナックスが12％、マイクロソフトとRIMが11％で並んでいた。

　しかし、2007年には、携帯電話市場において大きな2つの出来事が起こった。1つは、アップル社のiPhoneの発売であり、もう1つはグーグルのスマートフォン向けOS「アンドロイド」の無償公開であった。2008年には、iPhoneが世界的にヒットした。2009年には、アンドロイドを採用した端末がサムスンなどアジア企業を中心に発売され、売上を伸ばした。その結果2009年には、シンビアンは47％にシェアを落とし、RIMは20％に増えたが、iOSは14％、アンドロイドも4％のシェアを獲得した。

　シェアを落とし続けたノキアは、OSの自社開発を諦めてウィンドウズフォンを採用したが、相変わらず端末で競争しようとしていた。一部の端末では、ノキアの方が高い評価を得ていたが、上位機種ではiPhoneやアンドロイド端末と競争し、低価格機種では中国メーカーと競争するというように、挟み撃ちにされていた。

　RIMは、少なくとも米国市場では40％近い市場を握り、スマートフォンの代名詞となっていた。iPhoneについても、バッテリー寿命が短い、内蔵メモリが足りない、セキュリティに不安がある、タッチパネルはユーザーに支持されないと評価して、脅威だと真剣には受け止めず、ブラックベリーの優れたハードウェアが勝利すると考えていた。2008年10月には、iPhoneが月間販売台数で初めてブラックベリーを抜いたが、まだRIMは累積出荷台数ではリードを維持していたので、ハードウェア勝負という考

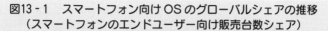

図13-1　スマートフォン向けOSのグローバルシェアの推移
（スマートフォンのエンドユーザー向け販売台数シェア）

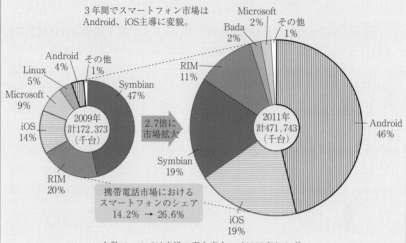

注：総務省情報通信統計データベースより引用
https://www.soumu.go.jp/johotsusintokei/whitepaper/ja/h24/image/n2201020.png

え方は変わらなかった。

　ところが、その後、iPhoneやアンドロイドは急成長し、ブラックベリーは急落した。2011年には、アンドロイドが46％、iOSが19％とシェアを伸ばしたのに対し、シンビアンは19％、RIMは11％にシェアを落とした（図13-1参照）。

　このような変化が起こった原因は、端末の優劣ではなく、当該OSのスマホで使えるアプリの存在であった。アップルは、2008年にApp Storeをオープンした。それまでスマホ用のアプリは、キャリアが販売の窓口になっていて、高い手数料をとり、厳しく管理されていた。しかし、iPhoneのアプリはApp Storeで販売でき、販売にかかる手数料もキャリアが窓口のときよりも大幅に安かった。ゆえに、アプリ開発者は、他のOSよりもiPhone向けアプリの開発を優先するようになった。その結果、2008年末までにApp Storeでは1万5000本を超えるサードパーティ製アプリが公開された。

　　グーグルも負けてはいなかった。2007年にアンドロイドを無償公開し、アンドロイド端末の開発を推進するコンソーシアムである「オープン・ハンドセット・アライアンス（OHA）」を立ち上げた。アンドロイドは対応アプリを開発しやすい設計になっており、多くのアプリ開発者に参加してもらおうとしていた。さらに、2009年には、App Store に匹敵する「アンドロイドマーケット」をオープンした（後に「グーグルプレイストア」と名称変更）。

　　それに対して、ブラックベリーも、2009年に「ブラックベリー・アップ・ワールド」というアプリ配信サービスを始めた。しかし、アプリ開発業者は iPhone とアンドロイド端末向けの開発に忙しく、かつブラックベリーの OS は対応アプリを開発しにくいことで有名だった。その結果、2011年初めまでにアップ・ワールドで入手できるアプリは2万5000本に過ぎなかった（アンドロイドマーケットでは20万本、App Store では45万本以上）。

　　2015年末には、App Store で公開されたアプリは150万本超、アンドロイドマーケットでは180万本以上となった。その結果、2010年代後半以降は、アンドロイドが70〜75%、iOS が20〜27%くらいのシェアを占めて安定し、その他の OS は数%を占めるに過ぎなくなった。

出典：「ビジネス市場も外資が攻勢」『日経ビジネス』2006年1月16日号、pp. 36-39、「携帯30年主役交代（上）主導権、「川下」にシフト」『日経産業新聞』2009年4月6日付、Moazed and Johnson（2016）をもとに筆者が作成

　　上で見たように、ブラックベリーは、QWERTY キーボードがついていて両手を使って入力するスタイルであり、セキュリティも強かったので、端末の品質は優れていると認識されていた。それゆえ、RIM もハードウェア勝負という姿勢を変えなかったのであろう。それに対して、iPhone がブラックベリーに勝ったのは、iPhone のハードウェアとしての魅力もあったかもしれないが、それよりも iPhone で使用できるアプリの種類が多かったからであり、それを可能にしたアプリ開発者を引きつける工夫が最大の理由であろう。この点では、アップルよりもグーグルの方がさらに力を入れていたともいえる。

　　この理由は、換言すれば、アップルもグーグルも、優れた端末の開発では

なく、多くの人に使ってもらうようなプラットフォームを構築して競争したということである。他方、ブラックベリーは、端末の品質の高さを過信し、プラットフォームの重要性を軽視していた。その重要性を理解してプラットフォームを構築しようとしたときには、時すでに遅しであった。

　スマートフォン業界の競争を一変させたように、プラットフォームはいくつかの産業で極めて重要な役割を果たしている。そこで本章では、プラットフォームの本質的特徴、プラットフォームが成長するための施策、プラットフォーム間の競争について議論する。

2　プラットフォームとは

　まず、プラットフォームとはなにかについて考えよう。プラットフォームは、基地（たとえば石油プラットフォーム）、役所の施策を行う基盤、ソフトウェアの動作環境、自動車の車台など、これまでさまざまな意味で使われてきた。本章では、ビジネスにおけるプラットフォームに対象を絞り、異なるグループの人々を引きつけて、さまざまな製品・サービスがやり取りされるのを促進する場とプラットフォームを定義する。

　このように定義しても、そのなかにはいろいろなプラットフォームが含まれる。Cusumano et al.（2019）は、プラットフォームを取引プラットフォームとイノベーション・プラットフォームの2つの基本タイプに分けている[1]。取引プラットフォームとは、そこに参加する人々が情報を共有したり、売買を行ったり、サービスにアクセスしたりすることを可能にする仲介業者やオンライン市場である。グーグル・サーチ、アマゾン・マーケットプレイス、フェイスブックなどが典型例である。

　イノベーション・プラットフォームとは、そこに参加する人たちが新たな製品やサービスを開発・供給することができるような技術基盤である。たとえば、パソコンの OS であるウィンドウズ、家庭用ゲーム機などがこれにあ

1）根来（2013）は、媒介型プラットフォームと基盤型プラットフォームという分類を提唱している。これは、前者が取引プラットフォーム、後者がイノベーション・プラットフォームに、それぞれ対応する。

たる。どちらも、パソコンで使われるアプリケーション・ソフトやゲーム・ソフトの開発に必要な技術基盤であり、多くのサードパーティのソフトウェア開発者にソフトの開発を促している。

　冒頭のスマートフォン業界の事例に登場したアップルやグーグルは、この2つのタイプのプラットフォームをどちらも有している、あるいは2つを合わせたようなプラットフォームを構築したといえる。スマホのアプリがダウンロードできる App Store やアンドロイドマーケットは、消費者とアプリ開発者とを仲介する取引プラットフォームである。他方、iPhone 自体、あるいはその OS である iOS やアンドロイド端末の OS は、スマホのアプリ開発のための技術基盤であり、イノベーション・プラットフォームである。

　このようにいろいろなプラットフォームが存在するが、いずれのタイプのプラットフォームも、以下のような本質的特徴を共有している。1つの共通する特徴は、2つ以上のサイドの市場に関与するということである。たとえば App Store は、消費者との取引の市場とアプリ開発者との取引の市場という異なる2つの市場に関与している。iPhone（あるいは iOS）は、iPhone のユーザーとアプリ開発者という2つの参加者と関わっている。複数の市場と関わるという特徴がプラットフォームの本質であることを看破し、二面市場としてプラットフォームの分析を行ったのが、Rochet and Tirole（2003）である。

　プラットフォームの2つ目の本質的特徴は、前章で議論したネットワーク外部性が働くということである。取引プラットフォームにネットワーク外部性の直接的効果が働くことは明らかであろう。SNS のようなプラットフォームの場合、参加者は多くの人とつながり、情報交換することに意味を感じているので、多くの人が参加するプラットフォームはますます参加者を引きつけて大きくなり、参加者が得る便益は増大する。

　オンライン・ショッピングモールのようなプラットフォームの場合も、多くの買い手がいるということは財・サービスがたくさん売れることを意味するので、多くの売り手が当該プラットフォームに参加する。すると、購入できる財・サービスがより多様になるので、ますます多くの買い手が参加し、さらにますます多くの売り手が参加する。こうして、買い手と売り手の双方にとって、当該プラットフォームに参加することから得られる便益が高まる

のである。

　また、プラットフォームが複数の市場と関わっているということは、それ
ぞれの市場で取引されている財・サービスが相互に補完財であることを意味
する。逆にいえば、相互に補完財になっている複数の財・サービスを取引し
ていることが、プラットフォームの3つ目の本質的特徴である。

　たとえば、iPhone（あるいは iOS）であれば、iPhone のユーザーと
iPhone 向けアプリの開発者の2つの参加者と取引しており、スマホ端末と
アプリは補完財である。このようなイノベーション・プラットフォームに、
ネットワーク外部性の間接的効果が働くことは明らかであろう。端末のユー
ザーが増えれば、その端末向けのアプリがたくさん売れるので、多くの開発
者がその端末向けアプリを開発しようとする。その結果、アプリの種類が増
えたり、競争激化によってアプリの価格が下がったりする。するとその端末
から得られる便益が増し、ますますその端末のユーザーが増加するのである。

　プラットフォームが直面する複数の市場で取引される財が補完財ならば、
片方の財の価格が下がれば、他方の財の需要が増える。片方の財の価格の低
下は2つの効果をもたらす（McAfee and Brynjolfsson 2017）。1つは消費者
余剰の増加である。図13-2に示されているように、財の価格が P_1 から P_2
に下がれば、需要量が増え、需要曲線よりも下側、価格の線よりも上側の三
角形で表される消費者余剰も、$\triangle AE_1P_1$ から $\triangle AE_2P_2$ に増える。消費者余
剰が増えるということは、払ってもよいと思う価格（willingness to pay：
WTP）よりも安い価格で財を手に入れることができるという意味で得をし
たと考える買い手が増えることなので、企業にとってもよいことである。

　ある財の価格低下によって需要が増えるもう1つの意味は、補完財に対す
る需要も増えるということである。ただし、1つの財の価格低下がその補完
財の需要を増やす効果はそれほど大きくないかもしれない。たとえば、1つ
のアプリの価格が下がったからといって、スマホの端末の需要はそれほど大
きくは増えないであろう。その特定のアプリをぜひ使いたいと思っている人
はそれほど多くないからである。しかし、iPhone やアンドロイド向けのア
プリのように、アプリの種類が膨大になれば、端末の需要を増大させる効果
も大きくなるだろう。また、多くのアプリが共有されていることは、その端
末がアプリ開発者にとって魅力があり、将来的にも新しいアプリが開発され

図13‐2　補完財の価格低下がもたらす効果

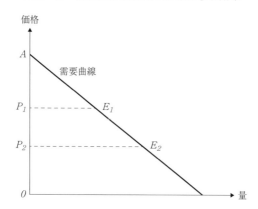

続けるという信頼感を消費者に与えることにもなる。

　片方の財の価格低下がこのような効果を生むとすれば、その財が無料で提供されるようになればその効果は絶大なものになるだろう。実際、多くのスマホのアプリは無料で提供されているが、どうしてそれが可能なのだろうか。McAfee and Brynjolfsson（2017）は、基本的サービスは無料で提供するけれども高度な機能や追加容量などから料金を徴収するフリーミアム、財を提供する際に提示する広告から得る広告収入モデルなど、財が無料で提供されるいくつかの理由を示している。

　とくにプラットフォームが開始されてすぐのときには、プラットフォームを始めた企業自身が片方のサイドの市場を形成（財・サービスを提供）することによって、プラットフォームの成長を後押しすることもあるが、ほとんどの場合、自分以外の多くの参加者の協力がないとプラットフォームは成長しない。たとえば、iPhone でいえば、最初はアップル自身がアプリを開発していたが、iPhone が成長したのは、無数のサードパーティの開発者がプラットフォームに参加したことで、膨大な数のアプリが開発され、それがApp Store を通じて販売されるようになったからである。開発者やユーザー、その他さまざまなサプライヤーなどが形成するネットワークは、エコシステムと呼ばれる。ゆえに、エコシステムを作り上げ、機能させることがプラットフォームの成長にとってきわめて重要であるということが、プラットフォ

ームの４つ目の本質的特徴である。

3　ニワトリと卵問題の克服

　プラットフォームを立ち上げる際には、ニワトリと卵問題と呼ばれる問題に必ず直面する。これは、第12章で指摘した、ニワトリと卵問題と基本的に同じである。プラットフォームがAとBという２つの市場に直面しているとき、市場Aの規模は市場Bの規模に依存するし、市場Bの規模は市場Aの規模に依存する。ゆえに、市場Aが大きくならなければ市場Bが立ち上がらず、市場Bが立ち上がらなければ市場Aは大きくならない。つまりニワトリ（市場A）が先か卵（市場B）が先かという問題に直面するのである。

　プラットフォームは、市場サイドAの参加者がほとんどいないときに、市場サイドBの人々をいかにプラットフォームに参加させるか考えなければならない。逆もまたしかりである。イノベーション・プラットフォームでいえば、補完財（アプリ）がほとんどない状況で、消費者にプラットフォーム（端末）を購入してもらわなければならないし、プラットフォームを購入する消費者がどれだけいるかわからない状況で、補完財供給業者に当該プラットフォームの補完財を開発・供給してもらわなければならない。取引プラットフォームでいえば、売り手（買い手）を引きつけるために十分な買い手（売り手）がいることをなんとかして示さなければならないのである。

　このニワトリと卵問題を解決するための方法は２つある。１つは、他の市場サイドの成長にかかわらずプラットフォーム参加者が増えるように、一方の市場サイドで完結する価値を創出するという方法である。Evans and Schmalensee（2016）は、レストランの予約仲介サービスのオープンテーブルを例に、この方法を説明している。

　オープンテーブルの創業者であるチャック・テンプルトンは、レストランが予約を入力し、テーブルの空き状況をモニターし、キャンセルを記録したり、お得意様を追跡したりできるテーブル管理システムを開発した。しかし、レストランはこのシステムに大きな投資をすることに乗り気ではない。そのシステムを導入しても、どれだけ新規予約が増えるかわからないので、投資

が見合うかどうか判断できないからである。そこでテンプルトンは、少額の初期費用と月次費用でシステムをリースすることにした。少ない費用であれば、予約がいっぱいで好調なレストランにとっては、テーブルを効率よく管理できるだけでそのシステムの導入は魅力的だからである。この低額リースによって、テーブル管理システムの導入契約を結ぶレストランは増えていったのである。

　ニワトリと卵問題を解決するもう1つの方法は、どちらか一方の市場サイドを補助するという方法である[2]。オープンテーブルでいえば、それを利用する食事客は、オープンテーブルの利用料金を支払う必要はない。それどころか、予約が成立した顧客には、次回の食事でディスカウントされるポイントが提供される。つまり、食事客が参加する市場サイドに対しては、コストを下回る価格（無料もしくはポイントというマイナス価格）をつけているのである。

　このように、コストを下回る（無料あるいはマイナス価格を含む）価格をつけるサイドは助成サイド、あるいは優遇されるサイドと呼ばれる。コストを下回る価格をつけるので、当然助成サイドでは損失が発生する。プラットフォームは、別のサイドの参加者に対してコストを上回る価格を課すことで、その損失を補填する。こちらのサイドはマネーサイド、あるいは課金されるサイドと呼ばれる。

　オープンテーブルでいえば、レストランはシステムの利用料金に加え、サイト経由で予約が入る度に、1席につき1ドル支払う。つまり、食事客が助成サイド、レストランがマネーサイドである。パソコンのOSでは、直接あるいはパソコンメーカーを介して間接的にOSの費用を負担しているエンドユーザーがマネーサイド、OSのAPI（アプリケーション・プログラミング・インターフェース）に無料でアクセスできるアプリケーション・ソフトの開発者が助成サイドである。オンラインのマーケットプレイスは、売り手がし

2）本節では、プラットフォーム立ち上げ時に生じるニワトリと卵問題を解決するために、あるサイドに対して無料あるいはマイナス課金をするという方法を提示しているが、Evans and Schmalensee（2016）は、この課金方法は、プラットフォーム立ち上げの初期だけにとられる仕掛けだと考えるのは誤りだと述べている。実際、多くのプラットフォームでは、無料あるいはマイナス課金は恒常的に行われている。

ばしば手数料を負担するのでマネーサイド、買い手は通常負担しないので助成サイドであると考えられる。

　プラットフォームは、どちらのサイドを助成し、どちらのサイドに課金するか、慎重に検討しなければならない。どちらのサイドを助成（優遇）するかを考えるときのポイントとして、Eisenmann et al.（2006）は以下の2つを指摘している。1つは、価格志向のユーザーを優遇するということである。価格志向のユーザーは、ちょっとの価格低下で大きく需要を増やす市場を形成するので、需要の価格弾力性が高いサイドを助成すると言い換えてもよい。同じように価格を下げても、需要の価格弾力性が高いサイドの方が、需要（参加者）が大きく増えるはずである。ゆえに、価格志向の強いユーザーを優遇するのが合理的なのである。

　もう1つのポイントは、品質志向のユーザーを優遇するということである。品質志向のユーザーはえてして価格志向ではないので、1つ目のポイントを考えると、品質志向のユーザーは優遇せずに課金すべきと考えられるかもしれない。しかし、品質志向のユーザーがいるときには、当該ユーザーではなく、そのユーザーに財を提供するサイドに課金をして、高品質を保証させることで、品質志向のユーザーを引きつけることができる。2つ目のポイントは、このような考えにもとづいているのである。

　たとえばビデオゲーム市場では、プレーヤーは高品質で面白いゲーム・ソフトを望む品質志向のユーザーである。ビデオゲーム機というプラットフォームを提供する企業は、ゲームのプレーヤーの価格を割安に設定する。その結果、当該プラットフォームのユーザーが多くなればソフトが大量に売れるので、高品質なソフトを開発するために多額の開発費がかかっても、ソフト開発者は開発費を回収することができる。さらに、ソフト開発者に高いロイヤリティを課せば、高品質なソフトしか開発しないであろう。低品質のソフトでは、大きな売上が期待できないので、開発費を回収できないからである。

　家庭用ゲーム機とパソコンのように、一見に似たように見えるプラットフォームでも、エンドユーザー（あるいはソフト開発者）がマネーサイドになる場合もあるし、助成サイドになる場合もある。どちらを助成サイドにし、どちらをマネーサイドにするか、それぞれのサイドに対してどの程度課金するかは、慎重に考えなければならない難しい問題である。

　プラットフォームを立ち上げるために、企業は助成サイド、マネーサイド
を分けるだけでなく、それ以外にも注力することがいくつかある（Tirole
2016）。1つは、参加者の品質管理である。ある参加者の行動は、しばしば
他の参加者に影響を及ぼす。Evans and Schmalensee（2016）は、これを行
動の外部性と呼んだ。たとえば、粗悪なアプリは、そのプラットフォームの
評価を落とし、他のアプリ開発者の評判を汚すかもしれない。つまり、負の
外部性が働くのである。それを防ぐため、プラットフォーム運営企業は、厳
格なルールを定めたり、規制したりすることによって、品質管理を徹底する
のである。

　もう1つ注力すべきことは、品質管理と同じような意味で、情報提供であ
る。プラットフォーム運営企業は、あるグループの参加者が信頼に足ること
を他のグループの参加者に伝えようとする。たとえば、レビューや格付けシ
ステムによって、あるグループの参加者の信頼性に関する情報を他のグルー
プの参加者に提供する。この情報提供によって、評判の悪い参加者とは取引
しないので、結果として悪い参加者が排除されるようになるのである。

　このようにプラットフォーム運営企業は、助成サイドとマネーサイドを慎
重に分けたり、課金以外の方法で行動の負の外部性を防いだりすることによ
って、プラットフォームの立ち上げを促すのである。

4　プラットフォーム間の競争[3]

　プラットフォームは、「勝者総取り（winner takes all）」になることが多い
といわれている。それは、以下の2つの要因が1つのプラットフォームへ利
用者を集中させるからである（Tirole 2016）。

　1つの要因は、前章でも議論したネットワーク外部性である。最初に市場
サイドAのユーザー獲得で先行したプラットフォームは、サイドA内でのネ
ットワーク外部性（あるいはネットワーク外部性の直接的効果）が働くと、

3）この節の議論は、Eisenmann et al.（2006）、Evans and Schmalensee（2016）、Tirole
　2016）、Zhu and Iansiti（2019）に依拠している。

ますますサイドAのユーザーを獲得できるようになる。あるいは、サイドA
のユーザーが大きいプラットフォームは、サイドBのユーザー（あるいは補
完財）が増えるので、ますますサイドAのユーザーが増えるというサイド間
のネットワーク外部性（あるいはネットワーク外部性の間接的効果）が働く
と考えられるのである。

　もう1つの要因は、スケールメリットである。プラットフォームを立ち上
げるためには、膨大な初期投資が必要となる場合がある。たとえば検索エン
ジンは、検索件数の多寡に関係なく同じ費用がかかる。しかし、広告収入あ
るいは情報の価値は、検索件数が多い方が高い。ゆえに、検索件数が多くな
るにつれて、1件当たりのコストは低下し、1件当たりの価値は増大する。
その結果、検索件数の大きいエンジンにはスケールメリットが働き、1つの
検索エンジンへの集中が起こると考えられるのである。

　それゆえ、なるべく早く市場に参入し、市場を独占することが大事だとい
われることがある。しかし、いつでも最初に登場したプラットフォームが市
場を独占するとは限らない。後発のプラットフォームが市場を独占すること
もある。第12章で示唆したように、ネットワーク外部性が働くときには、常
に先発の優位が働くとは限らないので、早期に参入できたとしても、他者と
歩調を合わせて参入を待つという行動もとられるのである。

　また、先発であろうが、後発であろうが、実際には勝者総取りにはならな
い場合の方が多い。独り勝ちを阻む条件としては、ネットワーク外部性がそ
れほど強くないという条件以外に、以下の2つが指摘される。1つは、マル
チホーミングである。マルチホーミングとは、プラットフォームの参加者が、
複数のプラットフォームに同時に参加するという現象であり、複数のプラッ
トフォームに参加する場合の追加費用が安い場合に起きると考えられる。

　たとえばクレジットカードやQRコード決済などの決済手段には、利用者
はVISAやMastercardなどの複数のカードを併用しているし、PayPayや
LINE Payなどの異なる決済サービスを併用している。2枚目のカード、2
つ目のサービスを利用しても大きな費用が追加的にかからないからである。
この場合、クレジットカードにも決済手段にもネットワーク外部性が働くが、
勝者が1つに決まり、それが市場を総取りすることにはならない。

　独り勝ちを阻むもう1つの条件は、プラットフォーム間の差別化の程度で

ある。特殊なニーズを持ったユーザーが存在すれば、小規模なプラットフォームであっても、そのニーズに特化して差別化を図り、大規模なプラットフォームの陰でニッチを開拓し、生き残ることができる。たとえばアメリカンエクスプレスは、出張族にフォーカスし、その特殊なニーズを満たすサービスを提供することで、VISAから差別化した。また、フェイスブックは、大学生にフォーカスし、彼らにとってより好ましい交流環境を提供することで、先行していたマイスペースから差別化したのである。

　これらに類似した例として、地域クラスタリングがあげられる。たとえば、ある種のサービスを提供する全国展開しているプラットフォームでも、A、Bという2つの地域が十分に離れていれば、Aにいる当該プラットフォームのユーザーはBにいるユーザーのことに注意を払わない。であれば、地域Aに特化して多くの地域Aのユーザーを獲得している小規模プラットフォームは、全国のユーザー数では大規模プラットフォームにまったくかなわなくても、生き残ることができるかもしれないのである。

　このようなクラスタリングがあるから、レストランの予約仲介ビジネスは、多くの都市に契約レストランを獲得しても、どの都市も十分な数のレストランを獲得できていなければ発展しない。サンフランシスコでディナーをしたい客にとって、シアトルのレストランの空きテーブルはまったく意味がないからである。そこで、オープンテーブルは、サンフランシスコ、シカゴ、ニューヨーク、ワシントンの4都市で、それぞれ契約レストランの獲得に注力した。サンフランシスコで十分な数のレストランと契約できたら、その都市のウェブサイト利用者とオンライン予約が増加し、より多くのサンフランシスコのレストラン獲得が容易になったのである。

5　今後のプラットフォーム[4]

　今日のプラットフォーマーにとってやっかいなことは、プラットフォームとの競争ではなく、規制当局に対する対応かもしれない。アメリカではプラ

4）この節は、Tirole（2016）に依拠している。

ットフォーマー規制論者のリナ・カーン（コロンビア大学准教授）がFTC（連邦取引委員会）委員長に就任し、EUではデジタル市場法、デジタルサービス法が適用され、プラットフォーマーへの規制強化が見込まれる。それに対して、規制強化に反対する論者もあり、プラットフォームに対してどのような競争政策をとるべきか、世界中で議論が起こっているのである。

　たとえば、先に見たように二面市場に直面するプラットフォームは、助成サイドにはコスト割れやゼロやあるいはマイナスの価格をつけ、マネーサイドには高い価格を課す。前者のサイドの低価格は、これまでの競争法で考えると、弱小企業を市場から締め出すための略奪価格のように見える。また、後者のサイドの高価格は、独占企業による独占価格のように見える。

　しかし、第3節でみたように、助成サイドの低価格は、他のプラットフォームを締め出すためではなく、自分のプラットフォームを立ち上げるために合理的な行動である。参加者の厚生も損なっていない。また、マネーサイドの高価格も、そのプラットフォームが生み出している、マネーサイドの参加者にとっての付加価値の対価である。このようなプライシングは、二面市場に直面するプラットフォームにとって合理的なプライシングであり、既存の大規模プラットフォームだけでなく、新規の小規模プラットフォームでも行われる。ゆえに、これまでの競争法の原理をプラットフォームにそのまま当てはめることはできず、プラットフォームの特徴を十分に理解したうえで、慎重に規制を検討しなければならないのである。

　他方、もしプラットフォーマーが、二面市場の複雑な特徴に乗じて非競争的な価格をつけて独占利潤を得ているのであれば、規制されなければならない。たとえば、オンラインマーケットプレイスで、出店業者に過剰な手数料を課している場合は問題である。また、多くの新しいビジネスモデルを作って参入してきた新規のプラットフォームを、競争を阻害する目的で買収してしまうのであれば、ゆゆしき問題であろう[5]。

　さらにデータの所有についても、同じように2つの見方がある。とくにGAFAMと呼ばれるメガ・プラットフォーマーは、顧客に関するさまざまな

---

[5]　買収した後、新規のプラットフォームを提供し続けるのであればよいが、買収後やめてしまうのであれば、その買収は単に競合を排除するために行われたものと考えられ、社会的に望ましくないと考えられる。

データの収集・蓄積で、他を圧倒している。これらのプラットフォーマーは、そのデータを用いて多様な新しいサービスを提供する。これは消費者にとってよいことである。しかし、データを独占的に所有しているので、その支配的地位を利用して、高価格をつけて消費者に不利益をもたらしたり、他の企業を市場から排除したりするかもしれない。

　プラットフォーマーの集中、独占の問題、それに対する規制についてはよく吟味しなければならないが、新しい技術がその懸念を払しょくしてしまうかもしれないという議論も起こっている。Web3である。Web2.0ではメガ・プラットフォーマーがデータを囲い込み、中央集権化が進むのに対し、Web3ではブロックチェーンやスマートコントラクトといった技術を基盤に、分散化されたネットワーク上で、特定のプラットフォームに依存することなく、自律したユーザーが直接つながるといわれている（馬淵他 2022）。この自律分散型のつながりがどれだけ主流になるかわからないが、そこではもはやプラットフォーマーの集中や独占は問題ではなくなるかもしれない。とすれば、今後のプラットフォーマーは従来とは異なる競争に直面するかもしれないのである。

　プラットフォーマーは、プラットフォーム間の競争に臨むとともに、規制や新しい技術潮流が自身にいかなる影響を及ぼすかを慎重に見極めなければならない。そのためには、プラットフォームの特徴、本質、戦略についての理解が進むことが肝要である。

第14章

リソース・ベースト・ビュー

1 ポジショニング VS. リソース

　これまで第Ⅱ部、第Ⅲ部で展開してきた競争戦略に関する議論は、「構造・行動・成果パラダイム」にもとづく伝統的産業組織論であれ、ゲーム理論を援用した新しい産業組織論であれ、いずれにせよ産業組織論の研究成果を応用したものが多かった。企業が競争優位を獲得・持続するためには、第4章の「業界の構造分析」に典型的に示されているように、魅力的な産業を事業分野として選び、これまで提示してきたさまざまな戦略を駆使し、ライバル企業からの競争圧力やそれ以外の脅威に対処できるような戦略上の地位に、自社をポジショニングすることが肝要であると主張されてきた。それゆえこのような考え方は、「ポジショニング・スクール」と呼ばれることがある。

　それに対して、本書でも随所で触れてきたが、企業が持続的な競争優位を獲得できるか否かに重要な影響をもたらすのは、業界の競争構造ではなく、各企業が保有する内部資源であると主張する考え方が提唱されてきた[1]。これが、コア・コンピタンスやナレッジ・マネジメントといった思想を同じくする考え方とともに、1990年代以降台頭してきた「資源にもとづく企業観（Resource based View of the Firm：RBV）」、あるいは「リソース・ベースト・

1）ポジショニング・スクールとRBVの論争については、岡田（2001）に簡潔にまとめられている。

ビュー」と呼ばれる考え方である。RBV は、競争戦略はもちろん、事業展開や企業成長といった企業戦略上の問題を考えるうえでもきわめて重要となってきている。

　そこで、本章では、RBV の考え方の概要を解説し、それと経済学との関連を議論する。そのとっかかりとして、社内に蓄積された技術という重要な経営資源の１つを活用して、いくつかの新規事業を始め、企業変革に成功した富士フイルムの事例を見てみよう。

ショートケース　富士フイルムの新規事業展開

　富士フイルム（2006年の持株会社化を契機に、社名から「写真」がとれる）は、1980年代、1990年代を通してデジタル化の波に備えてきたが、市場が伸びているなかで事業構造を変えるのは難しかった。カラーフィルムの総需要がピークを迎えた2000年に富士写真フイルムの社長になり、2003年には CEO に就任した古森重隆は、CEO 就任前から技術の棚卸しを始めていた。富士フイルムには化学や物理、機械、電機、ソフトウェアなどさまざまな技術がある。主として写真で培ったこれらの技術を整理し、技術の競争力や潜在力をはっきりさせようとしたのである。そのうえで、棚卸しで出てきた技術がどういう分野で使えるかを徹底的に考えた。それが、図14‐1に表されている。

　図の右半分には、医薬品、化粧品などの新規事業が書かれているが、これらよりも先に事業化され成功した事業に、液晶用フィルムなどのタックフィルムがある。タックフィルムは市場の伸びが期待できたので、古森は2004年に1100億円をかけて、４つのラインを備えた新工場を建てた。そのおかげで富士フイルムは、液晶ディスプレイの部材におけるリーディングカンパニーの地位を獲得した。

　一方、2006年に始まった化粧品事業では、2007年にアンチエイジング化粧品「アスタリフト」が発売された。「アスタリフト」には、写真フィルムの技術がいくつも応用されている。肌の保湿や張りに関わる主成分のコラーゲンについての技術。肌の老化予防に応用された、写真を色あせないようにする抗酸化技術。水に溶けない抗酸化物質などの有効成分を化粧品に配合するため、小さな油の粒に包んで水に溶かすナノ技術などである。

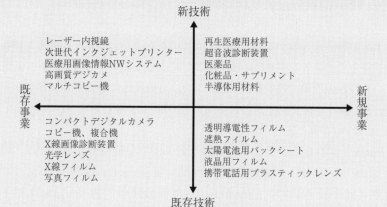

図14-1 技術の棚卸し

新技術

既存事業

レーザー内視鏡
次世代インクジェットプリンター
医療用画像情報NWシステム
高画質デジカメ
マルチコピー機

再生医療用材料
超音波診断装置
医薬品
化粧品・サプリメント
半導体用材料

新規事業

コンパクトデジタルカメラ
コピー機、複合機
X線画像診断装置
光学レンズ
X線フィルム
写真フィルム

透明導電性フィルム
遮熱フィルム
太陽電池用バックシート
液晶用フィルム
携帯電話用プラスティックレンズ

既存技術

注：『日経ビジネス』2013年3月11日号、p.65の図を筆者が改変

　また、医薬品では、富士フイルムの化合物の合成技術、解析技術、生産技術が事業展開のベースになっている。富士フイルムには、約20万種の化合物群があるし、物質の反応のメカニズムを解析する技術も高い。これは医薬品を開発するうえで大きなアドバンテージとなる。

　さらに、フィルムの生産技術が、バイオ医薬品の受託製造事業に役立っている。バイオ医薬品は生きている細胞を相手にしているだけに、大量生産や品質の安定化が難しい。富士フイルムには、条件設定や品質管理が難しい乳剤を長年、製造しており、この分野にノウハウがあったのである。

　もちろん時間と技術を買うために、M&Aが行われた。ただし、短時間での周辺技術の獲得や市場の拡大がM&Aの目的であり、コア技術はなるべく自前技術から得た。こうした技術蓄積、その棚卸し、技術にもとづく事業展開を行った富士フイルムは、事業の多角化における幅と深さがあり、それが経営破綻したコダックとの違いだと古森は述べている。

出典：「古森重隆の経営教室　第2回逆風下の作法」『日経ビジネス』2013年3月11日号、pp.64-67、「古森重隆の経営教室　第3回アナログの妙味」『日経ビジネス』2013年3月18日、pp.112-116、「富士フイルムホールディングス　写真フィルムを軸に業態転換　新事業を生んだ"技術の棚卸し"」『週刊ダイヤモンド』2013年1月12日号、pp.84-87をもとに筆者作成

2 競争優位のための4条件

　上記の事例からわかるように、富士フイルムは写真フィルム事業で蓄積した技術をさまざまな事業に応用することによって新規事業を展開し、展開したいくつかの市場で競争優位を確立した。このように、企業が保有する資源（先述の事例では技術）が当該企業に競争優位をもたらすメカニズムを、RBVは次のように説明する。

　Peteraf（1993）は、企業が持続的な競争優位を獲得するためには、異質性（heterogeneity）、資源移動の不完全性（imperfect mobility）、事前の競争制限（ex ante limits to competition）、事後の競争制限（ex post limits to competition）という4つの条件が必要であると主張した（図14-2参照）。

　まず、RBVの基本的な前提として、企業はそれぞれ異質な資源の束や能力を有していると考えられる。限界的な資源しか持たないために、産業の需給条件によって決められる最低限の効率性しか達成できない企業は、超過利潤をあげることができない。それに対して、優れた資源を有したより効率的な企業は、超過利潤を獲得することができる。つまり、ある企業がレントを獲得するためには、企業間の資源の異質性が前提とされているのである。

　企業の間に資源の束の異質性が存在するためには、その資源がそれを保有する企業に拘束されるものであり、企業の間を自由に移動できるものであってはならない。換言すれば、レントを生む資源は、市場で自由には取引できない（Dierickx and Cool 1989）。たとえば、特許で守られている技術は、特許の使用料が払われなければ、模倣によって企業間を自由に伝播することはない。

　ただし、技術は、特許化されればかえってライセンス取引が可能となる。むしろ特許化されていない企業特殊的なノウハウや評判といった資源の方が、当該企業による過去の学習や投資の結果企業内に蓄積されるものなので、市場で取引することは難しい。したがって、そのような資源については、企業間の移動が不完全となるのである。

　また、企業が資源の異質性にもとづいてある戦略をとったときの成果は、その戦略から生じるレントだけでなく、その戦略を遂行するために要するコ

図14 - 2　持続的競争優位の土台

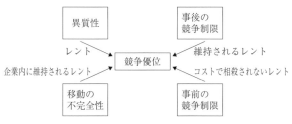

注：Peteraf（1993），p.186の図を筆者が翻訳

ストにも依存する。Barney（1986）は、戦略の遂行に必要な資源が調達される市場を、戦略的要素市場（strategic factor market）と呼んだ。もしすべての企業が、戦略的資源の将来価値を等しく見積もるとすれば、市場は競争的になってしまう。競争の結果、いかなる企業も超過利潤をあげられない水準まで、戦略的要素を獲得するためのコストは上昇してしまう。

　逆に、ある企業が幸運であったり、企業間で保有する情報が異なったりする場合、企業によって戦略的資源の将来価値に対して異なる予想が立てられる。その場合、戦略的要素市場は競争的ではなくなり、ある企業だけが超過利潤を手に入れることができる状態が生じる。この超過利潤は、Rumelt（1987）が企業者的レントと呼んだものである。

　さらに、企業が保有する資源の異質性が一時的なものであれば、レントは消滅してしまい、競争優位は持続しない。換言すれば、競争優位が持続するためには、レント獲得を目指した競争が制限されなければならない。Rumelt（1984, 1987）は、企業が模倣を防いでレントを維持するメカニズムを、隔離メカニズム（isolating mechanism）と呼んだ。隔離メカニズムには、特許などの制度的要因、因果の曖昧さ、経験効果、買い手のスイッチング・コスト、チャネルや市場の先占めなどがあげられている。つまり、隔離メカニズムとは、第10章で議論した模倣困難性と先発優位性を１つにまとめたものである。

　上記４つのメカニズムを容易に理解するためには、芸能プロダクションの例を考えるのがよいかもしれない。芸能プロダクションにとって重要な資源はタレントである。当然プロダクションごとに異質なタレントを抱えている

ので、資源の異質性があり、業績は異なる。ただし、タレントはプロダクション間を移動したり、独立したりすることが不可能ではない。つまり、資源の移動は不完全とはいえない。

　戦略的要素、つまりタレントの発掘や移籍といったタレントを獲得する際の市場はどうだろうか。デビュー前のタレントの将来性については、プロダクションごとに異なる予想が立てられるだろう。また、偶然あるプロダクションが、磨けば光るダイヤの原石のような新人タレントを獲得できる場合もあるだろう。つまり戦略的要素市場は完全ではない。

　他方、評価が定まったタレントの場合、人気タレントのギャランティーはつり上がる。そうしなければ、タレントは他の高いギャランティーを提示するプロダクションに移籍してしまうからである。その結果、人気タレントという希少な資源が生み出すレントは、プロダクションではなくタレントに帰属することになる。つまり、新人に比べて評価が確立されたタレントの市場は、完全である程度が高い。したがって、新人タレントの市場では事前の競争制限が存在するが、評価が確立したタレントの市場では事前の競争制限は存在しないと考えられるのである。

　最後に、人気タレントを擁するプロダクションは、事後の競争を制限することができる。評判などによって、そのタレントが買い手（テレビ局や視聴者）にとってなくてはならない存在であれば、そのタレントが所属していない他のプロダクションは同様のことができないからである。

　RBV は、この 4 つの条件がそろったとき、企業が持続的な競争優位を手に入れることができると考え、それゆえ企業の保有する資源が企業の競争優位に重要な影響を及ぼすと主張するのである。

　冒頭の富士フイルムの事例でも、企業によって蓄積されている技術は異なるので、まず富士フイルムは技術の棚卸しを行い、その技術を応用して新規事業を展開していった。棚卸しした技術は、学習や研究開発によって社内に蓄積された自前技術なので、簡単には企業間を移動しない。ゆえに、大きなレントを生む条件を満たすのである。

　富士フイルムは、周辺技術の獲得を目的として M&A も行っていた。M&A で技術を取得するということは、その技術が企業間を容易に移動することを意味する。もし買収企業も被買収企業も、当該技術が生み出す収益に

ついて同じように予想していれば、その収益の現在価値が買収金額に反映され、買収企業はレントを得ることができないであろう。しかし、不確実性や情報の非対称性によって、将来収益についての予想は企業によって異なる。もし被買収企業が将来収益を少なく見積もっていたとすれば、買収金額は相対的に安くなり、結果として買収企業はレントを手に入れることができるのである。つまり、戦略的要素市場も競争的ではないと考えられるのである。

　技術だけでなく、事業を成功させるために必要なその他の資源や資産は、補完的資産と呼ばれる（Teece 1986）。富士フイルムの例でいえば、苦戦している化粧品事業が補完的資産の重要性を示している。写真フィルムで培ったさまざまな技術をもとに「アスタリフト」のような優れた製品を発売しているにもかかわらず、富士フイルムが化粧品事業で苦戦しているのは、広告・宣伝、マーケティング、販売（チャネル）といった、化粧品事業においてきわめて重要な補完的資産が富士フイルムには足りなかったからだと考えられる。つまり、富士フイルムの化粧品事業は、事後の競争を制限するどころか、既存の化粧品メーカーに事後の競争を制限されていたので、競争優位を得ることができなかったと考えられるのである。

3　RBV の経済学のルーツ

　はじめに RBV は、産業組織論に依拠したポジショニング・スクールに対抗して登場したと述べた。それでは、RBV は経済学とどのような関係にあるのだろうか。

　そもそも企業を多様な資源の集まりとみなす考え方は、Penrose（1980）に見られる。伝統的なミクロ経済理論では、企業は需要・供給条件のもとで、利潤をもっとも大きくするような供給量を決定するだけの存在である。この抽象的な企業概念は、市場メカニズムを分析する場合には有効であるが、企業の成長を考える場合には抽象的すぎる。

　そこで Penrose（1980）は、企業を多数の個人の行動を調整する管理機構と生産資源の束として捉えた。さらに Penrose（1980）は、その生産資源が企業ごとに異質であり、かつ企業者能力、経営者能力といった資源には制約

があるため、成長の程度や方向性が企業間で異なると主張した。ゆえに、企業は資源の束であるという見方、内部・外部の資源をバランスよく使うことによって企業は最適なパターンで成長できるという考え方の2つが、RBVに対する Penrose（1980）の貢献である（Rugman and Verbeke 2002）[2]。

　また、ポジショニング・スクールに影響を及ぼした伝統的産業組織論に対しては、経済学の内部からも批判が起こっていた。いわゆるシカゴ学派の批判であり、これも RBV につながる。産業組織論では、市場集中度と利潤率が正の相関を持つことが通常想定されている。これを伝統的産業組織論は、参入障壁に守られた集中度の高い市場では、寡占企業が結託して市場支配力を行使し、高い利潤を享受していると解釈した（market concentration doctrine）。

　それに対して、たとえば Demsetz（1974）は、ある市場の集中度の高さが長期的に継続するとはいえないという点や、集中度の高い1つの市場では小規模企業よりも大規模企業の方が高い利潤率を享受しているという点に着目した[3]。Demsetz は、政府の規制がないにもかかわらず集中度の高い市場は、規模の経済が働く市場であると考えた。それゆえ、大規模企業の方が効率的であり、利潤率が高くなると解釈した。換言すれば、高い利潤率は企業が有する特殊な資源や能力に対する見返りであると主張したのである[4]。

　もし、企業間に効率性の面で差異があれば、効率の劣る企業が超過利潤をあげられない場合でも、より効率的な企業は超過利潤を獲得することができる。たとえば企業間の差異が、なんらかの優れた生産要素の有無に起因して

2）同時に Rugman and Verbeke（2002）は、Penrose（1980）が、長期的にある企業が超過利潤をあげられるような長期均衡の存在を明示的に否定していると指摘している。換言すれば、Penrose（1980）は、持続可能な競争優位を作り出すために、有効な戦略的処方箋をマネジャーに与えようとしたことはない。にもかかわらず、何人かの RBV 研究者が、誤解にもとづき、この後者の点についても原点を Penrose（1980）に求めていると批判されている。

3）もし、企業が結託しているために、集中度の高い市場で利潤率が高くなるのであれば、大規模企業だけでなく小規模企業の利潤率も高くなるはずである。

4）伝統的産業組織論とシカゴ学派の違いは、競争政策に如実に表れる。前者が集中度の高い産業は企業分割などによって集中度を低下させるべきであると主張するのに対し、後者は極力政府の規制を排除すべきであり、規制以外の要因で集中度の高い産業は、既存企業の効率性の表れであると主張する。

いるとしよう。この生産要素はすぐに増やすことができないという意味で固定的であるとすれば、新規企業はその生産要素を調達して市場に参入することはできない[5]。それより劣る生産要素を用いて市場に参入せざるをえない。それゆえ、優れた生産要素を有している企業だけが、超過利潤をあげることができるのである。

　この超過利潤は、当該企業が参入を阻止し、供給量を制限することによって獲得する独占利潤ではなく、供給が限定されている生産要素から生ずるレントである。ここで、生産要素を資源や中核能力に置き換えれば、そっくりRBVの議論になる。したがって、RBVもまた、経済学にその源流があるといえるのである。

4　資源・能力の蓄積

　RBVは、ある事業で企業がどうして競争優位を構築・持続させることができるかを説明するだけではない。たとえば、冒頭の事例が示すように、富士フイルムは写真フィルム事業で培ったさまざまな技術を中核資源として、次々に事業を展開し、企業変革を達成した。ゆえにRBVは、多角化や企業成長といった企業戦略上の問題に対しても、有効な考え方を提供するのである。

　たとえばPrahalad and Hamel（1990）は、企業戦略を推進するうえでコア・コンピタンスが重要であると主張した。ここでコア・コンピタンスとは、複数の技術の流れをいかに統合していくかを組織内で集団的に学習することである。またMarkides（1997）は、自社の戦略的資産を評価し、進出分野との整合性を確認することが、多角化を成功させるために重要であると主張した。いずれも、企業が保有する資源およびそれを評価・統合する能力が、企業成長にとって重要であると説いているのである。

5）同様に、すでにその優れた生産要素を有している企業も、生産要素の供給量には限りがあるので、その投入量を増やすことはできない。効率的な企業の供給量が少ないのは、当該企業が独占企業として行動しているからではなく、投入できる生産要素の量が限られているからである。

　このような主張を支持する実証研究もいくつか行われている。たとえば Montgomery and Wenerfelt（1988）や Wernerfelt and Montgomery（1988）は、事業間の関連性が低い多角化よりも、関連性が高い多角化を行っている企業の方が優れた業績をあげていることを見出した。第 2 章で展開した議論と整合的な結果である。また、Markides and Williamson（1994）は、関連性の高い多角化が好業績を生み出すのは、多角化を通じて、企業が迅速かつ効率的に、戦略的資産のストックを拡大し、新規の戦略的資産を作り出すことができるからであることを実証的に明らかにした。

　このように、多角化についてはいくつかの実証研究があるが、RBV に依拠したシステマティックな実証研究はあまり多くない。RBV の研究には、成功企業を調査し、その企業が特異な優れた資源を有していることを指摘する事例研究が多い。ただし、企業がなんらかの点で同質でないとすれば、（成功）企業のなかに特異な資源を見出すことは必ずできるであろう。とすれば、企業を成功に導く優れた資源とは成功企業が保有する資源であることになり、トートロジーに陥ってしまう（Priem and Butler 2001）。これを避けるためには、企業が保有する資源や競争能力をなんらかの尺度で実際に測り、それと企業の業績との関係を調べるといった実証研究が必要であろう。

　また、新宅・網倉（2001）は、企業が個々の資源や能力を保有していても、それらを全体として一貫性のある能力体系へと編成し、有効に活用することができなければ、競争優位を持続することは難しいと述べている。彼らは、そのようなメタ能力を戦略スキーマと呼んだ。たとえばシャープは、電卓・産業機器のハード志向の戦略スキーマと、家電のソフト志向の戦略スキーマを融合させ、差別化されたユーザー・インターフェースを実現することができたと考えられる。新宅・網倉（2001）は、こうした商品を開発し、顧客に提案していくというプロセスを、シャープの全社的な戦略スキーマを形成していくプロセスとして描いている。

　戦略スキーマと類似した概念には、Prahalad and Bettis（1986）のドミナント・ロジックや加護野（1988）のパラダイム、Teece et al.（1997）のダイナミック・ケイパビリティがある。ダイナミック・ケイパビリティとは、急速に変化する環境下で富の創造と獲得のために、新しい事業機会を特定し、それを実現するために、社内外の能力を統合、構築、展開、再構成する企業

の能力と定義される。

　冒頭の富士フイルムの事例では、技術の棚卸しを行い、それぞれの技術の競争力や潜在力を見える化し、その社内の技術（と必要があれば社外の技術）をどのように組み合わせるとどういう分野で使えるか徹底的に考え、事業展開を行っていた。その際、社内外の（技術）資源を再構成する能力が、まさに富士フイルムのダイナミック・ケイパビリティの一部だと考えられる。

　そもそもRBVは、企業がある時点で競争優位を確立・持続しているのはなぜかを説明する理論であり、その意味では企業のスタティックな能力についての理論である。しかし、その後は、コア・コンピタンスのように資源をもとにした多角化という企業戦略上の能力、ダイナミック・ケイパビリティのように資源の統合、構築、再構成を行う能力についての研究が行われ、RBVも資源のダイナミックな展開を扱う理論になっていった。これからも、企業のダイナミックな能力についての研究がますます進むことが期待される。

5　2つの戦略研究の補完関係

　本章の最初で、ポジショニング・スクールとRBVは対立する考え方であるように述べたが、両者は対立するものというよりも、実際は補完的なものだと考えられる（Saloner et al. 2001）。いま、ある企業が競争優位を獲得しているとしよう。ポジショニング・スクールの研究では、企業がある産業を事業分野として選択したことや、その事業分野で支配的市場地位を構築できたことが、当該企業が競争優位を確立した理由であると説明するであろう。しかし、ポジショニング・スクールは、なぜ当該企業がそのようなポジショニングを可能にしたかについてはほとんど説明しない。他方、RBVの研究は、当該企業がある種の資源や能力を有していたから、そのポジショニングが可能となったと説明する。

　逆に、RBVの研究は、企業が有する（優れた）資源や能力が競争優位の源であり、他社による模倣可能性が低ければその優位性は持続すると主張するが、RBVの研究者による模倣不可能なメカニズム（隔離メカニズム）は、ポジショニング・スクールにおける議論と重なる点が多い。また、RBVの

図14 - 3　ポジショニング・スクールと RBV の補完関係

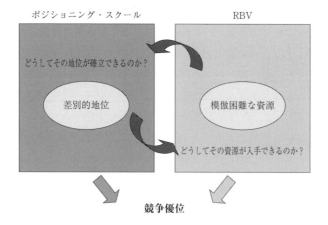

研究者は、ある企業の資源や能力がどのような価値を生み出すかについては
あまり説明しない。それを明らかにするためには、市場構造や競争状態につ
いてポジショニング・スクールで展開されている議論が役に立つであろう
（Priem and Butler 2001；Barney 2001a, 2001b）。つまり、ポジションと資源
は相互に補完的なのである（図14 - 3 参照）。

終　章

経営戦略論における
２つの競争観

1　ハングリー精神の欠如？

　経営戦略とは、序章で定義したように、企業を成功に導くためになにをどのように行うかを示したものである。それを研究する経営戦略論は、実際の企業がなぜ、どのような戦略をとっているのかを研究し、その戦略がどうして企業を成功に導くのかというロジックを明らかにしようとする。本書は、経済理論を用いてそのロジックを考察してきたのである。

　ところで、本書で議論されてきたさまざまな戦略を振り返ってみると、その多くの議論の背後には１つの競争観があることに気づく。しかし、競争についての考え方は１つではなく、いくつかの異なる考え方が提唱されている。そこで以下では、本書を終えるにあたり、これまでの経営戦略の背後にある競争観を明らかにしたうえで、それとは異なる競争観があること、異なる競争観にもとづく経営戦略がありうることを議論しようと思う。それを考えるにあたり、ちょっと古くなるが20年ほど前の加護野忠男氏（当時、神戸大学教授）の発言を引用しよう。この発言のなかで議論されている日本企業の敗北の原因は、後述する競争観に通じる議論であり、日本企業にとって今なお示唆に富んでいるからである。

　　いくつかの分野での日本企業の負け方を見ていると、その敗北は単なる戦
　　略の失敗が原因であるとは思えない。戦略を支える基本的な姿勢が原因で

あると私には思える。基本的な姿勢ゆえに負けている典型例は、パソコン産業である。パソコンは、日本企業が最も得意とした組み立て型のエレクトロニクス製品である。ところが、このパソコンのグローバル市場で、日本企業は、いつの間にかメジャー・プレーヤーではなくなっている。パソコンの主たる生産者になっているのは、台湾の EMS メーカーであり、それを使って世界市場を制覇したのは、アメリカのブランドメーカーである。かつてはラップトップや小型ノートパソコンでは日本メーカーは健闘していたが、最近では、日本の市場で細々と戦うローカル・プレーヤーに成り下がってしまった。戦うことの直接的なリスクとリターンを考えれば、日本企業の戦い方は戦略としては正しかったのかもしれない。しかし、このような意味での正しい戦略しか取れなかったところに日本企業の問題が隠されているのではないかと私は見ている。小さなスケールでの正しい戦略が企業の戦闘意欲を退化させてしまったのである。アメリカでは、HP がコンパックを買収してパソコン市場でトップシェアを占めようという戦略を取った。この戦略はリスクがあまりに大きく、株主の反対に遭った。株主がビビるほど大胆な戦略だ、これほどのリスクのある市場で戦う価値があるかという疑問は当然である。パソコン市場で勝っても、インテルやマイクロソフトを儲けさせるだけで、得られる成果は乏しい、デルの先端的な事業モデルに規模で戦っても勝ち目がないという冷静な分析も十分に成り立つ。しかし、リスクに賭けて戦い抜いた企業が何を得るかは、戦った後にしかわからない。戦っているうちに、デルの事業モデルを超えるよりよい事業モデルがつくり出せるかもしれない。よりよいモデルができてから戦うのでは、いつのことになるかわからない。このように考えれば、厳しいパソコン市場で正面から戦おうという HP の戦略はリスクが大きすぎる。しかし、本気になって戦わないことには、勝つ方法は見つからないのである。もちろん、いつまでたってもその方法が見つからない可能性も十分にある。それがリスクである。日本企業は、このようなリスクの大きな戦略ではなく、もっとリスクの少ない戦略に特化してしまっている。

出典：加護野忠男、「日本企業に「ハングリー精神」を取り戻す策」『プレジデント』、2003 年 4 月 14 日号、pp.153-154

パソコン産業では、MPU と OS という基幹部品・ソフトを握っているイ

ンテルとマイクロソフトが付加価値の大きな部分を押さえ、パソコン本体の
メーカーは激しい競争の渦中にある。加護野氏は、このような激しい競争が
繰り広げられている市場に参入することはリスクに比してリターンが小さい
ので、日本企業の戦い方が正しい戦略なのかもしれないと指摘してはいる。
しかし、この「小さなスケールでの正しい戦略」が、戦闘意欲を低下させ、
日本企業からハングリー精神を奪っていると懸念もしているのである。

　加護野氏は、1990年代から行われたコーポレート・ガバナンス改革にとも
ない、日本企業は過剰なリスク管理を導入したせいで、リスク耐性が低下し、
イノベーションや成長に向けた腰の据わった投資が行われなくなってしまっ
たという、上記の発言に通じる議論を展開している（加護野 2014）。淺羽・
山野井（2022）も、日本企業のなかでもファミリー企業は我慢強い投資を行
うことを示し、それがかつてグローバル競争を勝ち抜いていた日本企業の投
資行動と類似していると主張している。つまり、かつての日本企業は、リス
クを負って、激しい競争を継続していたと考えられるのである。そのような
日本企業の競争行動に、合理性はあるのだろうか。

2　競争は避けるべきもの

　本書でこれまで議論してきた経営戦略を適用すると、あまりに競争の激し
い市場には参入しない方がよいという結論が導き出されるであろう。ゆえに、
加護野氏の主張は、冷静な分析を超えた精神論のようにも聞こえる。しかし、
その主張は、単なる精神論ではなく、競争に対する捉え方がこれまで議論し
てきた経営戦略の背景にある捉え方とは違うので、異なる論理、インプリケ
ーションが導かれているのかもしれない。

　これまで議論してきた経営戦略の背後にある競争観とは、一言でいえば、
「競争は避けるべきもの」だといえるであろう。本書で繰り返し見てきたよ
うに、これまでの経営戦略論は、経済学にかなりの程度依拠してきた。経済
学では、競争が社会的に望ましいものであるという考え方が支配的である。
もっとも好ましい市場成果がもたらされるのは、市場が完全競争の場合であ
る。完全競争に近い構造をもつ市場では、競争圧力が大きく、個々の企業が

長期にわたって超過利潤を獲得し続けることは許されないと考えられるからである。

　経済学に依拠する経営戦略論でも、この考え方が踏襲される。ただし、個々の企業がいかにして業績を高めることができるかに関心のある経営戦略論では、個々の企業の収益を圧迫する競争は、なんとかして避けるべきものと考えられる[1]。自社を競争圧力にさらされないようにすれば、高い業績をあげることができると考えられるからである。つまり、経済学と経営戦略論とでは、目指す方向が違うがゆえに、後者では「競争は避けるべきもの」と捉えられるが、両者は実は同じコインの裏表の関係にある。

　たとえば、第4章で紹介した業界の構造分析では、競争が激しければプライス・コスト・マージンが圧縮され、業界の平均的な利益率が低下するので、そのような業界への参入は避けるべきであると考えられる。あるいは、競争を激化させている要因になんとかして対処し、自社が競争圧力にさらされないようにすべきという結論が得られる。

　また、第8章、第9章で検討された参入阻止は、さまざまな方法で新規参入を阻止し、競争を制限しようという行動である。さらに、第10章で議論した競争優位の持続可能性では、いったん獲得した競争優位がライバル企業の模倣・対抗によって崩壊しないためのメカニズムについて議論されている。そのなかの1つは、模倣というライバル企業の競争行動が妨げられる条件が明らかにされている。

　Kim and Mauborgne（2015）が提唱したブルー・オーシャン戦略も、「競争は避けるべきもの」という考え方を前提にしていると考えられる。同じような形状の価値曲線をもっている企業が競争している市場では、血みどろの競争が繰り広げられる。このレッド・オーシャンと呼ばれる市場では、どの企業も超過利潤を獲得することができない。そこで、超過利潤を得るためには、なんとかして価値曲線の形状を変え、つまり差別化を行い、ブルー・オーシャンに漕ぎ出さなければならない。換言すれば、競争を避けよといっているのである。

1）Jacobson（1992）は、社会的に望ましいはずの競争を制限して経済（消費者）の厚生を制限する手段を提唱しているとして、このような戦略研究に対する批判を展開している。

いずれも、競争圧力にさらされないような手段を議論しているのであり、そのもとには「競争は避けるべきもの」という競争観があると考えられる。それに対して加護野氏は、その発言から判断すると、競争は避けるべきものとは考えていないようである。むしろ、競争に参加することによって、企業が鍛えられ、革新を生み出すことができるのではないかと主張している。つまり、「競争は参加すべきもの」という競争観に立っていると考えられるのである。

3　競争は参加すべきもの

　加護野氏は、最近の日本企業にはハングリー精神やリスクに挑戦する姿勢が失われてしまったと指摘しているが、かつての日本企業は、競争に積極的に参加し、鍛えられ、国際競争力を身につけていた。

　たとえばオール・トランジスタのカラーテレビは、アメリカのモトローラによって1967年に世界で初めて発売されたが、アメリカの他のテレビ・メーカーの反応は鈍く、RCA がオール・トランジスタのカラーテレビを発売したのは1971年、ゼニスが発売したのは1973年であった。それに対して日本では、モトローラが発売した翌年には、日立がすべてのカラーテレビについて真空管をトランジスタに置き換えた。他の日本のメーカーも日立に追随し、1971年には日本におけるすべての新モデルのカラーテレビはオール・トランジスタになった。

　その後も激しい開発競争が続き、日本のテレビ産業が世界市場を制覇したのに対し、アメリカのテレビメーカーは市場から撤退してしまった。この事例は、多くの企業が同じ技術の改良に取り組むことによって、相互に他社の改良技術を学習し、産業全体としての技術進歩が加速されることを示唆している（新宅 1994）。

　同様のことは、VTR 産業でも観察される。当初、映像を記録・再生する方式・媒体として、いくつかの可能性があった。欧米の企業は、それぞれ異なる技術を追求していたのに対し、ほとんどすべての日本企業は磁気テープを用いた VTR の開発を手がけた。その結果、国レベルで見れば、研究開発

努力が磁気テープを媒体とする VTR 開発に集中したために、日本の産業は効率的に技術を開発し、VTR の世界市場を制覇したのである（伊丹・伊丹研究室 1989）。

　多くの企業が競争に参加することのメリットは、研究開発面だけに現れるわけではない。たとえば飲料産業では、アメリカに比べて日本では、各メーカーの製品ラインは相互にきわめて類似している。それは、ある企業が新しいカテゴリーの製品を出すと、他の企業も即座に類似の新製品を発売するからである。同じカテゴリーの多くの製品が店頭に並び、多くの企業がその製品の広告・販売促進を行う。また、同じカテゴリー内ではあるが、消費者に少しでも自社製品が他社製品よりも魅力的であることを訴えようと、細かな改良が施される。その結果、そのカテゴリーの製品は消費者に強く認知され、流行する。日本の飲料市場では、毎年のように異なる製品が流行する。それゆえ、アジアやヨーロッパから飲料メーカーのマーケティング担当者が日本を訪れ、日本の飲料市場の動向を観察していくのである（淺羽 2002）。

　さらに、企業が競争を通じて、戦略を策定する枠組み（戦略スキーマ）を相互に学習・向上させていく場合もある。電卓市場では、1970年代半ば以降、シャープとカシオの一騎打ちの様相を呈していた。1972年にカシオがカシオミニで市場を制覇すると、シャープはファッショナブルな薄型電卓を発売して挽回しようとした。これが好評を博すと、カシオも追随し、以降両者は電卓の薄さについて競い合った。また、カシオは電卓に時計、ラジオ、ゲームなどが付いた多機能電卓を発売し、自社製品を差別化しようとした。しかし、今度はシャープがその動きに追随した。その後両社は、電卓以外のさまざまな製品分野で特徴的な行動をとるようになるが、それはこの激しい競争を通じて、両社が相手の戦略を作る力を学び合い、自社の戦略スキーマを洗練させていったからであると解釈されている（沼上他 1992）。

　以上の事例では、競争の程度を市場集中度のような構造で捉えたり、ライバル企業を1つの集合として捉えたりするのではなく、競争の過程でどのような企業と企業が、いかなる相互作用をし、どんな結果がもたらされたかが検討されている。ある企業が活動する市場には多くの他の企業が存在するが、ある企業の行動が他の企業すべてに等しく影響を及ぼすわけではないからである。特定の先発企業は、とりわけ強い影響を後発企業に及ぼすかもしれな

いし、逆に特定の後発企業が、先発企業の影響を受けやすいかもしれない。

　つまり、企業間の相互作用は、企業によって異なるのである（Gimeno et al. 1998）。そこで、行動-反応のペアを分析単位とし、企業特性、行動の種類、ライバル企業の特性、反応の種類や反応速度、経営成果の関係を分析する研究が蓄積されている。（Smith et al. 1992；Chen 1996）。

　上記の日本企業のいくつかの事例は、競争に参加することを通じて、企業が相互に技術、市場、戦略についての情報を伝え合っていると解釈される。また、企業間の相互作用を明示的に組み込んだ行動-反応を分析単位とする研究は、もちろんゲーム理論の考え方を取り入れてはいるが、それ以外にもコミュニケーション理論に依拠している。たとえば Smith et al.（1992）は、ある企業の行動とそれに対するライバルの反応を、企業が伝達・解釈するなんらかのメッセージであると考え、両企業がコミュニケーションをとっているとみなしているのである。

　したがって、これらの研究は、競争をプロセスとして捉えるオーストリア学派の経済学と通じるものがある。オーストリア学派によれば、個々の経済主体は、他とは異なる限定された知識を保有しており、偏在する情報を効率的に利用したり、新たな情報を生み出したりすることが、競争の本質的意味であるとされる（Hayek 1945, 1946）。固有の情報をもとに市場に新規参入する企業や、イノベーションを遂げて成長する既存企業の行動によって、情報が経済主体の間を伝播し、それがさらに新たな情報を生み出す。

　他方、偏在する情報をうまく使えない企業は、市場から退出せざるをえない。Schumpeter（1934）のように均衡状態を打破する創造的破壊を強調しようが、Kirzner（1973）のように不均衡状態が競争を通じて均衡状態に収斂していくプロセスを強調しようが、オーストリア学派は競争をプロセスとして捉えようとするのである[2]。

　このように考えると、「競争は参加すべきもの」という競争観に依拠する研究は、競争をプロセスとして捉えようとする立場と密接に関連する。それに対して、業界の構造分析のように「競争は避けるべきもの」という競争観に立つ研究は、市場集中度のような「構造」で競争を捉えようとする立場と関連するといえるであろう。

4　同質的行動のインプリケーション

　前節に登場した日本企業の競争行動には、競争に積極的に参加していると
いうだけでなく、技術選択、新製品導入、製品ラインなどなんらかの点で、
ライバル企業と同じような行動、つまり同質的行動をとっているという共通
点がある（淺羽 2002）。もちろん競争に参加するということは同質的行動を
とることと同義ではないが、差別化された行動が競争圧力を緩和させること
を考えれば、同質的行動はもっとも競争圧力を受けやすい競争への参加の仕
方であると考えられる。

　日本企業の同質的行動について、それは単なる模倣による横並びであり、
捨て去るべきであると評価されることが多い。しかし、激しい競争に参加す
ることによって企業の能力が向上するという点に着目すると、日本企業の同
質的行動に対して通常いわれていることとは異なる主張が導き出される。

　同質的行動に対する通常の評価として、たとえば Porter は、以下のよう
な主張を展開している（Porter 1996；Porter et al. 2000）。かつての日本企業
は、国内経済の成長とグローバル市場への浸透のおかげで、他社を模倣する
だけでも成長することができた。また、コストと品質からなる生産性のフロ
ンティアの内側に位置していたので、フロンティアに向けて業務効率を継続
的に向上させることができた。しかし、経済成長が止まり、生産性のフロン
ティアに達してしまった今日では、日本企業の業績は悪化せざるをえない。
それは、日本企業が、相互に模倣し合っているだけで戦略を持っていないか
らである。

2）競争をプロセスとして捉える研究では、企業の入れ替わりや流動性に関するさまざま
　な指標が分析される。たとえば Dunne et al.（1988）は、Census of Manufactures の個票
　データによって企業の参入・撤退行動を分析した最初の研究である。また、競争の程度
　に直接かかわる変数として、マーケットシェアの変動に着目した研究もある（Heggees-
　tad and Rhoades 1976；Caves and Porter 1978；Baldwin and Gorecki 1994）。このように、
　企業の動きや成長によって産業がどのように変わっていくかについての研究は、In-
　dustrial Evolution と呼ばれ、最近多くの研究が行われている（Thurik and Audretsch
　1996）。これに対して、経営学・社会学の領域では、同様の研究が population ecology と
　して行われている（Hannan and Carroll 1992；Carroll and Hannan 2000）。

図15 - 1　差別的ポジショニングと同質的行動による生産性フロンティアのシフト

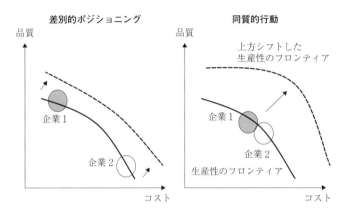

　Porter（1996）は、図15 - 1 に描かれているような生産性のフロンティアを用いて、以上のことを説明した。右の同質的行動の図では、業務効率を改善し続け、実線で描かれている生産性のフロンティアに到達した日本企業の競争のありようが示されている。生産性のフロンティアに達した企業１と企業２は、模倣し合って同じポジションにいるので、激しい競争が繰り広げられて業績が悪化する。それに対して左側の図では、企業１と企業２は差別化を行い、生産性のフロンティア上の異なるポジションに位置しているので、正面衝突が避けられ、競争は緩やかなので好業績をあげることができる。ゆえに、日本企業は同質的行動を捨て、差別的なポジショニングをとらなければならないと主張されるのである。

　ただし、これは、生産性のフロンティアに達した時点でのスタティック（静学的）な議論である。換言すれば、競争とりわけ同質的行動が企業を鍛え、生産性のフロンティアをさらに上方にシフトさせるという変化は考慮に入れられていない。能力の向上、生産性のフロンティアのシフトといったダイナミック（動学的）な効果を考慮に入れると、次のような異なる主張を展開することができる。

　生産性のフロンティアは決して固定的なものではなく、企業の努力や偏在する情報の活用の程度によって時間とともに上方にシフトする。シフトした生産性のフロンティアは、図15 - 1 のなかの破線で描かれている。このシフ

トのスピードは、企業がそれぞれ差別的ポジショニングをとっている場合と、同質的行動をとっている場合とでは異なりうる。

　差別的ポジショニングがとられている場合、他社は自分とはまったく違うことをしているので、他社の行動、取得したであろう情報を理解することができない。他社の動向に注意が向かないので、競争意識もなく、負けまいと努力することもない。ゆえに、他社がいるから鍛えられる、能力が向上するということはあまり期待できない。アメリカのカラーテレビ産業を思い浮かべることができるであろう。

　それに対して同質的行動をとっている場合には、それぞれの企業が取得した情報が企業間で効率的に伝播する可能性がある。競合企業が同じ行動をとっているので、ある企業が取得した情報は他の企業にとっても理解可能であり、かつ直接的に役に立つ可能性が高いからである。また、企業は相互に比較参照可能なので、競争意識が高まり、努力の投入量を増大させる可能性もある。同じような行動をとっているので、「あそこは自分とは条件が違うから業績に差がついたとしてもしょうがない」という言い訳ができないからである。これが日本のカラーテレビ産業で起こったことかもしれない。ゆえに、企業が同質的行動をとっている方が、生産性のフロンティアがシフトする速度が速いかもしれないのである。

　第5章の注2（p.93）でも触れたが、同質的行動に類似した模倣について再検討を加えている Posen et al.（2023）は、模倣によって企業間の差がなくなり均衡に収斂するという見方は、模倣についてのスタティックで一面的な見方であると指摘している。これは、Porter の日本企業には戦略がないという指摘に対して、スタティックな議論であるという上記の批判と符合している。Posen et al.（2023）は、よりダイナミックな視点に立てば、模倣によって他社から移転される知識と自社が保有している知識とが融合し、イノベーションが創造され、新しい競争優位が生み出されると考える。換言すれば、模倣によって、生産性のフロンティアが上方にシフトするのである。

　したがって、同質的行動あるいは模倣による激しい競争は、短期的には個々の企業の収益性を悪化させるかもしれないが、偏在する情報の効率的な伝播や他社に一歩でも先んじようとする各企業の努力投入の増大を通じて、長期的な企業の能力、産業の競争力を高めうるのである。

　競争観が異なれば、それぞれに依拠する経営戦略も違ってくる。前節で議論した同質的行動についても、「競争は避けるべきもの」という競争観に立脚した場合と、「競争は参加すべきもの」という競争観に立つ場合とでは、まったく異なるインプリケーションが導き出されるのである。

　もちろん戦略性の欠如が指摘される日本企業にとって、本書で紹介してきた主に欧米で開発された経営戦略を身につけることは必要であろう（三品 2002）。しかし、自らがこれまでとってきた競争の仕方のよい点を軽視すべきではないであろう。経営戦略の研究者にとっても、「競争は参加すべきもの」という競争観に立った新しい経営戦略論の構築が可能かもしれない。その可能性を指摘して、本書を終わろうと思う。

参考文献

Aaker, D. A., 1991, *Managing Brand Equity*, New York, The Free Press（陶山計介、中田善啓、尾崎久仁博、小林哲訳、『ブランド・エクイティ戦略』、ダイヤモンド社、1994年）.

Abell, D. F., 1980, *Defining the Business: The Starting Point of Strategic Planning*, Englewood Cliffs, NJ.: Prentice-Hall（石井淳蔵訳、『事業の定義』、千倉書房、1984年）.

Ansoff, H. I., 1965, *Corporate Strategy: An Analytical Approach to Business Policy for Growth and Expansion*, New York: McGraw-Hill（広田寿亮訳、『企業戦略論』、産業能率大学出版部、1969年）.

姉川知史、2000、「国際経営——直接投資理論の発展と現状」、岡本康雄編著、『現代経営学への招待——21世紀の展望』、中央経済社、第8章。

青木昌彦、安藤晴彦編著、2002、『モジュール化　新しい産業アーキテクチャの本質』、東洋経済新報社。

青木昌彦・伊丹敬之、1985、『企業の経済学』、岩波書店。

青島矢一・武石彰、2001、「アーキテクチャという考え方」、藤本他（2001）。

Arthur, W. B, 1989, "Competing Technologies, Increasing Returns, and Lock-in by Historical Events, *The Economic Journal*, 99: 116-131.

淺羽茂、1995、『競争と協力の戦略——業界標準をめぐる企業行動』、有斐閣。

淺羽茂、 1998a、「競争と協力——ネットワーク外部性が働く市場での戦略」、『組織科学』、31(4): 44-52。

淺羽茂、1998b、「パソコンOSの独占はどのように形成されたのか」、『経済セミナー』、525: 20-24。

淺羽茂、2000、「2つのハンバーガー・チェーン」、学習院大学経済学部編、『経済・経営を楽しむ35のストーリー』、東洋経済新報社、20-25。

淺羽茂、2001a、「プロセスとしての競争研究に向けて」、『組織科学』、34(4): 15-22。

淺羽茂、2001b、「競争戦略論の展開——経済学との共進化」、新宅純二郎・淺羽茂編、『競争戦略のダイナミズム』、日本経済新聞社。

淺羽茂、2002、『日本企業の競争原理——同質的行動の実証分析』、東洋経済新報社。

淺羽茂・山田尚史、2003、「日本マクドナルド——スケール・メリットを追求する装置型外食企業の価格・商品戦略」、上田隆穂編、『ケースで学ぶ価格戦略・入門』、有斐閣。

淺羽茂・山野井順一、2022、『ファミリー企業の戦略原理——継続と革新の連鎖』、日本経済新聞出版。

Asaba, S. and Yamawaki, H., 2002, "What Determines Foreign Subsidiaries' Performance in the Japanese Manufacturing Industries? : Structural Impediments, Firm Capabilities, and Entry Strategies :," *GEM Bulletin*, 16.

浅川和広、2003、『グローバル経営入門』、日本経済新聞社。

Bain, J. S., 1949, "A Note on Pricing in Monopoly and Oligopoly," *American Economic Review*, 39: 448-464.

Bain, J. S., 1956, *Barriers to New Competition*, Cambridge: Harvard University Press.

Bain, J. S., 1968, *Industrial Organization*, 2nd ed., New York: John Wiley and Sons（宮沢健一監訳、『産業組織論上・下』、丸善、1980年）.

Baldwin, C. Y. and Clark, K. B., 2000, *Design Rules*, Cambridge, MA., The MIT Press.

Baldwin, J. R. and Gorecki, P. K., 1994, "Concentration and Mobility Statistics in Canada's Manufacturing Sector," *Journal of Industrial Economics*, 42: 93-103.

Barkema, H. G., Bell, J. H. J., and Pennings, J. M., 1996, "Foreign Entry, Cultural Barriers, and Learning," *Strategic Management Journal*, 17: 151-166.

Barney, J. B., 1986, "Strategic Factor Markets: Expectations, Luck, and Business Strategy," *Management Science*, 42: 1231-1241.

Barney, J. B., 1996, *Gaining and Sustaining Competitive Advantage*, Reading, MA.: Addison-Wesley（岡田正大訳、『企業戦略論上・中・下』、ダイヤモンド社、2003年）.

Barney, J. B., 2001a, "Is the Resource-Based "View" a Useful Perspective for Strategic Management Reseach? Yes," *The Academy of Management Review*, 26: 41-56.

Barney, J. B., 2001b、「ポジショニング重視か、ケイパビィリティ重視か　リソース・ベースト・ビュー」、『DIAMOND ハーバード・ビジネス・レビュー』26: 78-87.

Bartlett, C. A. and Ghoshal, S. 1989. *Managing Across Borders: The Transnational Solution*. Boston, MA.: Harvard Business School Press（吉原英樹監訳、『地球市場時代の企業戦略』、日本経済新聞社、1990年）.

Baumol, W. J., Panzar, J. C., and Willig, R. D., 1982, *Contestable Markets and the Theory of Industry Structure*, New York: Harcourt Brace Jovanovich.

Berger, P. G., and Ofek, E., 1995, "Diversificatione's Effect on Firm Value,". *Journal of Financial Economics*, 37: 39-65.

Besanko, D., Dranove, D., and Shanley, M., 2000, *Economics of Strategy*, 2nd ed., New

254

York: John Wiley & Sons, Inc（奥村昭博・大林厚臣監訳、『戦略の経済学』、ダイ
ヤモンド社、2002年）.

Besen, S. M. and Farrell, J., 1994, "Choosing How to Compete: Strategies and Tactics
in Standardization," *Journal of Economic Perspectives*, 8: 117-131.

Brandenburger, A. M. and Nalebuff, B. J., 1996, *Co-opetition*, New York: Currency
Doubleday（嶋津祐一・東田啓作訳、『コーペティション経営』、日本経済新聞社、
1997年；『ゲーム理論で勝つ経営』、日経ビジネス人文庫、2003年）.

Brandenburger, A. M. and Stuart Jr, H. W., 1996, "Value-based business strategy."
Journal of economics & management strategy, 5(1), 5-24.

Carpenter, G. S. and Nakamoto, K., 1989, "Consumer Preference Formation and
Pioneering Advantage," *Journal of Marketing Research*, 26: 285-298.

Carroll, G. R. and Hannan, M. T., 2000, *The Demography of Corporations and
Industries*, Princeton, N.J: Princeton University Press.

Caves, R. E., 1984, "Economic Analysis and the Quest for Competitive Advantage,"
American Economic Review, 74: 127-132.

Caves, R. E. and Porter, M. E., 1977, "From Entry Barriers to Mobility Barriers:
Conjectural Decisions and Contrived Deterrence to New Competition," *Quarterly
Journal of Economics*, 91: 241-262.

Caves, R. E. and Porter, M. E., 1978, "Market Structure, Oligopoly, and Stability of
Market Shares," *Journal of Industrial Economics*, 26: 289-313.

Caves, R. E, Porter, M. E., Spence, A. M., with Scott, J. T., 1980, *Competition in the
Open Economy: A Model Applied to Canada*, Cambridge, Mass.: Cambridge
University Press.

Chandler, A. D. Jr., 1962, *Strategy and Structure: Chapters in the History of the
American Industrial Enterprise*, Cambridge, MA.: MIT Press（三菱経済研究所訳、
『経営戦略と組織』、実業之日本社、1967年）.

Chemberlin, E., 1933, *The Theory of Monopolistic Competition*, Cambridge, MA.:
Harvard University Press（青山秀夫訳、『独占的競争の理論』、至誠堂、1966年）.

Chen, M. J., 1996, "Competitor Analysis and Interfirm Rivalry: Toward a Theoretical
Integration," *Academy of Management Review*, 21: 100-134.

Christensen, C. M., 1997, *The Innovator's Dilemma: When New Technologies Cause
Great Firms to Fail*, Boston, MA.: Harvard Business School Press（伊豆原弓訳、『イ
ノベーションのジレンマ——技術革新が巨大企業を滅ぼすとき』、翔泳社、2001
年）.

Clemens, E., 1950, "Price Discrimination and the Multiproduct Firm," *Review of*

Economic Studies, 19: 1-11.

Comanor, W. S. and Frech III, H. E., 1984, "Strategic Behavior and Antitrust Analysis," *American Economic Review Papers and Proceedings*, 74: 372-376.

Cusumano, M. A., Gawer, A., and Yoffie, D. B., 2019, The Business of Platforms: Strategy in the Age of Digital Competition, Innovation, and Power. New York, Harper Business. (青島矢一監訳、『プラットフォームビジネス』、有斐閣、2020年).

D'Aveni, R. A., 1994, *Hypercompetition*, New York: The Free Press.

David, P. A., 1985, "Clio and the Economics of QWERTY," *American Economic Review*, 75: 332-337.

Demsetz, H., 1973, "Industry Structure, Market Rivalry, and Public Policy," *Journal of Law and Economics*, 16: 1-10.

Demsetz, H., 1974, "Two Systems of Belief about Monopoly," in Goldschmid, H. J., Mann, H. M., and Weston, J. F., ed., *Industrial Concentration*: The New Learning, Little Brown.

Demsetz, H., 1982, "Barriers to Entry," *American Economic Review*, 72: 47-57.

Deruelle, D., Gaudet, G., and Richelle, Y., 1996, "Complementarity, Coordination and Compatibility: The Role of Foxed Costs in the Economics of Systems," *International Journal of Industrial Organization*, 14: 747-768.

Dierickx, I. and Cool, K., 1989, "Asset Stock Accumulation and Sustainability of Competitive Advantage," *Management Science*, 35: 1504-1511.

Dixit, A. K., 1980, "The Role of Investment in Entry-Deterrence," *Economic Journal*, 90: 95-106.

Dixit, A. K. and Nalebuff, B. J., 1991, *Thinking Strategically: The Competitive Edge in Business, Politics, and Everyday Life*, New York: Norton (菅野隆・嶋津祐一訳、『戦略的思考とは何か——エール大学式「ゲーム理論」の発想法』、TBS ブリタニカ、1991年).

土井教之編著、2001、『技術標準と競争』、日本経済評論社。

Dorfman, R. and Steiner, P. O., 1954, "Optimal Advertising and Optimal Quality," *American Economic Review*, 44: 826-836.

Dolan, R. J. and Simon, H., 1996, *Power Pricing: How Managing Price Transforms the Bottom Line*, New York: The Free Press.

Dunne, T., Roberts, M. J., and Samuelson, L., 1988, "Patterns of Firm Entry and Exit in US Manufacturing Industries," *Rand Journal of Economics*, 19(4): 495-515.

Dunning, J. H., 1988, "The Eclectic Paradigm of International Production: A

256

Restatement and Some Possible Explanations," *Journal of International Business Studies*, 19: 1-31.

Dutta, S., Bergen, M., Levy, D., Ritson, M., and Zbaracki, M., 2002, "Pricing as a Strategic Capability," *Sloan Management Review*, 43: 61-66.

Economides, N., 1996, "Network Externalities, Complementarities, and Invitations to Enter," *European Journal of Political Economy*, 12: 211-233.

Eisenmann, T., Parker, G., and Van Alstyne, M. W., 2006, "Strategies for two-sided markets," *Harvard business review*, 84 (10), 92-101（松本直子訳、「ツー・サイド・プラットフォーム戦略」、『DIAMOND ハーバードビジネスレビュー』、2007年6月、68-81）。

Evans, D. S., and Schmalensee, R., 2016, *Matchmakers: The New Economics of Multisided Platforms*. Boston, MA.: Harvard Business Review Press.（平野敦士カール訳、『最新プラットフォーム戦略　マッチメイカー』、朝日新聞出版、2018年）

Farrell J. and Saloner, G., 1985, "Standardization, Compatibility, and Innovation," *Rand Journal of Economics*, 16: 70-83.

Farrell J. and Saloner, G., 1986a, "Installed Base and Compatibility: Innovation, Product Preannouncements, and Predation," *American Economic Review*, 76: 940-955.

Farrell J. and Saloner, G., 1986b, "Standardization and Variety," *Economic Letters*, 20(1).

Fisher, F., McGowan, J., and Greenwood, J., 1983, *Folded, Spindled and Mutilated: Economic Analysis and US vs IBM*, Cambridge, MA.: MIT Press.

Flowers, E. B., 1976, "Oligopolistic Reactions in European and Canadian Direct Investment in the United States," *Journal of International Business Studies*, 7: 43-55.

Fudenberg, D. and Tirole, J., 1986, *Dynamic Models of Oligopoly*, London: Harwood.

藤本隆宏、2003、『能力構築競争』、中公新書。

藤本隆宏・武石彰・青島矢一編、2001、『ビジネス・アーキテクチャ』、有斐閣。

古川一郎、1993、「日本企業のプライシング」、『Japan Marketing Journal』、12: 4-14.

Gabel, H. L., 1991, *Competitive Strategies for Product Standards*, London, McGrow-Hill.

Galbraith, J. K., 1956, *American Capitalism* (revised edition), Boston, MA.: Houghton Miffin（藤瀬五郎訳、『アメリカの資本主義』、時事通信社、1958年）.

Gelman, J. R. and Salop, S. C., 1983, "Judo Economics: Capacity Limitation and Coupon Competition," *Bell Jourhal of Economics*, 14: 315-325.

Geroski, P. A. and Jacquemin, A., 1984, "Dominant Firms and Their Alleged Decline," *International Journal of Industrial Organization,* 2: 1-27.

Ghemawat, P., 1986, "Sustainable Advantage," *Harvard Business Review,* 64, September-October: 53-58.

Ghemawat, P., 1991a, *Commitment: The Dynamic of Strategy,* New York: The Free Press.

Ghemawat, P., 1991b, "Market Incumbency and Technological Inertia," *Marketing Science,* 10: 161-171.

Gilbert, R. J. and Newberry, D. M. G., 1982, "Preemptive Patenting and Persistence of Monopoly," *American Economic Review,* 72: 514-526.

Gimeno, J., Hoskisson, R. E., Beal, B. D., and Wan, W. P., 1998, "Explanations of Strategic Clustering or "Follow-The-Leader" Behavior in International Telecommunications Equity Linkages," *mimeo.*

Hamel, G. and Prahalad, C. K., 1994, *Competing for the Future,* Boston, MA.: Harvard Business School Press（一条和生訳、『コア・コンピタンス経営』、日本経済新聞社、1995年）.

Hannan, M. T. and Carroll, G. R., 1992, *Dynamics of Organizational Populations: Density, Legitimation, and Competition,* New York: Oxford University Press.

Harzing, A.-W., 2002, "Acquisitions versus Greenfield Investments: International Strategy and Management of Entry Modes," *Strategic Management Journal,* 23: 211-227.

Hayek, F. A., 1945, "The Use of Knowledge in Society," *American Economic Review,* 35: 519-530.

Hayek, F. A., 1946, "The Meaning of Competition," The Stafford Little Lecture delivered at Princeton University, in Individualism and Economic Order, London: George Routledge & Sons.

Heggestad, A. A. and Rhoades, S. A., 1976, "Concentration and Firm Stability in Commercial Banking," *Review of Economics and Statistics,* 58: 443-452.

Henderson, R. and Clark, K. B., 1990, "Architectural Innovation: The Reconfiguration of Existing Product Technologies and the Failure of Established Firms," *Administrative Science Quarterly,* 35: 9-30.

Hennart, J. F., 1988, "A Transaction Costs Theory of Equity Joint Ventures," *Strategic Management Journal,* 9: 361-374.

Hennart, J. F., and Park, Y.-R., 1993, "Greenfield vs. Acquisition: The Strategy of Japanese Investors in the United States," *Management Science,* 39: 1054-1070.

Hennart, J. F., and Park, Y. -R., 1994, "Location, Governance, and Strategic Determinants of Japanese Manufacturing Investment in the United States," *Strategic Management Journal*, 15: 419-436.

Hicks, J. R., 1935, "Annual Survey of Economic Theory: The Theory of Monopoly," *Econometrica*, 3: 1-20.

Hirschman, A. O., 1970, *Exit, Voice, and Loyalty,* Cambridge, Mass.: Harvard University Press（三浦隆之訳、『組織社会の論理構造』、ミネルヴァ書房、1975年）.

Hofer, C. W. and Schendel, D., 1978, *Strategy Formulation: Analytical Concepts*, St. Paul, MN: West Publisheing Co（奥村昭博・榊原清則・野中郁次郎訳、『戦略策定──その理論と手法』、千倉書房、1981年）.

洞口治夫、1992、『日本企業の海外直接投資──アジアへの進出と撤退』、東京大学出版会。

堀川裕司、2003、「技術の二重性──CMP 装置産業における計測・評価技術の意味」、『組織科学』、37: 62-74.

星野靖雄・高林真一郎、1999、「在日外資系企業の進出形態と業績」、『組織科学』、32: 65-75。

Hymer, S. H., 1976, *The International Operations of National Firms: A Study of Direct Foreign Investment,* Cambridge, Mass.: MIT Press（宮崎義一訳、『多国籍企業論』、岩波書店、1979年）

伊神満、2018、『「イノベーターのジレンマ」の経済学的解明』、日経 BP。

今井賢一・伊丹敬之・小池和男、1982、『内部組織の経済学』、東洋経済新報社。

IMD International, The London Business School, and The Wharton School of the University of Pennsylvania, 1997, *Financial Times Mastering Management*, London: Financial Times Management（森正人・佐藤哲訳、『競争戦略の経済学』、ダイヤモンド社、2001年）.

伊丹敬之・伊丹研究室、1989、『日本の VTR 産業──なぜ世界を制覇できたのか』、NTT 出版。

伊丹敬之・加護野忠男・小林孝雄・榊原清則・伊藤元重、1988、『競争と革新──自動車産業の企業成長』、東洋経済新報社。

伊藤元重・松井彰彦、1989、「企業：日本的取引形態」、伊藤元重・西村和雄編、『応用ミクロ経済学』、東京大学出版会。

伊藤元重・鶴田俊正、2001、『日本産業構造論』、NTT 出版。

伊藤良二、2001、「バウンダリー・マネジメント 1」、『週刊東洋経済』、2001年5月26日号、114-115。

Jacobson, R., 1992, "The 'Austrian' School of Strategy," *Academy of Management*

Review, 17 (4) : 782-807.

Joskow, P. L., 1985, "Vertical Integration and Long-term Contracts: The Case of Coal-burning Electric Plants," *Journal of Law, Economics, and Organization*, 1: 33-80.

Judd, K., 1985, "Credible Spatial Preemption," *Rand Journal of Economics*, 16: 153-166.

加護野忠男、1988、『組織認識論』、千倉書房。

加護野忠男、2014、『経営は誰のものか──協働する株主による企業統治再生』、日本経済新聞社。

加護野忠男・野中郁次郎・榊原清則・奥村昭博、1983、『日米企業の経営比較──戦略的環境適応の理論』、日本経済新聞社。

片平秀貴、1987、『マーケティング・サイエンス』、東京大学出版会。

Katz, M. L. and Shapiro, C., 1985, "Network Externalities, Competition, and Compatibility," *American Economic Review*, 75: 424-440.

Katz, M. L. and Shapiro, C., 1994, "Systems Competition and Network Effects," *Journal of Economic Perspectives*, 8: 93-115.

Kessides, I. N., 1986, "Advertising, Sunk Costs, and Barriers to Entry," *Review of Economics and Statistics*, 68: 84-95.

Kim, W. and Mauborgne, R., 2015, *Blue Ocean Strategy, Expanded Edition: How to Create Uncontested Market Space and Make the Competition Irrelevant*, Boston, MA.: Harvard Business Review Press（入山章栄・有賀裕子訳、『新版ブルーオーシャン戦略──競争のない世界を創造する』、ダイヤモンド社、2015年）.

Kindleberger, C. P., 1969, *American Business Abroad: Six Lectures on Direct Investment*, New Haven and London: Yale University Press.

Kirzner, I. M., 1973, *Competition and Entrepreneurship*, Chicago: The University of Chicago Press（田島義博監訳、『競争と企業家精神』、千倉書房、1985年）.

Klein, B., Crawford, R. A., and Alchian, A. A. (1978) "Vertical Integration, Appropriable Rents, and the Competitive Contracting Process," *Journal of Law and Economics,* 21: 297-326.

Knickerbocker, F. T., 1973, *Oligopolistic Reaction and Multinational Enterprise*, Boston: Harvard University Press.

Kogut, B., 1988, "Joint Ventures: Theoretical and Empirical Perspectives," *Strategic Management Journal*, 9: 319-332.

琴坂将広、2014、『領域を超える経営学』、ダイヤモンド社。

Kreps, D. M. and Spence, A. M., 1985, "Modeling the Role of History in Industrial

Organization and Competition," in G. R. Feiwel, ed., *Issues in Contemporary Microeconomics and Welfare*, London: Macmillan.

Lancaster, K., 1971, *Consumer Demand: A New Approach*, New York and London: Columbia University Press.

Lancaster, K., 1991, *Modern Consumer Theory*, Aldershot: Edward Elgar.

Lawrence, R. Z., 1993, "Why is Foreign Direct Investment in Japan So Low?," in K. A. Froot ed., *Foreign Direct Investment*, Chicago and London: University of Chicago Press.

Learned, E. P., Christensen, C. R., Andrews, K. R., and Guth, W. D., 1965, *Business Policy: Text and Cases*, Homewood, Ill.: Richard D. Irwin.

Lieberman, M. B., 1998, "Dow Chemical and the Magnesium Industry," in D. I. Rosenbaum, ed., *Market Dominance: How Firms Gain, Hold, or Lose It and the Impact on Economic Performance*, Wesport, CT.: Praeger.

Lieberman, M. B. and Montgomery, D. B., 1988, "First-Mover Advantages," *Strategic Management Journal*, 9: 41-58.

Liebowitz, S. J. and Margolis, S. E., 1990, "The Fable of the Keys," *Journal of Law and Economics*, 33: 1-25.

馬淵邦美・絢斗優・藤本真衣、2022、『Web3新世紀　デジタル経済圏の新たなフロンティア』、日経BP。

Makino, S. and Delios, A., 2002, "Bunched Foreign Market Entry: Competition and Imitation among Japanese Firms, 1980-1998," *mimeo*.

Mansfield, E., 1985, "How Rapidly Does New Industrial Technology Leak Out?" Journal of Industrial Economics, 34: 217-223

Mansfield, E., Schwartz, M., and Wagner, S., 1981, "Imitation Costs and Patents: An Empirical Study, " *Economic Journal*, 91: 907-918.

Markides, C. C., 1997, "To Diversify or Not to Diversify," *Harvard Business Review*, November-December, 93-99.

Markides, C. C. and Williamson, P. J., 1994, "Related Diversification, Core Competences and Corporate Performance," *Strategic Management Journal*, 15: 149-165.

Marshall, A., 1925, *Principles of Economics*, London and New York: Macmillan（馬場啓之助訳、『マーシャル経済学原理Ⅰ、Ⅱ、Ⅲ』、東洋経済新報社、1965年）.

Matutes, C. and Regibeau, P., 1988, "Mixed and Match: Product Compatibility without Network Externalities," *Rand Journal of Economics*, 19: 221-234.

McAfee, A., and Brynjolfsson, E, 2017, *Machine, Platform, Crowd: Harnessing Our*

Digital Future, New York: WW Norton & Company（村井章子訳、『プラットフォームの経済学』、日経 BP、2018年）.

McGahan, A. M. and Porter, M. E., 1997, "How Much Does Industry Matter, Really?" *Strategic Management Journal*, Summer Special Issue: 15-30.

McGrath, R., 2013, *The End of Competitive Advantage: How to Keep Your Strategy Moving as Fast as Your Business*, Boston, MA., Harvard Business Review Press（鬼澤忍訳、『競争優位の終焉』、日経 BP マーケティング、2014年）.

Metwally, M. M., 1975, "Advertising and Competitive Behaviour of Selected Australian Firms," *Review of Economics and Statistics*, 57: 417-427.

Milgrom, P. and Roberts, J., 1982, "Limit Pricing and Entry under Incomplete Information," *Econometrica*, 50: 443-460.

Milgrom, P. and Roberts, J., 1990, "Bargaining Costs, Influence Costs, and the Organization of Economic Activity," in J. Alt and K. Shepsle eds., *Perspectives on Positive Political Economy*, Cambridge: Cambridge University Press.

Milgrom, P. and Roberts, J., 1992, *Economics, Organization, and Management.* Prentice Hall（奥野正寛・伊藤秀史・今井晴雄・西村理・八木甫、『組織の経済学』、NTT 出版、1997年）.

三品和広、2002、「日本企業における事業経営の現実」、伊藤秀史編著、『日本企業変革期の選択』、東洋経済新報社。

三輪芳朗、1990、『日本の企業と産業組織』、東京大学出版会。

Moazed, A. and Johnson, N. L., 2016, *Modern Monopolies: What It Takes to Dominate the 21st Century Economy*, New York, St. Matin's Press（藤原朝子訳、『プラットフォーム革命』、英治出版、2018年）.

Monteverde, K. and Teece, D. J., 1982, "Appropriable Rents and Quasi-Vertical Integration," *Journal of Law and Economics*, 25: 321-328.

Montgomery, C. A. and Wenerfelt, B., 1988, "Diversification, Ricardian Rents, and Tobin's q," *RAND Journal of Economics*, 19: 623-632.

森田道也、1991、『企業戦略論』、新世社。

Motta, M., 1994, "International Trade and Investments in a Vertically Differentiated Industry," *International Journal of Industrial Organization*, 12: 179-196.

名和高司、2021、『パーパス経営』、東洋経済新報社。

根来龍之、2013、『プラットフォームビジネス最前線』、翔泳社。

Nelson, R. R., 1994, "Why Do Firms Differ, and How Does It Matter?" in Rumelt, R. P., Schendel, D., and Teece, D. J., ed., *Fundamental Issues in Strategy*, Cambridge, MA.: Harvard Business School Press.

262

Nelson, R. R. and Winter, S. G., 1982, *An Evolutionary Theory of Economic Change*, Cambridge, MA.: Harvard University Press.

沼上幹・淺羽茂・新宅純二郎・網倉久永、1992、「対話としての競争——電卓産業における競争行動の再解釈」、『組織科学』、26：64-79。

野口悠紀雄、1974、『情報の経済理論』、東洋経済新報社。

小田切宏之、2000、『企業経済学』、東洋経済新報社。

岡田正大、2001、「RBV の可能性　ポーター vs. バーニー論争の構図」、『DIAMOND ハーバード・ビジネス・レビュー』、26: 88-92。

奥野正寛、1985、「研究開発と産業政策」、岡本康雄・若杉敬明編、『技術革新と企業行動』、東京大学出版会。

奥野正寛・鈴村興太郎、1988、『ミクロ経済学 II』、岩波書店。

恩蔵直人、1995、『競争優位のブランド戦略』、日本経済新聞社。

Oren, S. S. and Smith, S. A., 1981, "Critical Mass and Tariff Structure in Electronic Communications Markets," *Bell Journal of Economics*, 12: 467-486.

Ortega, B., 1998, In Sam We Trust, Times Books（長谷川真美訳、『ウォルマート——世界最強流通業の光と影』、日経 BP 社、2000年）.

Panzar, J. C. and Willig, R. D., 1981, "Economies of Scope," *American Economic Review*, 71: 268-272.

Penrose, E. T., 1980, *The Theory of the Growth of the Firm*, 2nd. ed., Oxford, UK; Basil Blackwell（末松玄六訳、『会社成長の理論（第 2 版）』、ダイヤモンド社、1980年）.

Petaraf, M. A., 1993, "The Cornerstones of Competitive Advantage: A Resource-Based View," *Strategic Management Journal*, 14: 179-191.

Png, I., 1998, *Managerial Economics*, Malden, MA.: Blackwell Publisher.

Porter, M. E., 1979, "The Structure within Industries and Companies' Performance," *Review of Economics and Statistics*, 61: 214-227.

Porter, M. E., 1980, *Competitive Strategy*, New York; The Free Press.（土岐坤・中辻萬治・服部照夫訳、『競争の戦略』、ダイヤモンド社、1982年）

Porter, M. E., 1981, "The Contribution of Industrial Organization to Strategic Management," *Academy of Management Review*, 6(4): 609-620.

Porter, M. E., 1985, *The Competitive Advantage: Creating and Sustaining Superior Performance*, NY: Free Press（土岐坤・中辻萬治・小野寺武夫訳、『競争優位の戦略——いかに高業績を持続させるか』、ダイヤモンド社、1985年）.

Porter, M. E., 1990, *The Competitive Advantage of Nations*, New York: The Free Press（土岐坤・中辻萬治・小野寺武夫・戸成富美子訳、『国の競争優位　上・下』、ダイヤモンド社、1992年）.

Porter, M. E., 1996, "What Is Strategy?" *Harvard Business Review*, 74, November-December: 61-78.

Porter, M. E., 2001, "Strategy and the Internet," *Harvard Business Review*, 79, March: 62-78（「インターネットでいかに優位性を実現するか　戦略の本質は変わらない」、『DIAMOND ハーバード・ビジネス・レビュー』、26: 52-77）.

Porter, M. E., Takeuchi, H., and Sakakibara, M., 2000, *Can Japan Compete?*, Basingstoke, Macmillan（『日本の競争戦略』、ダイヤモンド社、2000年）.

Posen, H. E., Ross, J. M., Wu, X., Benigni, S., and Cao, Z., 2023, "Reconceptualizing Imitation: Implications for Dynamic Capabilities, Innovation, and Competitive Advantage," *Academy of Management Annals*, 17: 74-112.

Postrel, S. R., 1990, "Competing Networks and Proprietary Standards: The Case of Quadraphonic Sound," *Journal of Industrial Economics*, 39: 169-185.

Prahalad, C. K. and Bettis, R. A., 1986, "The Dominant Logic: A New Linkage between Diversity and Performance," *Strategic Management Journal*, 7: 485-501.

Prahalad, C. K. and Doz, Y. 1987. *The Multinational Mission: Balancing Local Demands and Global Vision*. New York: Free Press.

Prahalad, C. K. and Hamel, G., 1990, "The Core Competence of the Corporation," *Harvard Business Review*, May-June, 71-91（「競争力分析と戦略的組織構造によるコア競争力の発見と開発」、『DIAMOND ハーバードビジネス』、1990年8-9月号、4-18）.

Priem, R. L. and Butler, J. E., 2001, "Is the Resource-Based "View" a Useful Perspective for Strategic Management Research?" *The Academy of Management Review*, 26: 22-40.

Rajan, R., Servaes, H., and Zingales, L., 2000, "The Cost of Diversity: The Diversification Discount and Inefficient Investment," *Journal of Finance*, 55: 35-80.

Rasmusen, E., 1989, *Games and Information: An Introduction to Game Theory*, London: Basil Blackwell（細江守紀・村田省三・有定愛展訳、『ゲームと情報の経済分析 I・II』、九州大学出版会、1990年）.

Ravenscraft, D. J., 1983, "Structure-Profit Relationships at the Line of Business and Industry Level," *Review of Economics and Statistics*, 65: 22-31.

Redmond, W. H., 1989, "Effects of New Product Pricing on the Evolution of Market Structure," *Journal of Product Innovation Management*, 6: 99-108.

Reed, R. and DeFillipi, R. J., 1990, "Causal Ambiguity, Barriers to Imitation and Sustainable Competitive Advantage," *Academy of Management Review*, 15: 88-102.

Rochet, J. C., and Tirole, J. 2003, Platform Competition in Two-sided Markets.

Journal of the European Economic Association, 1: 990-1029.

Rofles, J., 1974, "A Theory of Interdependent Demand for a Communications Service," *Bell Journal of Economics and Management Science,* 5: 16-37.

Rugman, A. M., 1981, Inside the Multinationals, London: Croom Helm. (江夏健一・中島潤・有澤孝義・藤沢武史訳、『多国籍企業と内部化理論』、ミネルヴァ書房、1983年).

Rugman, A. and Verbeke, A., 2002, "Edith Penrose's contribution to the Resource-based View of strategic Management," *Strategic Management Journal,* 23: 769-780.

Rumelt, R. P., 1974, *Strategy, Structure, and Economic Performance,* Boston: Division of Research, Harvard Business School（鳥羽欽一郎・山田正喜子・川辺信雄・熊沢孝訳、『多角化戦略と経済成果』、東洋経済新報社、1977年).

Rumelt, R. P., 1984, "Towards a Strategic Theory of the Firm," in R. Lamb ed., *Competitive Strategic Management,* Englewood Cliffs, NJ.: Prentice-Hall.

Rumelt, R. P., 1987, "Theory, Strategy, and Entrepreneurship," in D. Teece, ed., *The Competitive Challenge,* Cambridge, MA.: Ballinger, 137-158（石井淳蔵・奥村昭博・金井壽宏・角田隆太郎・野中郁次郎訳、『競争への挑戦　革新と再生の戦略』、白桃書房、1988年).

Rumelt, R. P., 1991, "How Much Does Industry Matter?" *Strategic Management Journal,* 12: 167-185.

Saloner, G., Shepard, A., and Podolny, J., 2001, *Strategic Management,* New York: John Wiley & Sons, Inc（石倉洋子訳、『戦略経営論』、東洋経済新報社、2002年).

Salop, S. C., 1979, "Strategic Entree Deterremce," *American Economic Review Papers and Proceedings,* 69: 335-338.

Salop, S. C. and Scheffman, D. T., 1983, "Raising Rival's Cost," *American Economic Review Papers and Proceedings,* 73: 267-271.

Scherer, F. M., 1982, "The Breakfast Cereal Industry," in W. Adams, ed., *The Structure of American Industry,* sixth edition, New York: MacMillan Publishing, 191-217.

Scherer, F. M., 1992, *International High-Technology Competition,* Cambridge, Mass., Harvard Univ. Press.

Scherer, F. M. and Ross, D., 1990, *Industrial Market Structure and Economic Performance,* third edition, Boston, Mass.: Houghton Mifflin Company.

Schilling, M. A., 2002, "Technology Success and Failure in Winner-take-all Markets: The Impact of Learning Orientation, Timing, and Network Externalities," *Academy of management journal,* 45: 387-398.

Schmalensee, R., 1978, "Entry Deterrence in the Ready-to-eat Breakfast Cereal Industry," *The Bell Journal of Economics*, 9: 305-327.

Schmalensee, R., 1982, "Product Differentiation Advantages of Pioneering Brands," *American Economic Review*, 72: 349-365.

Schmalensee, R., 1985, "Do Markets Differ Much?" *American Economic Review*, 75: 341-351.

Schumpeter, J. A., 1934, *The Theory of Economic Development*, Cambridge, MA: Harvard University Press（塩野谷祐一・中山伊知郎・東畑精一訳、『経済発展の理論』岩波書店、1977年）.

柴田高、1992、「ハードウェアとソフトウェアの事業統合と戦略形成――音響・映像業界における共統合戦略」、『組織科学』、26: 80-90。

柴田高、2000、「独占禁止法訴訟問題とその背景――ケース：マイクロソフト社」、新宅純二郎、許斐義信、柴田高編、『デファクト・スタンダードの本質』、有斐閣。

篠原光伸、1992、「範囲の経済とシナジー効果」、山口操・藤森三男編著、『企業成長の理論』千倉書房。

新宅純二郎、1994、『日本企業の競争戦略――成熟産業の技術転換と企業行動』、有斐閣。

新宅純二郎・網倉久永、2001、「戦略スキーマの相互作用――組織の独自能力構築プロセス」、新宅純二郎・淺羽茂編、『競争戦略のダイナミズム』、日本経済新聞社。

新宅純二郎・許斐義信・柴田高編、2000、『デファクト・スタンダードの本質』、有斐閣。

Smiley, R., 1988, "Empirical Evidence on Strategic Entry Deterrence," *International Journal of Industrial Organization*, 6: 167-180

Smith, K. G., Grimm, C. M., Gannon, M. J., 1992, *Dynamics of Competitive Strategy*, Newbury Park, CA: Sage.

Sobel, R., 1981, *IBM Colossus in Transition*, New York: Times Book（青木栄一訳、『IBM――情報巨人の素顔』、ダイヤモンド社、1982年）.

Spence, A. M., 1976, "Product Selection, Fixed Costs, and Monopolistic Competition," *Review of Economic Studies*, 43: 217-235.

Spence, A. M., 1977, "Entry, Capacity, Investment and Oligopolistic Pricing," *Bell Journal of Economics*, 8: 49-70.

Spence, A. M., 1981, "The Learning Curve and Competition," *The Bell Journal of Economics*, 12: 49-70.

Spengler, R., 1950, "Vertical Integration and Anti-trust Policy," *Journal of Political Economy*, 58: 347-352.

266

Stigler, G. J., 1968, *The Organization of Industry*, Homewood, IL.: Richard D. Irwin.

Sutton, J., 1991, *Sunk Costs and Market Structure,* Cambridge, MA.: MIT Press.

Sylos-Labini, P., 1962, *Oligopoly and Technical Progress,* Cambridge, MA.: Harvard University Press（安部一成訳、『寡占と技術進歩』、東洋経済新報社、1964年）.

田内幸一、1983、『市場創造のマーケティング』、三嶺書房。

田内幸一、村田昭治、1981、『現代マーケティングの基礎理論』、同文館。

Teece, D., 1986, "Profiting from Technological Innovation.", *Research Policy*, 15: 285-305.

Teece, D., Pisano, G., and Shuen, A., 1997, "Dynamic capabilities and strategic management," *Strategic management journal*, 18(7), 509-533.

Thomas, L. A., 1996, "Advertising Sunk Costs and Credible Spatial Preemption," *Strategic Management Journal*, 17: 481-498.

Thurik, A. R. and Audretsch, D. B., 1996, "The Dynamics of Industrial Organization," *Review of Industrial Organization*, 11: 149-153.

Tirole, J., 1988, *The Theory of Industrial Organization*, Cambridge, MA.: The MIT Press.

Tirole, J., 2016, *Économie du bien commun*, Paris: Presses Universitaires de France（村井章子訳、『良き社会のための経済学』、日本経済新聞出版社、2018年）.

土屋守章、1984、『企業と戦略──事業展開の論理』、日本リクルートセンター出版部。

上田隆穂、1999、『マーケティング価格戦略──価格決定と消費者心理』、有斐閣。

上田隆穂編、2003、『ケースで学ぶ価格戦略・入門』、有斐閣。

植草益、1982、『産業組織論』、筑摩書房。

上野泰裕、1997、『多角化企業の競争優位性の研究』、大阪府立大学経済学部。

梅内俊樹、2009、「多角化戦略が企業の価値に及ぼす影響について」、『ニッセイ基礎研所報』、55: 1-18。

Urban, G. L., Hauser, J. R., and Dholakia, N., 1987, *Essentials of New Product Management*, Englewood Cliffs, N.J.: Prentice-Hall（林広茂・小川孔輔・中島望・山中正彦訳、『プロダクト・マネジメント』、プレジデント社、1989年）.

牛島辰男、2015、「多角化ディスカウントと企業ガバナンス」、『財務省財務総合政策研究所フィナンシャル・レビュー』、121: 69-90。

Vickers, J., 1985, "Pre-emptive Patenting, Joint Ventures, and the Persistence of Oligopoly," *International Journal of Industrial Organization*, 3: 261-273.

Waldman, D. E. and Jensen, E. J., 1998, *Industrial Organization*, Reading, MA.: Addison Wesley.

Ware, R., 1985, "Inventory Holding as a Strategic Weapon to Deter Entry," *Economica*, 52: 93-101.

Weigelt, K. and MacMillan, I., 1988, "An Interactive Strategic Analysis Framework," *Strategic Management Journal*, 9, special issue: 27-40.

Wernerfelt, B. and Montgomery, C. A., 1988, "Tobin's q and the Importance of Focus in Firm Performance," *American Economic Review*, 78: 246-250.

Williamson, O. E., 1975, *Markets and Hierarchies: Analysis and Antitrust Implications*, New York: The Free Press（浅沼万里・岩崎晃訳、『市場と企業組織』、日本評論社、1980年）.

Williamson, O. E., 1983, "Antitrust Enforcement: Where It Has Been; Where It Is Going," in J. V. Craven ed., *Industrial Organization, Antitrust, and Public Policy*, Boston: Kluwer-Nijhoff Publishing.

Williamson, O. E., 1985, The Economic Institutions of Capitalism, New York: The Free Press.

山田英夫、1993、『競争優位の［規格］戦略』、ダイヤモンド社。

山田英夫、1997、『デファクト・スタンダード』、日本経済新聞社。

Yiu, D. and Makino, S., 2002, "The Choice between Joint Venture and Wholly Owned Subsidiary: An Institutional Perspective," *Organization Science*, 13: 667-683.

Yoffie, D. B. and Cusumano, M. A., 1999, "Judo Strategy: The Competitive Dynamics of Internet Time," *Harvard Business Review*, January-February: 70-81.

吉原英樹、1994、『外資系企業』、同文舘出版。

吉原英樹・佐久間昭光・伊丹敬之・加護野忠男、1981、『日本企業の多角化戦略』、日本経済新聞社。

Yu, C. M. J. and Ito, K., 1988, "Oligopolistic Reaction and Foreign Direct Investment: The Case of the U.S. Tire and Textile Industries," *Journal of International Business Studies*, 19: 449-460.

Zhu, F., and Iansiti, M., 2019, "Why Some Platforms Thrives... and Others Don't," *Harvard Business Review*, 97(1): 118-125（鈴木立哉訳、「ネットワークの特性をどう操るか　プラットフォームが成功する理由失敗する理由」、『DIAMOND ハーバードビジネスレビュー』、2019年8月号、68-81）.

索 引

な

は

■著者紹介

淺羽　茂（あさば　しげる）

1961年5月21日	東京都新宿区に生まれる。
1985年3月	東京大学経済学部卒業。
1990年3月	東京大学大学院経済学研究科修了。
1990年4月より	学習院大学経済学部講師。
1992年4月より	同　　　助教授。
1994年3月	東京大学より博士号(経済学)取得。
1997年4月より	学習院大学経済学部教授。
1999年8月	カリフォルニア大学ロサンジェルス校(UCLA)より Ph. D.取得
2013年4月より	早稲田大学ビジネススクール教授
2016年4月より	早稲田大学大学院経営管理研究科教授

主要業績

『競争と協力の戦略──業界標準をめぐる企業行動』、有斐閣、1995年。

『日本企業の競争原理──同質的行動の実証分析』、東洋経済新報社、2002年。

『経営戦略の経済学』、日本評論社、2004年。

『ビジネスシステムレボリューション──小売業は進化する』、NTT出版、2004年（新田都志子氏との共著）。

"Why Do Firms Imitate Each Other?" *Academy of Management Review*, 31: 366-385, 2006.（with Marvin B. Lieberman）

『企業戦略を考える──いかにロジックを組み立て、成長するか』日本経済新聞出版社、2007年（須藤実和氏との共著）。

"Patient Investment of Family Firms in the Japanese Electric Machinery Industry." *Asia Pacific Journal of Management*, 30: 697-715, 2013.

"The Contact-hitting R&D Strategy of Family Firms in the Japanese Pharmaceutical Industry." *Family Business Review*, 32: 277-295, 2019.（with Tetsuo Wada）

『ファミリー企業の戦略原理──継続と革新の連鎖』、日経BP日本経済新聞出版、2022年（山野井順一氏との共著）。

しんぱん けいえいせんりゃく けいざいがく
新版　経営戦略の経済学

2004年9月20日　第1版第1刷発行
2023年7月20日　新版第1刷発行

著　者―――淺羽　茂
発行所―――株式会社日本評論社
　　　　　　〒170-8474　東京都豊島区南大塚3-12-4
　　　　　　電話　03-3987-8621（販売）　03-3987-8595（編集）
　　　　　　ウェブサイト　https://www.nippyo.co.jp/
印　刷―――精文堂印刷株式会社
製　本―――株式会社難波製本
装　幀―――神田程史
検印省略 © Shigeru Asaba, 2023
ISBN978-4-535-54067-5　　Printed in Japan